スイスイわかる

2025
年度版

保育士採用

専門試験 問題集

保育士採用試験情報研究会

TAC出版
TAC PUBLISHING Group

# は じ め に

　本書は，すでに保育士の資格を持っている人，または取得見込みの人で，市区町村で実施している公務員採用試験の保育士職を受験する人を対象としています。もちろん，私立保育所などの採用試験対策にも役立ちます。

　保育士採用試験に合格し，採用されるためには，次の3つのハードルを越えなければなりません。

①保育士採用試験は，行政・事務職の公務員試験と異なり，各自治体において毎年必ず実施されているわけではありません。そのため，採用試験の有無を早めに確認する必要があります。

②保育士採用試験は公務員採用試験の1つなので，専門試験，実技試験のみならず，教養試験，作文試験，口述試験が課されます。このうち，教養試験の配点比率は専門試験と同程度のため，十分な準備が必要です。また，作文試験，口述試験の配点比率も低いものではなく，教養試験，専門試験などと同様に基準点が設けられています。したがって，幅広い知識を身につける必要があります。

③保育士採用試験の場合，各自治体の採用人数が非常に少ないため，競争率はかなり高いものとなります。今後さらに少子化が進むため，競争率は一段と高くなると思われます。

　上記の①については受験者の力の及ぶことではありませんが，②③については努力次第でクリアできるものです。

　そこで本書は，受験者が受験の準備に苦労されている「専門試験」に的を絞り，短期間で実力が向上できるよう，出題頻度の高い問題を厳選し，わかりやすい解説をつけました。これらの問題は，保育士として働くためにはどうしても身につけておきたい知識といえます。

編　集　部

CONTENTS 保育士採用 専門試験

# I 受験案内

保育士への道

保育士採用試験の概要

作文試験

口述（面接）試験

# 保育士への道

## 1 保育士の職場と現状

保育士とは，「登録を受け，保育士の名称を用いて，専門的知識及び技術をもって，児童（乳児・幼児など）の保育及び児童の保護者に対する保育に関する指導を行うことを業とする者」を指します。

2001年の児童福祉法の改正によって，保育士資格が名称独占資格（保育士でない者が保育士と称することを禁止する）に改められるとともに，保育士にも信用失墜行為の禁止が盛り込まれました。これは地域の子育てを支援する専門職として，保育士としての役割が期待されていることを示すものです。

### (1) 保育士の職場

保育士の職場として最初にあげられるのが保育所です。保育所には児童福祉法に定める基準により認可されている保育所と，認可を受けていない認可外保育施設があります。

認可保育所…国が示す最低限必要な設備などを備えており，これらを維持するために必要な費用が，国，都道府県，市町村から支給されます。なお，運営主体により，公立保育所（市区町村の設置），私立保育所（市区町村以外の設置）に分けられます。

認可外保育施設…国，都道府県，市町村から運営費用の補助が受けられないため，保護者の支払う保育料が認可保育所に比べ高いものとなります。なお，認可外保育施設のなかには特色のある運営を目的に，あえて認可を受けない保育施設もあります。

保育士の資格を生かせる職場は保育所のほかに，乳児院，児童養護施設，母子生活支援施設，障害児関連施設等があります。

### (2) 保育所と幼稚園の違い

保育所は，親が仕事をしている，あるいはその他の事情で子どもの養育を行うのが困難な場合，０歳から小学校入学までの子どもを預かり，保育する施設です。そのため，保育時間は長いものとなり（8時間が基本），子どもにとっては第2の生活の場所となります。

一方，幼稚園は，満3歳以上の子どもの心身の発達を手助けすることを目的としたもので，その位置づけは小学校，中学校，高等学校，大学などと同様に「学校」の1つです。

| | 保 育 所 | 幼 稚 園 |
|---|---|---|
| 根拠法 | 児童福祉法 | 学校教育法 |
| 所管省庁 | 厚生労働省 | 文部科学省 |
| 目 的 | 日々保護者の委託を受けて、保育を必要とするその乳児又は幼児を保育すること | 幼児を保育し、幼児の健やかな成長のために適当な環境を与えて、その心身の発達を助長すること。 |
| 対 象 | 保育に欠ける0歳〜小学入学前までの乳児・幼児など | 満3歳〜小学入学前までの幼児 |
| 1日の保育・教育時間 | 8時間を原則 | 4時間を標準 |
| 年間の保育・教育日数 | 規定なし。しかし、長期の休みは設けていない。 | 39週以上 |
| 職 員 | 保育士 | 幼稚園教諭 |

(注)多くの私立幼稚園では「預かり保育」（保護者の希望による4時間以上の保育）が実施されており、保育時間が長くなっています。そのため、保育所と幼稚園の運営の方法が近づいています。

## (3) 保育所の勤務体制

　　保育所の開所時間は通常11時間（保育時間は原則として8時間）ですが、近年、延長保育や夜間保育を行っている保育所が増えているため、開所時間は全般的に長くなっています。この傾向は都市部においてさらに顕著になっています。

　　保育士の勤務時間は労働基準法に従い、1日8時間（休憩時間を除く）となっています。したがって、他の職業より長いということはありま

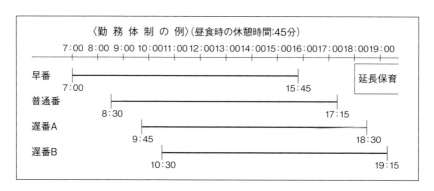

せん。ただ，保育所の場合，開所時間が長いことから，これに対応するため多くの保育所では前図のように普通番のほかに，早番，遅番A，遅番Bが設けられています。なお近年，週休二日制の保育所が一般化しています。こうした保育所では，土曜日は交代勤務となり，他の曜日（日曜日以外）に1日休日をとるというパターンが多いようです。


## 2 保育士試験と保育士採用試験

　保育士試験と保育士採用試験を混同している人がたまにいます。前者の試験は保育士資格を取得するために受験するものであり，後者の試験は保育士資格を持っている人が公立保育所などで働くために受験するものです。

### (1) 保育士になるための2つの方法

　保育士の資格を取得する方法は2つあります。

①高校卒業後，厚生労働大臣の指定する保育士を養成する学校・施設（保育士養成課程のある専門学校・短期大学・大学など）を卒業する。この場合，卒業と同時に保育士資格を取得できます。

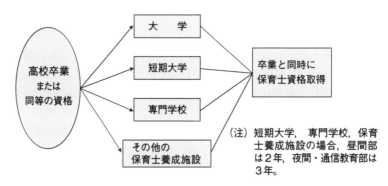

（注）短期大学，専門学校，保育士養成施設の場合，昼間部は2年，夜間・通信教育部は3年。

②都道府県知事の実施する保育士試験に合格して，保育士資格を取得する。

〈保育士試験の受験資格（概略）〉

　1．学校教育法による大学に2年以上在学（短期大学は卒業）して62単位以上修得した者または高等専門学校を卒業した者，その他当該学校の長が認めた者

　2．専修学校の専門課程または学校教育法第90条に規定する者を入学資格とする各種学校を卒業した者

3．学校教育法による高等学校もしくは中等教育学校を卒業した者，もしくは通常の課程による12年の学校教育を修了した者（通常の課程以外の課程によりこれに相当する学校教育を修了した者を含む）または文部科学大臣においてこれと同等以上の資格を有すると認定した者であって，児童福祉施設において2年以上児童の保護に従事した者

4．児童福祉施設において，5年以上児童の保護に従事した者

5．前各号に掲げる者のほか，厚生労働大臣の定める基準に従い，都道府県知事において適当な資格を有すると認めた者

## (2) 保育士として働くためには

　保育士の資格を取得したら都道府県知事に登録を行い，保育士証の交付を受ける必要があります。

　公立保育所で働くためには，市区町村で実施される保育士採用試験に合格し，採用されなければなりません。後で詳しく説明しますが，保育士採用試験は公務員試験なので，専門試験，実技試験のほかに教養試験が課されるのが大きな特徴です。

　一方，私立保育所の場合，各運営主体（社会福祉法人等）が独自に採用試験を実施しています。そのため，各自治体で実施される保育士採用試験のように教養試験，専門試験などが必ず課されるということはなく，むしろ面接に試験のウエートが置かれています。

　2015年4月から子ども・子育て支援新制度がスタートし，認定こども園が特定教育・保育施設として新たに位置付けられました。認定こども園とは，①保護者が働いているいないにかかわらず，就学前の子どもに幼児教育・保育を提供する　②地域の子育て支援を行う　というものです。地域の実情に応じて，幼保連携型，幼稚園型，保育所型，地方裁量型の4つにタイプ分けされています。認定基準は，都道府県の条例で定められますが，認定を受けたからといって幼稚園・保育所等がその位置づけを失うというわけではありません。職員としては，0～2歳児には保育士資格保有者，3～5歳児には幼稚園教諭免許と保育士資格の併有（保育教諭）が望ましいとされますが，全体として保育教諭による担当が推奨される傾向にあります。

# 保育士採用試験の概要

## 1　採用試験の流れ（申込みから採用まで）

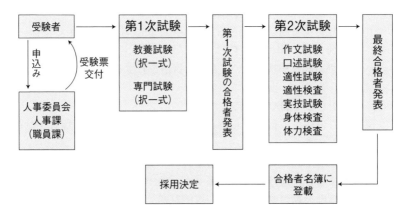

（注）・作文試験，適性試験，適性検査を第1次試験で実施する自治体も多々ある。
　　　・口述試験を第1次試験と第2次試験で実施する自治体もある。
　　　・自治体によっては，第3次試験まで行われる。
　　　・最終合格者は合格者名簿に登載され，その名簿の中から任命権者（市長など）が採用者を決定する。
　　　・合格者名簿の有効期間は，名簿登載の日から原則として1年間である。

## 2　受験資格
### （1）年　齢

　各自治体によりまちまちですが，最も多いのは「試験実施年の4月1日現在で19歳以上28歳未満の者」です。ポイントは，早い時期に人事委員会または人事課（職員課）に直接問い合わせましょう。一部を紹介すると，次のようになっています。

- ・試験実施年の4月1日現在で，23歳以下の者
- ・試験実施年の4月1日現在で，25歳以下の者
- ・試験実施年の4月1日現在で，35歳以下の者
- ・試験実施年の4月1日現在で，19歳以上28歳未満の者
- ・試験実施年の4月1日現在で，19歳以上29歳未満の者

### （2）学　歴

　都道府県や政令指定都市の場合，学歴を問われることは少ないですが，

市役所の場合，学歴を問われることが少なくありません。

## (3) 資　格

　各自治体とも，「保育士資格取得者または翌年３月までに取得見込みの者」となっています。なお，幼稚園教諭と同時に募集している自治体の場合，幼稚園教諭免許を併せてもっていることを求める自治体もあります。

## (4) その他

　大部分の自治体において，地方公務員法第16条の各号のいずれかに該当する者は受験できません。

- ・成年被後見人又は被補佐人
- ・禁錮以上の刑に処せられ，その執行を終わるまで又はその執行を受けることがなくなるまでの者
- ・当該自治体職員として懲戒免職の処分を受け，当該処分の日から２年を経過しない者，など

　なお，一部の市役所では，現在○○市に居住している者，あるいは採用後市内に居住可能な者，などの住所要件を課しています。この点も必ずチェックしておきましょう。

## 3　受験申込みの手順

### (1) 試験の有無の確認

　保育士採用試験は一部の自治体を除いて，毎年は実施されないことが多いので，受験の際には志望する自治体に試験の有無を確認する必要があります。時期については，試験は６月下旬頃，７月下旬～８月上旬頃，９月中旬頃，のいずれかに行われますが，欠員が出たら行う自治体も少なくありません。各自治体のホームページを絶えずチェックしましょう。

### (2) 受験申込書の入手

　入手方法は３つあります。

①指定の場所に，直接とりに行く。

②志望する自治体の人事委員会または人事課（職員課）に「保育士採用試験の受験申込書」を請求し，送付してもらう。この際，封筒の表に「保育士採用試験受験申込書請求」と朱書し，切手を貼った返信用封筒を同封する。

③自治体によっては申込書の請求をホームページ上でできるので，これを利用する。

## (3) 受験申込書の提出

　受験申込書に必要事項を受験者本人が記入し，写真を貼って申し込む。記入の際には，「採用試験案内」の「記入要領」を参考にすること。

　なお，受付期間後の消印が押されたものは受理されないので，受付期間に十分注意すること。

## 4　試験の構成・内容

　試験の種目には，教養試験（択一式），専門試験（択一式），作文（論文）試験，口述試験（個別面接など），実技試験，適性試験，適性検査，体力検査，身体検査があります。自治体により，第1次試験と第2次試験で課される試験種目は異なりますが，便宜上，下のように分けてみました。なお，口述試験を第1次試験で実施する自治体もあります。

　　　　［第1次試験］

| 教養試験<br>（択一式） | 公務員として必要な一般的な知識および一般的な知能に関するもの（地方公務員初級または中級程度）<br>★出題科目<br>　・一般知識分野（社会科学，人文科学，自然科学）<br>　・一般知能分野（文章理解，判断推理，数的推理，資料解釈）<br>★出題数<br>　一般知識分野　20～30問<br>　（選択解答制を導入している自治体も多い）<br>　一般知能分野　20～25問<br>　（各自治体とも必須解答）<br>　合計　40～55問　出題数40問の自治体が多い。<br>★制限時間　90～150分　120分の自治体が多い。 |
|---|---|
| 専門試験<br>（択一式） | 保育士として必要な専門知識に関するもの<br>★出題科目<br>　・社会福祉　・子ども家庭福祉（社会的養護を含む）<br>　・保育の心理学　・保育原理　・保育内容<br>　・子どもの保健（精神保健を含む）　など<br>　※自治体により出題科目が一部異なるので，「採用試験案内」などで必ずチェックすること。また，記述式を併せて課す自治体も一部あります。<br>★出題数　30～40問（各自治体とも全問解答）　30問の自治体が多い。<br>★制限時間　90～120分　90分の自治体が多い。 |

　（注）教養試験，専門試験とも基準点が設けられており，それに達しない場合には自動的に不合格となります。

| 作文試験 | 与えられたテーマについて記述する。<br>★字数　800〜1,200字程度が多い。<br>★制限時間　60〜90分程度が多い。<br>※「作文試験」ではなく，「論文試験」を課す自治体もある。 |
|---|---|

［第2次試験］

| 口述試験<br>（面接試験） | 主として人物，性向および職務に対する適応性などをチェックすることを目的に行われる。<br>★面接形式　主として，個別面接（3〜5対1が多い）の形式で実施される。所要時間は10〜15分程度。集団面接あるいは集団討論を課す自治体も増えている。最初に，1分間の自己PRを課す自治体も増えている。 |
|---|---|
| 適性試験 | 事務能力適性検査。地方初級公務員試験で実施されているものと同じで，問題のタイプは計算，分類，置換，照合，図形把握などである。これらのうち，3タイプが出題される。<br>★ 出題数　100題　　★ 制限時間　10分 |
| 適性検査 | 性格適性および職務適性等についての検査<br>★検査の方法<br>　YG検査，一般性格診断検査などの性格検査と，職業適性検査などの能力検査に大別される。このほかに，クレペリン検査やSPIに類似した問題などを課す自治体もある。 |
| 実技試験 | 保育に必要な実技についての試験<br>［ピアノ］ピアノ演奏，ピアノを使っての「弾き歌い」やリズム変化など。ピアノ演奏は，課題曲，自由曲，初見視演奏に分けられる。<br>課題曲の例<br>・たきび，あめふりくまのこ，ゆうやけこやけ，どんぐりころころ，お正月，手をたたきましょう<br>・バイエル教則本「No.96，97，102」から1曲選択<br>・バイエル70番〜90番のうちで当日指定する曲<br>［声楽］無伴奏での童謡等の歌唱<br>［グループ・ワーク］グループ（5人程度）ごとに保育所での生活の場面を設定した後，その保育活動を展開した場面の保育を表現するなど。<br>課題例（保育場面）「大きくなっておめでとう！会」<br>　　　　　　　　「こどもの日」「敬老の日」<br>※このほかに，童話や絵本の朗読・読み聞かせ，図工などが課される。<br>※受験する自治体でどのような実技試験が行われているか，前もって調べ，準備することが肝要である。 |
| 身体検査<br>体力検査 | 身体検査は，健康状態についての医学的検査 |

（注）第2次試験の合格者は，第1次試験と第2次試験の結果を総合して決定されます。なお，第2次試験の各試験種目とも基準点が設けられており，それに達しない場合には自動的に不合格となります。

# 作 文 試 験

## 1 よく出題されるテーマ

作文試験のテーマは，保育士の資格を有する人なら一応だれもが書けるようなテーマの中から出題されます。過去に出題されたテーマは，およそ次の4つに分類できます。

### ①保育に関するテーマ
- 保育士の役割について
- 保育士になるにあたっての心構えについて
- これからの保育所と保育者の役割について
- 保育サービスのあり方
- 幼保一元化について
- 私の目指す保育者像について
- 私の考える子育て支援について
- 最近，保育士に特に求められること
- 保育士の仕事を行う上で最も大切なこと
- 保育所での子育て支援サービスのひとつとして，保護者からの育児相談があげられるが，相談を受けるにあたっての「心構えと対応のあり方」についてあなたの考えるところを述べなさい。
- 多様化する保育ニーズの増加と保育所保育に求められるものについて，あなたの考えるところを述べなさい。
- 幼児虐待を防止するために，地域・家庭・自治体にそれぞれどのような役割を果たすことが求められるか，あなたの考えを述べよ。
- 幼児虐待増加の背景と解決策について
- 地域と家庭の連携について
- 保育園児を自然災害から守るために，保育士として，どのような取組を行っていきたいか，あなたの考えを述べよ。

### ②公務員に関するテーマ
- 公務員としての心構え
- これからの地域社会と公務員の役割
- 住民が行政に求めるもの
- あなたはどんな側面から○○市に貢献したいですか
- ○○市を志望した動機について

・公務員の削減と住民サービスについて
・信頼される公務員（保育士）になるためには，どのようなことに心がければよいか，あなたの考えを書きなさい。

③**少子化社会に関するテーマ**
・少子化社会への私の提言
・少子化と保育園について
・少子化社会における課題について
・今後の少子高齢化に対してどう対処すべきか
・少子高齢化の中での活力あるまちづくり
・少子化に歯止めをかける方策について
・少子化の原因・影響の観点から，少子化対策について述べなさい。

④**一般的なテーマ**
・現代社会のコミュニケーションについて
・「女性の社会参加」について述べなさい。
・あなたの失敗体験とそこから学んだことについて
・最近の出来事で特に感じたこと
・国際化の進展とこれからの社会
・地域活性化についてあなたの考えを述べなさい
・あなたの夢はどんなことですか
・ボランティア活動について。
・環境問題に対するあなたの考えを述べなさい。
・情報通信ネットワークをどのように活用してゆくべきか，あなたの考えを述べなさい。
・どんなニュースに興味がありますか。

　これらのテーマはいずれも身近なものばかりですが，事前の準備なくしては出題者の期待するような文章はなかなか書けません。そこで，4つの分野からそれぞれ自分の書けそうなテーマを1つ選び，実際に書いてみて下さい。

## 2　採点のポイント

　受験者の書いた作文を評価する人は，次の点に着目して採点しています。

①**形式的ポイント**
●誤字・脱字がない，かなづかい・送りがなに誤りがない。

**対策** 書きあげたら，ていねいに読み返し，誤ったところがあれば，読む側の立場を考えてきれいに修正する。

● 語いが豊富で，いわゆる"若者ことば"を濫用していない。

**対策** 正確な日本語をふだんから使用し，教養・知性をうかがわせる慣用句・ことわざなども臨機応変に盛り込む。また，敬語や謙譲語の使い方を誤らない。若者だけにしかわからないようなことばは決して使わない。

● 制限字数の9割から9割5分程度を埋めている。

**対策** 書き始める前に書きたいこと，話の展開を頭に入れておく。時間配分にも気を配り，書くペースを微妙に調整する。

● 段落分けがなされている。

**対策** 段落ごとに要点を膨らませ，読みやすさに配慮する。

● ていねいに書きあげている。

**対策** たとえ悪筆であっても，文字の「ハネ」や「トメ」に注意して書く。また，大きい字と小さい字が混じらないこと，行が斜めにならないこと，などにも気をつける。

## ②論理的ポイント

● 与えられたテーマに正面から取り組んでいる。

**対策** 予想外のテーマでも，与えられたテーマを中心に書くこと。苦手なテーマの場合，どうしても抽象的な表現を使う傾向が強くなるが，あくまでも具体的にわかりやすく書くことを心がける。

● 3段構成などの論理的展開がある。

**対策** 「序論・本論・結論」の3段構成になるように努めること。「起承転結」の4段構成でもよいが，この場合，「転」を書くのが難しいので，3段構成のほうがよいと思われる。書き始める前に，全体をイメージしておくこと。だらだらと付け足し的に書き込むと，まとまりのない文章となる。

● 建設的かつ公平な視野で，自らの考えも盛り込んでいる。

**対策** 自らの意見にこだわるあまり，他の視点もあることを忘れないこと。また反対に，無難に書くことに終始しないで，自分が本当に思っていること，考えていることをはっきり述べること。

● 公務員としての自覚，意欲が文章に表されている。

**対策** 公務員の責務，役割，社会とのかかわりなどを，もう一度確認しておくこと。

# 口述（面接）試験

## 1　口述試験のねらい

　口述試験は，人物そのものをみるための試験で，筆記試験ではわからない，その人の人となりを知ることがその主なねらいです。

　また，受験者の人柄，性向などについて評定し，試験の対象となっている職務ポストへの適格性を判断するものです。

## 2　口述試験の方法

　面接の形式には，個別面接，集団面接，集団討論などがありますが，保育士採用試験においては，主として個別面接の形式で実施されます。近年，集団面接あるいは集団討論をとり入れている自治体も多くなっていますが，これらの自治体においても個別面接は実施されます。

　個別面接は，受験者1人に対して2人以上の面接官が10〜15分程度，質問を行うものです。自治体によっては，面接官が6〜8人の場合もあります。なお近年，面接カードをもとに面接試験を実施する自治体が増えています。面接の本番で，カードに記入した内容と矛盾した発言をすると大減点となります。したがって，面接試験の数日前に面接カードなどを提出する場合，それらをコピーして，面接試験の前に必ずチェックしましょう。

　集団面接は，受験者3〜6人を一組として，同時に面接を行う形式です。この場合，面接官は通常5〜8人で，面接時間は50〜60分程度。集団討論は，面接官が受験者にテーマを与え，それについて受験者間で自由に討論していくもの，時間は60分程度。なお，集団面接，集団討論の場合，面接に先がけて自己PRを1分間求められることがあります。

## 3　よく質問されること

　どの自治体を受験しても，質問事項はほぼ同じようなものです。

　これらは次の7つに分類できます。なお，それぞれの質問に対する模範応答というものはありません。ただ，以下のような質問が必ずなされるので，前もって自分なりの応答を考えておくことです。

　口述試験のポイントは作文試験と同様，自分をいかに表現するかにあります。人から借りてきたことばをつなぎ合わせるのではなく，あくまでも自分のことばで話すことです。

## ①志望動機，理由について

・なぜ，公立の保育所を受験したのですか。
・なぜ，この市を受験したのですか。
・地方公務員としての心構えを聞かせてください。
・どうして保育士になろうと思ったのですか。
・どんな保育者になろうと考えていますか。
・あなたのどういうところが保育士に向いていると思いますか。
・出身地ではない○○市をなぜ受験したのですか。

## ②職業観について

・あなたにとって就職とは何ですか。
・社会人になるにあたっての抱負を聞かせてください。
・一般の公務員と保育士の違いはどこですか。
・任された仕事は最後までやりとおせますか。
・突然，勤務時間の変更を頼まれた場合，どうしますか。
・保育所の方針と自分の考えが異なった場合，どのような対応をしますか。

## ③学生生活について

・なぜ，保育科に進学したのですか。
・学生生活において何を得ましたか。
・学生時代，最も印象に残っていることは何ですか。
・交友関係を通じて，どんなことを学びましたか。
・学生時代に特に力を注いだことは何ですか。

## ④自己 PR について

・自己 PR をしてください。
・あなたの長所と短所を聞かせてください。
・あなたのセールスポイントを話してください。
・リーダーシップがあると思いますか。
・あなたの趣味は何ですか。
・あなたの特技について聞かせてください。
・どんなスポーツが好きですか。
・他人に自慢できることがありますか。

## ⑤一般常識について

・リサイクルで心がけていることはありますか。
・最近，特に印象に残った出来事は何ですか。
・最近，関心・興味をもっている社会問題は何ですか。
・わが国が直面する問題として，どのようなものがありますか。
・公共の福祉について話してください。
・スマートフォンの普及についてどう思いますか。

## ⑥実習について

・実習はどこに行きましたか。
・あなたは実習を通して何を学びましたか。
・実習で楽しかったこと，あるいは困ったことはどんなことですか。
・実習中にどんなアドバイスを受けましたか。
・実習経験を積んだことで，保育者として何が最も大切だと感じましたか。

## ⑦専門知識について

・6か月未満児を担当することになったら，どんなことに心がけますか。
・延長保育や夜間保育についてどう思いますか。
・早番で出勤したとき，最初に何をしますか。
・食事中に楽しい雰囲気をつくるため，何をしようと思いますか。
・子どもの個性をどのようにしてつかみますか。
・保育には書類づくりが欠かせませんが，それにはどんなものがありますか。
・子どもに嫌われたとき，どのように対処しますか。
・保護者から子育てに自信がないと言われたら，どのような対応をしますか。
・保護者と関わる上で気をつけることはどんなことですか。
・子どもが初めて立ったことを保護者にどのように伝えますか。
・5歳女児が，ピーマンを床にわざと落としたらどうしますか。
・幼保一元化について，どう思いますか。

## 4　評定項目と着眼点

　各自治体などにより評定項目は少し異なりますが，一般的には「服装・態度」「表現力」「判断力」「積極性」「堅実性」の5つです。また，これらの評定項目を評価する際の着眼点は次表のようなものです。

# 〈例〉個人面接評定票

| 評定項目 | 着 眼 点<br>受験者にぴったりする箇所に ✓印をつけてください。 | 評 定 尺 度<br>該当する箇所に ✓印をつけてください。 |
|---|---|---|
| 1. 服装・態度<br><br>服装, 態度・動作はどうか | ＋普－<br>□□□ 服装はさっぱりしているか<br>□□□ 姿勢はよいか<br>□□□ 表情は好ましい印象を与えるか<br>□□□ 落ち着いているか<br>□□□ 動作はてきぱきしているか<br>□□□ 応答態度はまじめか | 100　　90　　80　　70　　60　　50<br>　　95　　85　　75　　65　　55<br>├─┼─┼─┼─┼─┼─┼─┼─┼─┤<br>かなりす　やや す　普 通　やや　かなり<br>ぐれて　ぐれて　　　　劣る　劣 る<br>い る　い る |
| 2. 表現力<br><br>自分の考えを正しくわかりやすく人に説明できるか | ＋普－<br>□□□ 話すことに統一があるか<br>□□□ 主旨を簡潔的確に述べうるか<br>□□□ 用語は適切であるか<br>□□□ 思っていることを十分述べることができるか<br>□□□ 音声は明瞭であるか<br>□□□ 流ちょうに話すか | 100　　90　　80　　70　　60　　50<br>　　95　　85　　75　　65　　55<br>├─┼─┼─┼─┼─┼─┼─┼─┼─┤<br>かなり表　やや表　普 通　やや表　かなり表<br>現力が　現力が　　　　現力を　現力を<br>あ る　あ る　　　　欠 く　欠 く |
| 3. 判断力<br><br>正しく速く理解し適切な判断を下すことができるか | ＋普－<br>□□□ 正しく理解するか<br>□□□ すぐ理解するか<br>□□□ 適切な判断を下すか<br>□□□ 判断は速いか<br>□□□ 決断力はあるか<br>□□□ 考え方が適正で中庸をえているか | 100　　90　　80　　70　　60　　50<br>　　95　　85　　75　　65　　55<br>├─┼─┼─┼─┼─┼─┼─┼─┼─┤<br>かなり判　やや判　普 通　やや判　かなり判<br>断力が　断力が　　　　断力を　断力を<br>あ る　あ る　　　　欠 く　欠 く |
| 4. 積極性<br><br>自ら進んで事に当たり, より効果的に行う意志があるか | ＋普－<br>□□□ 青年らしい活気があるか<br>□□□ 正しいと思うことは実行に移す行動的な性格か<br>□□□ 人が好まないような仕事でも進んで遂行しうるような性格か<br>□□□ 困難な状況を克服できそうな性格か | 100　　90　　80　　70　　60　　50<br>　　95　　85　　75　　65　　55<br>├─┼─┼─┼─┼─┼─┼─┼─┼─┤<br>かなり積　やや積　普 通　やや積　かなり積<br>極性が　極性が　　　　極性を　極性を<br>あ る　あ る　　　　欠 く　欠 く |
| 5. 堅実性<br><br>責任感が強く, 誠実で信頼できる人物か | ＋普－<br>□□□ しんがあるか<br>□□□ 自信をもっているか<br>□□□ 意志は強いか<br>□□□ 誠実であるか<br>□□□ 青年らしい純真さがあるか<br>□□□ 信頼しうる人柄か | 100　　90　　80　　70　　60　　50<br>　　95　　85　　75　　65　　55<br>├─┼─┼─┼─┼─┼─┼─┼─┼─┤<br>かなり堅　やや堅　普 通　やや堅　かなり堅<br>実性が　実性が　　　　実性を　実性を<br>あ る　あ る　　　　欠 く　欠 く |

記録および意見　（特に必要と認めたことについて具体的に）

| 90以上　優れている<br>80～89　やや優れている<br>70～79　普通<br>60～69　やや劣る<br>60未満　劣 る | 面接官氏名<br><br>　　　　　　印 | 総合評価 | 100　　90　　80　　70　　60　　50<br>　　95　　85　　75　　65　　55<br>├─┼─┼─┼─┼─┼─┼─┼─┼─┤ |

# Ⅱ 専門試験

- ●保育原理●
- ●教育原理●
- ●社会的養護●
- ●子ども家庭福祉●
- ●社会福祉●
- ●保育の心理学●
- ●子どもの保健●
- ●子どもの食と栄養●
- ●子育て家庭支援論●
- ●保育内容●
- ●乳児保育●
- ●障害児保育●
- ●保育実習理論●

# 保育原理

保育所保育の内容と方法の理解及び，子育て支援としての21世紀の保育の展
開を考える。少子化社会の中で地域の子育て支援の中核をなす保育所と保育の
あり方並びに国家資格としての保育士の専門性とは何かが重要な視点となる。

---

## Check!! 重要事項

### 1. 保育と子どもの最善の利益

**保育と育児**……育児とは，乳幼児を家庭内で育てる行為。保育とは家庭内育
児を社会化したもの。家庭外で親以外の第三者が関わって行う共同の子育て。

**保育士**……保育士とは，都道府県に備えられる保育士登録簿への登録を受
け，保育士の名称を用いて，専門的知識及び技術をもって，児童の保育及
び児童の保護者に対する保育に関する指導を業とする者。(児童福祉法第
18条の4より)

**保育所**……保育所は，保育を必要とする乳児・幼児を日々保護者の下から
通わせて保育を行うことを目的とする施設。(児童福祉法第39条より)

**子どもの最善の利益**……児童権利宣言(1959年)や児童の権利に関する
条約(1989年)に盛り込まれた理念。成人と同様の市民権の確保，発
達保障，児童の意見表明権等を保障しようとするもの。

### 2. 保育をめぐる現状と課題

#### (1) 少子化と待機児童問題

**出生数**……出生数は，第1次ベビーブーム期には約270万人，第2次ベ
ビーブーム期には約210万人であったが，1975年に200万人を割り込
み，それ以降，毎年減少し続けた。1984年には150万人を割り込み，
1991年以降は増加と減少を繰り返しながら，緩やかな減少傾向とな
っている。2016年には100万人を割り込み，97万6,979人となり，
2022年には77万747人まで減少した。

**合計特殊出生率**……総人口を維持するためには2.08必要とされている
が，2005年に最低値となる1.26を記録。2022年も1.26であった。

**待機児童**……待機児童とは「入所申込が提出されており，入所要件に該
当しているが，入所していないもの」である。(2023年4月1日現在)
○保育所等利用定員は305万人 (前年比1万人の増加)
○保育所等を利用する児童の数は272万人 (前年比1万人の減少)

○待機児童数は2,680人で前年比264人の減少

○未就学児の保育所等利用率は52.4％（2023年）

○低年齢児（0～2歳）の待機児童数が全体の約87.5％

○「新子育て安心プラン」に基づき，待機児童の解消を目指し，保育の受け皿を整備する。

⇒女性就業率の上昇は今後も見込まれ，それに伴い保育の利用率も年々増加している。政府は，保育士等の処遇改善などの人材確保策にも取り組んでいる。

(2) **多様化する保育サービス**

**認可保育施設**……社会福祉法および児童福祉法に基づき設置運営されているもの。

**認可外保育施設（無認可保育施設）**……児童福祉法に定める基準により認可されていない保育施設の総称。ベビーホテル，駅型保育所，駅前保育所，その他の法令や通知で規定された事業所内保育所，病院内保育所，へき地保育所（市町村が山間部等に設置），季節保育所など。

**居宅訪問型保育事業**……保育を必要とする乳幼児の居宅において，家庭的保育者による保育を行う事業対象者。子ども・子育て支援新制度において，新たに認可事業として位置付け，公的給付の対象化。

**認定こども園**……教育・保育を一体的に行う施設で，いわば幼稚園と保育所の両方の良さを併せ持っている。幼保連携型・幼稚園型・保育所型・地方裁量型の4つタイプがある。2022年4月1日現在9,220か所。

**保小（幼小）連携**……幼児期の教育と小学校教育の円滑な接続のために連携が必要となる。保育所保育指針にも連携の趣旨が示され，保育士と小学校教師との意見交換や合同の研究の機会の必要性が指摘されている。保育所児童保育要録の作成。幼稚園や保育所ではアプローチカリキュラムがある。また，小学校では円滑な接続のためのスタートカリキュラムがある。

(3) **こども家庭庁の設立**

子どもの視点に立って子どもに関する政策立案をするため2023年4月に発足した。

(4) **こども基本法の施行**

子どもを権利の主体として，権利を保障する法律として2023年4月1日に施行された。

## 3. 保育所保育

**保育所への入所**……現行では，保護者の選択に基づく行政との利用契約。

**保育士と専門性**……保育士資格の法定化による名称独占の国家資格。児童の保育および保護者への指導。

| 子ども・子育て支援新制度による新しい保育所利用の仕組み |
| --- |

　2012年に制定された「子ども・子育て支援法」により新しい保育所利用の仕組みが2015年よりスタート。新制度では「施設型給付」と「地域型保育給付」により，従来の保育所・幼稚園・認定こども園及び小規模保育等への財政支援の仕組みが共通化される。

## (1) 新制度のポイント

①「施設型給付」(認定こども園・幼稚園・保育所)と「地域型保育給付」(小規模保育所・家庭的保育・居宅訪問型保育・事業所内保育)創設
②認定こども園制度の改善　③地域の子育て支援の充実　④市町村が実施主体となる

## (2) 子ども・子育て支援法の仕組み

| 認定区分 | 施設型給付 | | | 地域型保育給付 |
| --- | --- | --- | --- | --- |
| | 認定こども園 | 幼稚園 | 保育園 | 小規模保育等 |
| 1号認定 | 利用できる | 利用できる | | |
| 2号認定 | | | 利用できる | |
| 3号認定 | | | | 利用できる |

### ①3つの認定区分

| 認定区分 | 対　象 | 給付の内容 |
| --- | --- | --- |
| 1号認定 | 満3歳以上の小学校就学前の子どもであって，2号認定子ども以外のもの(子ども子育て支援法第1項第1号) | 教育標準時間 |
| 2号認定 | 満3歳以上の小学校就学前の子どもであって,保護者の労働又は疾病その他の内閣府令で定める事由により家庭において必要な保育を受けることが困難であるもの(子ども子育て支援法第1項第2号) | 保育短時間(保護者就労の下限は1か月あたり48〜64時間。各自治体で決定)保育標準時間 |
| 3号認定 | 満3歳未満の小学校就学前の子どもであって,保護者の労働又は疾病その他の内閣府令で定める事由により家庭において必要な保育を受けることが困難であるもの(子ども子育て支援法第1項第3号) | 保育短時間保育標準時間 |

### ②保育を必要とする事由（いずれかに該当すること）

　　□ 就労　□ 妊娠, 出産　□ 保護者の疾病，障害
　　□ 同居又は長期入院等している親族の介護・看護　□ 災害復旧
　　□ 求職活動　□ 就学　□ 虐待やDVのおそれがあること
　　□ 育児休業取得中に，既に保育を利用している子どもがいて継続利用が必要であること
　　□ その他，上記に類する状態として市町村が認める場合

③保育の必要量

  (a) フルタイム就労を想定した利用時間（保育標準時間最長11時間）

  (b) パートタイム就労を想定した利用時間（保育短時間最長8時間）

④「優先利用」への該当の有無

  ひとり親家庭，生活保護世帯，生計中心者の失業，子どもに障害がある場合などには，保育の優先的な利用が必要と判断される場合がある。

**(3) 保育所利用の流れ**

①市町村に「保育の必要性」の認定申請　②市町村から認定証（2号3号認定）の交付　③保育所等の利用希望の申込　④申請者の希望，保育所等の状況により市町村が利用調整　⑤利用先の決定後契約


## 4. 保育内容

  保育所保育指針は，1965年，保育所保育理念や保育内容・方法等を示したものとして作成された。以後，幼稚園教育要領の改定に準じて1990年，2000年と改定されてきたが，2009年度よりこれまでのガイドラインから保育所保育の最低基準の性格をもつ大臣告示として改定された。改定の背景には子どもの生活環境の変化と保護者の子育て環境の変化による，保育所の役割・機能強化の要請がある。

**保育所保育指針（平成29年改定）の構成**

**第1章　総則**　（→ P.214，4については P.261 を参照）

**1　保育所保育に関する基本原則**

  (1) 保育所の役割 (2) 保育の目標 (3) 保育の方法

  (4) 保育の環境　(5) 保育所の社会的責任

**2　養護に関する基本的事項**

  (1) 養護の理念　(2) 養護に関わるねらい及び内容

**3　保育の計画及び評価**

  (1) 全体的な計画の作成 (2) 指導計画の作成 (3) 指導計画の展開

  (4) 保育内容等の評価　(5) 評価を踏まえた計画の改善

**4　幼児教育を行う施設として共有すべき事項**

  (1) 育みたい資質・能力 (2) 幼児期の終わりまでに育ってほしい姿


**第2章　保育の内容**　（→ P.217，261）

**1　乳児保育に関わるねらい及び内容**

  (1) 基本的事項 (2) ねらい及び内容 (3) 保育の実施に関わる配慮事項

**2　1歳以上3歳未満児の保育に関わるねらい及び内容**

  (1) 基本的事項 (2) ねらい及び内容 (3) 保育の実施に関わる配慮事項

3　3歳以上児の保育に関するねらい及び内容
　(1) 基本的事項　(2) ねらい及び内容　(3) 保育の実施に関わる配慮事項
4　保育の実施に関して留意すべき事項
　(1) 保育全般に関わる配慮事項　(2) 小学校との連携　(3) 家庭及び地域社会との連携

第3章　健康及び安全　（→ P.220）
1　子どもの健康支援
2　食育の推進
3　環境及び衛生管理並びに安全管理
4　災害への備え

第4章　子育て支援　（→ P.221）
1　保育所における子育て支援に関する基本的事項
　(1) 保育所の特性を生かした子育て支援
　(2) 子育て支援に関して留意すべき事項
2　保育所を利用している保護者に対する子育て支援
　(1) 保護者との相互理解　(2) 保護者の状況に配慮した個別の支援
　(3) 不適切な養育等が疑われる家庭への支援
3　地域の保護者等に対する子育て支援

第5章　職員の資質向上　（→ P.222）
1　職員の資質向上に関する基本的事項
　(1) 保育所職員に求められる専門性
　(2) 保育の質の向上に向けた組織的な取組
2　施設長の責務
　(1) 施設長の責務と専門性の向上　(2) 職員の研修機会の確保等
3　職員の研修等
　(1) 職場における研修　(2) 外部研修の活用
4　研修の実施体制等
　(1) 体系的な研修計画の作成　(2) 組織内での研修成果の活用
　(3) 研修の実施に関する留意事項

5.　保育の歴史
(1) 今日の保育に影響を与えた思想家・教育家
　ルソー（J.J.Rousseau 1712 ～ 1778　フランス）
　　子ども観を根本的変革し「子どもの発見」者として有名。消極教育

を提唱。著書『エミール』など。

**ペスタロッチ (J.H.Pestalozzi 1746 ～ 1827　スイス)**

　教育の重要な課題は，人間が生まれながらにして備えている諸資質・諸能力を開発し，伸長していくこととした。

**オーエン (R.Owen 1771 ～ 1858　イギリス)**

　人間の性格は幼い時期からの環境によって創られるとして，「性格形成学院」を創設。

**フレーベル (F.W.Frobel 1782 ～ 1852　ドイツ)**

　思想的には「児童神性論」と呼ばれる。保育思想の基本は「追従的教育」。幼稚園 (kindergarten ＝子どもの花園) の創設。子どもの発達において遊びの重要性を説く。恩物の考案。主著『人間の教育』。

**エレン・ケイ (E.Key 1849 ～ 1926　スウェーデン)**

　自然主義的保育を主張。20世紀を「児童の世紀」と称した。

**モンテッソーリ (M.Montessori 1870 ～ 1952　イタリア)**

　「子どもの家」において，知的障害分野での実践を健常児に適用した。感覚を開発するため「モンテッソーリ教具」を考案。

**倉橋惣三 (くらはし　そうぞう　1882 ～ 1955　日本)**

　現・お茶の水女子大付属幼稚園主事。日本の幼児教育界の先駆的指導者。幼児中心主義の保育理論による「誘導保育論」。主著『幼稚園真諦』『育ての心』。

### (2) 保育の歴史

①わが国の幼稚園教育の歴史

東京女子師範学校幼稚園　1876 (明治9) 年　日本で最初の幼稚園。

幼稚園令　　　　　　　　1926年 (大正15) 年　幼稚園単独の勅令。

学校教育法　　　　　　　1947年　幼稚園が学校教育制度に。

「保育要領　幼児教育の手引き (試案)」

　　　　　　　　　　　　1948年　幼稚園教育，保育所保育，家庭における保育の手引き。

「幼稚園教育要領」　　　1956年～　教育課程の基準。

②わが国における保育所 (その前身としての託児施設) の歴史

　保育所は，第二次世界大戦後に「児童福祉法」 (1948年) によってはじめて制度化。それ以前にも，その前身ともいえる託児施設がいくつかあった。幼稚園はどちらかといえば限られた富裕層の子どもを対象としたものであったが，一方の保育所の前身となる施設は日本の産業革命期に貧しい家庭の子どもたちを対象として誕生した。

新潟静修学校 (付設の託児所)　1890年　赤澤鐘美夫妻

二葉幼稚園　　　　　　　　　　1900年　野口幽香

# 予想問題

□ ① 保育思想に関する記述のうち，適切なものの組合せはどれか。

A ペスタロッチは，人間の生まれながらの資質や能力の開発には，できるだけ早くから教育を施すことの必要性を説いた。

B モンテッソーリの保育内容は，感覚教育を重視し，独特の教具を考案して教育効果の科学的根拠を明らかにした。

C ルソーは，幼少年期にふさわしい教育として，積極教育を提唱し，大人の側からの強制的な教育の必要性を説いた。

D 倉橋惣三は，幼児の生活それ自体に自己充実の力があるので，その発揮のためには，できるだけ幼児の自発性に任せる放任の大切さを説いた。

E フレーベルの保育思想の意義のひとつは，幼児期の子どもの発達における遊びの教育的意義を明らかにしたことにある。

(1) C・E　　(2) A・D　　(3) B・E
(4) C・D　　(5) A・B

□ ② 保育施策に関する記述のうち，適切なものはどれか。

(1) 保育所における保育時間は，1日につき11時間を原則としている。

(2) 就学前児童のうち，保育所等利用児童の割合は6割を超えている。

(3) 保育所における市町村の責務は，児童福祉法第24条に示されている。

(4) 保育料は応益負担を原則としている。

(5) 保育所保育指針はガイドラインである。

# ・・・・・解説と解答・・・・・

1 ●選択肢のチェック

A：適切でない。ペスタロッチの教育思想は，人間独自の根本的な力を精神力・心情力・技術力としてとらえ，これらの調和的・総合的発達を基本とした。また，母性愛を介した家庭教育の重要性も指摘している。

B：適切。

C：適切でない。ルソーの功績は，子どもの発見者として，子どもを子どもとして観ることから出発した点にあるといわれる。その教育理念は「消極教育」とされ，大人の側からの強制的教え込みを否定した。

D：適切でない。倉橋惣三の保育は，児童中心主義の誘導保育論とよばれる。「生活を，生活で，生活へ」，また，幼児さながらの生活からの出発を提唱したが，放任しておくことを勧めたのではない。

E：適切。

答　(3)


2 ●選択肢のチェック

(1) 適切でない。保育所における保育時間は，1日につき8時間を原則としている。(児童福祉施設の設備及び運営に関する基準)

(2) 適切でない。2022年現在，保育所等利用児童の割合は50.9％である。

(3) 適切。

(4) 適切でない。保育料は応能負担を原則とし，各自治体で定められている。

(5) 適切でない。保育所保育指針は2009年度より，大臣告示として保育所保育の最低基準の性格を持つ。

答　(3)

# 予想問題

□ ③ 保育所保育指針の第1章総則の「保育所の役割」に関する記述について，空欄に入る適切な語句の組合せはどれか。

保育所は，児童福祉法（昭和22年法律第164号）第（　A　）条の規定に基づき，（　B　）子どもの保育を行い，その健全な心身の発達を図ることを目的とする児童福祉施設であり，入所する子どもの（　C　）を考慮し，その福祉を積極的に増進することに最もふさわしい（　D　）でなければならない。

|  | A | B | C | D |
|---|---|---|---|---|
| (1) | 38 | 保育を必要とする | 幸 せ | 場 所 |
| (2) | 25 | 要養護の | 権 利 | 生活の場 |
| (3) | 25 | 要養護の | 最善の利益 | 生活の場 |
| (4) | 39 | 保育に欠ける | 最善の利益 | 家庭的な場所 |
| (5) | 39 | 保育を必要とする | 最善の利益 | 生活の場 |

□ ④ 保育所保育指針第1章総則の「保育士の専門性」に関する次の記述について，空欄に入る適切な語句の組合せは次のうちどれか。

保育所における保育士は，（　A　）第18条の4の規定を踏まえ，保育所の役割及び機能が適切に発揮されるように，（　B　）に裏付けられた専門的知識，技術及び（　C　）をもって，子どもを保育するとともに，子どもの保護者に対する保育に関する（　D　）を行うものであり，その職責を遂行するための専門性の向上に絶えず努めなければならない。

|  | A | B | C | D |
|---|---|---|---|---|
| (1) | 社会福祉法 | 倫理観 | 診 断 | 助 言 |
| (2) | 児童福祉法 | 価値観 | 判 断 | 助 言 |
| (3) | 社会福祉法 | 価値観 | 判 断 | 指 導 |
| (4) | 児童福祉法 | 倫理観 | 判 断 | 指 導 |
| (5) | 児童福祉法 | 倫理観 | 診 断 | 助 言 |

# ・・・・・ 解説と解答 ・・・・・

③ **Point** 児童福祉法における保育所の法的根拠と合わせて理解する必要がある。

保育所保育指針第1章総則　1（1）保育所の役割
ア　保育所は，児童福祉法（昭和22年法律第164号）第39条の規定に基づき，保育を必要とする子どもの保育を行い，その健全な心身の発達を図ることを目的とする児童福祉施設であり，入所する子どもの最善の利益を考慮し，その福祉を積極的に増進することに最もふさわしい生活の場でなければならない。
（児童福祉法第39条は改正され，保育指針の文章もそれに沿ったものとなっています。）

答（5）

④ **Point** 保育所保育指針第1章総則 1.保育所保育に関する基本原則（1）エ　保育士の専門性に関する記述。

　保育所における保育士は，児童福祉法第18条の4の規定を踏まえ，保育所の役割及び機能が適切に発揮されるように，倫理観に裏付けられた専門的知識，技術及び判断をもって，子どもを保育するとともに，子どもの保護者に対する保育に関する指導を行うものであり，その職責を遂行するための専門性の向上に絶えず努めなければならない。
　また，保育所保育指針の解説書には，専門性として，①子どもの発達に関する知識と援助する技術，②生活援助の知識・技術，③保育の環境を構成する技術，④遊びを豊かに展開していく知識・技術，⑤関係構築の知識・技術，⑥保護者への相談，助言に関する知識・技術をあげている。

答（4）

□ ⑤ 保育所保育指針第2章「保育の内容」の記述について，空欄に入る語句の適切な組み合わせはどれか。

　　　保育における「養護」とは，子どもの（　A　）及び（　B　）を図るために保育士等が行う援助や関わりであり，「教育」とは，子どもが健やかに成長し，その活動がより豊かに展開されるための（　C　）である。…（略）実際の保育においては，養護と教育が（　D　）展開されることに留意する必要がある。

|  | A | B | C | D |
|---|---|---|---|---|
| (1) | 生命の保持 | 心身の安定 | 発達の援助 | 画一的に |
| (2) | 健康の保持 | 情緒の安定 | 保育者の援助 | 一体となって |
| (3) | 健康の保持 | 心身の安定 | 発達の援助 | 総合的に |
| (4) | 生命の保持 | 情緒の安定 | 発達の援助 | 一体となって |
| (5) | 生命の保持 | 情緒の安定 | 保育者の援助 | 一体となって |

□ ⑥ **全体的な計画の作成のプロセスに関して，適切に並べられたものはどれか。**

A　各保育所の保育理念，保育目標，保育方針等について共通理解を図る。

B　保育所保育の基本について職員間の共通理解を図る。

C　子どもの発達過程を見通し，それぞれの時期にふさわしい具体的なねらいと内容を一貫性を持って組織するとともに，子どもの発達過程に応じて保育目標がどのように達成されていくか見通しを持って編成する。

D　各保育所の子どもの実態や子どもを取り巻く家庭・地域の実態及び保護者の意向を把握する。

E　保育時間の長短，在所期間の長短，その他子どもの発達や心身の状態及び家庭の状況に配慮して，それぞれにふさわしい生活の中で保育目標が達成されるようにする。

F　全体的な計画に基づく保育の経過や結果を省察，評価し，次の編成に生かす。

(1)　A→B→C→D→E→F　　　(2)　B→D→A→C→E→F

(3)　B→D→C→A→F→E　　　(4)　C→B→A→F→E→D

(5)　E→C→B→D→A→F

# ·····解説と解答·····

⑤ **Point▶** 養護とは何か，教育とは何かの理解が必要となる。

保育所保育指針第2章「保育の内容」に関する記述のうち養護と教育の説明部分である。

保育における「養護」とは，子どもの生命の保持及び情緒の安定を図るために保育士等が行う援助や関わりであり，「教育」とは，子どもが健やかに成長し，その活動がより豊かに展開されるための発達の援助である。…（略）実際の保育においては，養護と教育が一体となって展開されることに留意する必要がある。

答（4）

⑥ ●選択肢のチェック

保育所保育指針第1章総則3「保育の計画及び評価」

(1)全体的な計画の作成

ア　保育所は，1の(2)に示した保育の目標を達成するために，各保育所の保育の方針や目標に基づき，子どもの発達過程を踏まえて，保育の内容が組織的・計画的に構成され，保育所の生活の全体を通して，総合的に展開されるよう，全体的な計画を作成しなければならない。

イ　全体的な計画は，子どもや家庭の状況，地域の実態，保育時間などを考慮し，子どもの育ちに関する長期的見通しをもって適切に作成されなければならない。

ウ　全体的な計画は，保育所保育の全体像を包括的に示すものとし，これに基づく指導計画，保健計画，食育計画等を通じて，各保育所が創意工夫して保育できるよう，作成されなければならない。

全体的な計画は，保育に関する基本的な理解と各保育所の状況を踏まえたうえで作成していく必要がある。

答（2）

□ ⑦ 保育所と小学校との連携に関する記述について，適切なものの組合せはどれか。

A 指導計画の作成に当たっては，乳幼児期を基盤とする生涯発達という観点を持って，保育所での育ちがそれ以降の生活や学びへとつながっていくよう保育の内容の工夫を図ることが重要である。

B 保育所と小学校の関係者が直接的に交流することは，入学前に主観的な思いを伝えてしまい，子どもへの先入観を持つことにつながる危険があるので極力避けたほうがよい。

C 「保育所児童保育要録」は，保育における養護及び教育に関わる5領域の視点を踏まえ，一人一人の子どもの良さや全体像が伝わるよう工夫して記す。

D 「保育所児童保育要録」の作成について保護者に伝える必要はない。

|     | A | B | C | D |
|-----|---|---|---|---|
| (1) | ○ | ○ | × | ○ |
| (2) | ○ | × | × | × |
| (3) | × | ○ | × | × |
| (4) | ○ | × | ○ | × |
| (5) | × | × | ○ | ○ |

□ ⑧ 保育所における相談援助活動に関する記述のうち，適切なものはどれか。

(1) 子どもの養育責任はあくまでも保護者ではあるが，援助に関しては専門職である保育士が方針や内容を決定すべきである。

(2) 相談を受ける保育士の姿勢の基本は，保護者の話を傾聴し，受容することにあり，よい聞き手・よい理解者となることである。

(3) 問題解決のためには情報の収集が重要となるため，たとえ保護者が話したくないと思っていることでも，すぐに聞き出す必要がある。

(4) 同じような問題の相談を受けた場合には，その人の例をあげて解決の方法を探ることも大切である。

(5) 相談を受けた場合は，保育士に解決できないと思われる問題でも，専門職である以上拒否すべきではない。

# ・・・・・解説と解答・・・・・

7 ●選択肢のチェック

A：適切。

B：適切でない。子どもの育ちを考えていくためには，保育所と小学校の関係者が直接的に交流し，双方における生活・学びの実情や子どもの育ちの歩みと見通しについて，互いに理解を深めることが大切である。

C：適切。

D：適切でない。保護者との信頼関係を基盤として，保護者の思いを踏まえつつ記載するとともに，保育要録の送付については，保護者に周知しておくことが望ましい。また，個人情報保護や情報開示に留意することも必要。

答（4）

8 ●選択肢のチェック

（1）援助はあくまでも，援助を受けるものの自己決定をもとに展開されなければならない。

（2）適切。

（3）援助活動は信頼関係を前提になされるものであり，要援助者が話したくなければ，自ら話そうとするようになる関係作りが大切である。

（4）援助者には秘密保持の義務があり，他者の情報が第三者に明かされるようなことがあってはならない。このことは，保育の実施における保育士の守秘義務と同様である。

（5）要援助者が援助を求めている場合，所属機関の限界性や援助者としてできることとできないことを明確に伝えることも大切である。

答（2）

# 予想問題

□ ⑨ 国の近年の子育て支援・保育施策の動向に関する記述のうち，適切
でないものはどれか。

(1) 2015（平成27）年4月に施行された新制度では，「国が子育てについての第一義的責任を有する」という基本的な認識のもとに，子ども・子育て支援を総合的に推進することとしている。

(2) 都市部を中心に深刻な問題となっている待機児童の解消の取組みを加速化させるため，5年間の「待機児童解消加速化プラン」に続き，2017年度末から2022年度末に向けて，5年間で女性就業率80％に対応できる約32万人の受け皿整備などの「子育て安心プラン」が策定された。

(3) 2013（平成25）年3月から内閣府特命担当大臣（少子化対策）の下で「少子化危機突破タスクフォース」が発足し，「切れ目ない支援」の総合的な政策の充実・強化を目指すとされた。

(4) 「小1の壁」「待機児童」を解消するとともに，全ての児童が放課後を安全・安心に過ごし，多様な体験・活動を行うことができるよう「新・放課後子ども総合プラン」が策定された。

(5) 新たな少子化社会対策大綱には，5つの重点課題の中に，若い年齢での結婚・出産の希望の実現や多子世帯への一層の配慮等が組み込まれている。

□ ⑩ 保育サービスに関する記述のうち，適切でないものはどれか。

(1) 延長保育とは，保護者の就労形態の多様化等に伴う延長保育の需要に対応するため，11時間の開所時間を超える保育サービスである。

(2) 病児・病後児保育とは，保護者が就労している場合等において，子どもが病気の際に自宅での保育が困難な場合，病院・保育所等において病気の児童を一時的に保育するほか，保育中に体調不良となった児童への緊急対応等を行うことである。

(3) 特定保育とは，障害を持つ子どものための保育である。

(4) 事業所内保育とは，労働者のための保育施設を事業所内に設置し，実施する保育サービスである。

(5) 家庭的保育（保育ママ）は，2010年度から，児童福祉法上の事業として法律上位置付けられることとなった。

# ・・・・・解説と解答・・・・・

⑨ ●選択肢のチェック

（1）適切でない。2016年10月に改正された児童福祉法では第2条第2項において保護者が子育てに関する第一義的な責任を有することが明文化された。

（2）適切。「子育て安心プラン」では，保育の受け皿の拡大をはじめ，保育人材確保，保育と連携した働き方改革など6つの支援があげられた。

（3）適切。これまで少子化対策として取り組んできた「子育て支援」および「働き方改革」をより一層強化し，結婚，妊娠，出産，育児の切れ目ない支援を目指すとされている。

（4）適切。保育所を利用する共働き家庭等においては，児童の小学校就学後も，その安全・安心な放課後等の居場所の確保という課題に直面している。2023年度末までに，放課後児童クラブについて，計約30万人分の受け皿を整備することなどが目標に掲げられた。

（5）適切。新たな少子化社会対策大綱では，社会全体を見直し，さらなる子育て支援の拡充とともに，産み育てやすい社会の充実を目指している。

答（1）

⑩ ●選択肢のチェック

（1）適切。

（2）適切。保育所を利用している児童を対象に，病気の治療中・回復期にあって集団保育が困難な期間に，一時的にその児童の預かりを行うことで，保護者の子育てと就労の両立を支援することを目的とする。

（3）適切でない。特定保育とは，保護者がパート労働，定期的な看護や介護のため週2〜3日または，午前か午後のみなど，児童を保育できず，かつ同居の親族等も保育ができないと認められる場合に利用できるサービスである。

（4）適切。

（5）適切。家庭的保育事業（保育ママ）は，乳児又は幼児について，家庭的保育者の居宅その他の場所において，家庭的保育者による保育を行う事業である。（児童福祉法第6条の3第9項）

答（3）

# 予想問題

□ 11 保育所における保護者支援の機能と特性に関して，適切なものに○，適切でないものに×をつけた場合，その組合せとして正しいものはどれか。

A 継続的に子どもの発達援助を行うことができること。
B 送迎時を中心として，日々保護者と接触があること。
C 保育士をはじめとして各種専門職が配置されていること。
D 子どもの生命・生活を守り，保護者の就労と自己実現を支える社会的使命を有していること。
E 公的施設として，様々な社会資源との連携や協力が可能であること。

```
      A  B  C  D  E
(1)   ○  ○  ○  ○  ○
(2)   ○  ×  ×  ×  ×
(3)   ×  ○  ○  ×  ×
(4)   ○  ×  ○  ×  ○
(5)   ×  ×  ○  ○  ○
```

□ 12 保育士の職業倫理及び全国保育士会倫理綱領に関する記述のうち，適切でないものはどれか。

(1) 全国保育士会倫理綱領では，子どもの育ちと保護者の子育てを支え，子どもと子育てにやさしい社会をつくることを言明している。
(2) 保育士が守秘義務違反を犯した場合には，1年以下の懲役または50万円以下の罰金が課せられる。
(3) 全国保育士会倫理綱領では，保育は子どもの最善の利益を第一に考える，としている。
(4) 全国保育士会倫理綱領では，子どものニーズや保護者のニーズの代弁を重要な役割としている。
(5) 保育士に対しては，信用失墜行為の禁止が規定されているが，当該行為を行った場合のペナルティーの規定は，まだ成文化されていない。

# ・・・・・解説と解答・・・・・

11 ●選択肢のチェック

　保育所における保護者に対する支援は大きく2つに分けられる。1つは，入所している子どもの保護者に対する支援，もう1つは，保育所を利用していない子育て家庭も含めた地域における子育て支援である。前者に関しては，保育所は本来業務としてその中心的な機能を果たし，後者に関しては本来業務に支障のない範囲において，その社会的役割を十分自覚し，他の関係機関，サービスと連携しながら，保育所の機能や特性を生かした支援を行う必要がある。地域子育て支援活動は，現在，様々な専門職，ボランティア，当事者などが担っていて，その中でも，保育所はその特性を生かした活動や事業を進めている。

答（1）

12 ●選択肢のチェック

(1) 全国保育士会倫理綱領前文「私たちは，子どもの育ちを支えます。私たちは，保護者の子育てを支えます。私たちは，子どもと子育てにやさしい社会をつくります。」

(2) 児童福祉法第61条の2第1項。

(3) 全国保育士会倫理綱領第1条「私たちは一人ひとりの子どもの最善の利益を第一に考え，保育を通してその福祉を積極的に増進するよう努めます。」

(4) 全国保育士会倫理綱領第6条。子どものニーズを受け止め，子どもの立場に立った代弁と，保護者のニーズの代弁をうたっている。

(5) 適切でない。児童福祉法第18条の19第2項に登録の取り消し，もしくは期間を定めた名称使用停止の規定がある。

答（5）

☐ ⑬ 保育所における保護者支援に関する記述について，適切なものはどれか。

(1) 保護者の保育所における保育の活動への参加と，保護者の子育てを自ら実践する力の向上とはつながるものはでない。

(2) 保護者に対し，日々の保育の意図などを説明する必要はない。

(3) 保育所において，保護者の仕事と子育ての両立等を支援するため，通常の保育に加えて多様な保育を実施する場合には，子どもの福祉が尊重されないので，必要最低限に実施しなければならない。

(4) 子どもに障害や発達上の課題が見られる場合には，まずは保育所のみで解決が出来るように，保護者に対する個別の支援を行うよう努めること。

(5) 虐待が疑われる場合には，速やかに市町村又は児童相談所に通告し，適切な対応を図ること。


☐ ⑭ 保育者に求められる専門性として，適切でないものはどれか。

(1) 保育者の役割は，子どもたちが安心でき，居心地のよい生活の場の中で，自らの生活する力をつける関わりである。

(2) 遊びは子どもたちの自由で自発的な活動なので，保育者はできるだけ関与せず，子どもたちに任せておくことが大切である。

(3) 人との関わりの基本には，遊びの中での自己主張や自己抑制，思いやりの気持ちの育ちが大切とされている。

(4) 遊びの中でのトラブルやいざこざへの対応は，誰が悪いのかという審判や，仲良くすることだけを求めることは適切ではない。

(5) 子どもたちが主体的に取り組み夢中になれるような環境を構成することが重要である。

# ・・・・・解説と解答・・・・・

[13] ●選択肢のチェック

　保育所保育指針第4章「子育て支援」の保育所を利用している保護者に対する支援についての問題である。

(1) 適切でない。例えば，保護者が子どもの遊びに参加することで，子どもの遊びの世界や言動の意味を理解したり，専門性を有する保育士等が子供の心の揺れ動きに応じてきめ細かに関わる様子を見て，接し方への気付きを得たりする（『保育所保育指針解説』）。

(2) 適切でない。子どもの様子や日々の保育の意図などを説明し，保護者との相互理解を図るよう努めること。

(3) 適切でない。保護者の仕事と子育ての両立等を支援するため，通常の保育に加えて，保育時間の延長，休日，夜間の保育，病児・病後児に対する保育など多様な保育を実施する場合には，保護者の状況に配慮するとともに，子どもの福祉が尊重されるよう努めること。

(4) 適切でない。子どもに障害や発達上の課題が見られる場合には，市町村や関係機関と連携及び協力を図りつつ，保護者に対する個別の支援を行うよう努めること。

(5) 適切。虐待の通告義務（児童福祉法第25条，児童虐待防止法第6条）。また，早期発見の努力義務（児童虐待防止法第5条）もある。

答　(5)

[14] ●選択肢のチェック

(1) 発達過程や意欲を踏まえた生活援助の知識・技術。

(2) 適切でない。子どもの遊びを豊かに展開していく知識・技術は重要な専門性である。

(3) (4) 子ども同士の関わりを見守り，気持ちに寄り添いながら適宜必要な援助をする関係構築の知識・技術。

(5) 保育の環境を構成していく技術。

答　(2)

☐ 15 保育における「養護」に関する記述について，適切なものの組合せは
どれか。

A 健康，安全な生活に必要な習慣や態度を身に付け，見通しをもって
行動する。

B 一人一人の子どもが，周囲から主体として受け止められ，主体とし
て育ち，自分を肯定する気持ちが育まれていくようにする。

C 保育所での生活を楽しみ，身近な人と関わる心地よさを感じる。

D 一人一人の子どもが，快適に生活できるようにする。

(1) A・B
(2) A・C
(3) B・C
(4) B・D
(5) A・D


☐ 16 保育所保育指針に関する記述のうち，適切でないものはどれか。

(1) 子どもの最善の利益を考慮し，人権に配慮した保育を行うためには，
各保育士の倫理観や人間性と職責の自覚が大切である。

(2) 保育士には，保育等に関する自己評価と，それに基づく課題に対し
ての研修や，知識及び技術の習得等が求められる。

(3) 子どもの健康増進のために，保育所には健康に関する保健計画を作
成し，一人一人の子どもの健康に対して，全職員が努力することが
求められている。

(4) 「食育」には，家庭での食事環境の悪化に対応するために，保護者
への食生活指導や，朝食を食べずに登園する子どもに対する朝食
の提供などが盛り込まれている。

(5) 保育所の社会的責任として，個人情報の保護や保護者からの苦情解
決の対応が求められている。

# ・・・・・解説と解答・・・・・

15 ●選択肢のチェック

　保育は養護と教育の一体的な営みである。ここでいう養護とは「生命の保持」と「情緒の安定」を図るための保育士の援助や関わりのことである。

A：適切でない。教育の領域「健康」のねらい（3歳児以上）についての記述。

B：適切。「情緒の安定」のねらいについての記述。

C：適切でない。教育の領域「人間関係」のねらい（1〜3歳未満児）についての記述。

D：適切。「生命の保持」のねらいについての記述。　　　　答（4）

16 ●選択肢のチェック

(1) 保育所保育指針第5章1職員の資質向上に関する基本的事項　参照。

(2) 保育所保育指針第1章3保育の計画及び評価　参照。

(3) 保育所保育指針第3章1子どもの健康支援　参照。

(4) 適切でない。保育所における「食育」は，「食を営む力」の育成の基礎を培うことを目標として行われる。ただし，設問のような視点は含まれていない。保育所保育指針第3章2食育の推進　参照。

(5) 保育所保育指針第1章1保育所保育に関する基本原則　参照。

　　　　　　　　　　　　　　　　　　　　　　　　　　　答（4）

## Check!! 〉〉〉〉〉〉　　関連する重要な用語

エンパワメント……問題を抱えたクライエントが，失った自己解決能力を引きだし，自己決定による自己実現を支援する援助方法。

アドボカシー（代弁）……権利やニーズを自己表現することができないクライエントに代わって，援助者がそれを代弁して行う権利擁護のための機能。

ホスピタリズム……強制的な母子分離による愛着関係の希薄化が，心身の発達に影響を及ぼすという指摘。

インテグレーション（統合化）……障害をもった人々を一般社会の中に当たり前に受け入れていくこと。

メインストリーミング（主流化）……障害を持つ子どもと持たない子どもとを一緒に教育しようとする教育実践などにおいて用いられる。

□ 17 次の表は，保育所保育指針に示されている幼児教育において育みたい資質・能力を整理したものである。AからEに入る語の正しい組合わせはどれか。

| 育みたい資質·能力 | 内　　容 |
|---|---|
| （　A　）及び技能の基礎 | 豊かな（　B　）を通じて，感じたり，気付いたり，分かったり，できるようになったりすること |
| 思考力，（　C　）力，表現力等の基礎 | 気付いたことや，できるようになったことなどを使い，考えたり，試したり，工夫したり，表現したりすること |
| 学びに向かう力，人間性等 | （　D　），意欲，（　E　）が育つ中で，よりよい生活を営もうとすること |

|  | A | B | C | D | E |
|---|---|---|---|---|---|
| (1) | 心情 | 遊び | 判断 | 心情 | 実践力 |
| (2) | 知識 | 生活 | 言語 | 経験 | 態度 |
| (3) | 心情 | 体験 | 適応 | 道徳性 | 実践力 |
| (4) | 知識 | 体験 | 判断 | 心情 | 態度 |
| (5) | 知識 | 遊び | 適応 | 経験 | 道徳性 |

□ 18 保育所保育指針に示された，1歳以上3歳未満児の保育に関わるねらい及び内容の基本的事項に関して，適切なものはどれか。

(1) この時期の発達については，視覚，聴覚などの感覚や，座る，はう，歩くなどの運動機能が著しく発達し，特定の大人との応答的な関わりを通じて，情緒的な絆が形成されるといった特徴がある。

(2) 自分でできることが増えてくる時期であることから，保育士等は，子どもの生活の安定を図りながら，自分でしようとする気持ちを尊重し，温かく見守るとともに，愛情豊かに，応答的に関わることが必要である。

(3) この時期においては，運動機能の発達により，基本的な動作が一通りできるようになるとともに，基本的な生活習慣もほぼ自立できるようになる。

(4) この時期においては，仲間と遊び，仲間の中の一人という自覚が生じ，集団的な遊びや協同的な活動も見られるようになる。

(5) この時期の保育においては，個の成長と集団としての活動の充実が図られるようにしなければならない。

# ・・・・・解説と解答・・・・・

17 **Point** 幼児教育において育みたい資質・能力は平成29年告示の改定保育所保育指針において初めて示された内容である。

●選択肢のチェック

　実際の指導場面においては，「知識及び技能の基礎」「思考力，判断力，表現力等の基礎」「学びに向かう力，人間性等」を個別に取り出して指導するのではなく，遊びを通した総合的な指導の中で一体的に育むよう努めることが重要である（『保育所保育指針解説』）。

A：知識　　　　B：体験　　　　C：判断
D：心情　　　　E：態度　　　　　　　　　　　答（4）

18 **Point** 子どもの発達過程は従来目安として8つの区分でとらえられていたが，平成29年告示の改定保育所保育指針では，乳児，1歳以上3歳未満児，3歳以上児に分け，保育の内容と併せて記載されている。

●選択肢のチェック

(1) 適切でない。これは乳児期の保育に関する記述である。

(2) 適切である。この時期（1歳以上3歳未満児）においては，歩き始めから，歩く，走る，跳ぶなどへと，基本的な運動機能が次第に発達し，排泄の自立のための身体的機能も整うようになる。つまむ，めくるなどの指先の機能も発達し，食事，衣類の着脱なども，保育士等の援助の下で自分で行うようになる。発声も明瞭になり，語彙も増加し，自分の意思や欲求を言葉で表出できるようになる。このように自分でできることが増えてくる時期であることから，保育士等は，子どもの生活の安定を図りながら，自分でしようとする気持ちを尊重し，温かく見守るとともに，愛情豊かに，応答的に関わることが必要である（第2章保育の内容2「1歳以上3歳未満児の保育に関わるねらい及び内容」）。

(3) 適切でない。これは3歳以上児の保育に関する記述である。

(4) 適切でない。これは3歳以上児の保育に関する記述である。

(5) 適切でない。これは3歳以上児の保育に関する記述である。

答（2）

# 教育原理

歴史的な教育学者の考え方を基礎として，教育の意味や内容，教育の方法，教育の法規について学習する。事項や人名の単なる暗記にとどまらず，実際の保育現場とどのように関連するのかをイメージすることが大切である。

## Check!!　重要事項

★現在，日常的に教育ということばが使われているが，16世紀の西欧社会で教育といえば「Bildung（＝陶冶）」という概念が中心であった。神の被造物である人間を神の似姿としての完全性にまで形成するといった，外面性を重視していたことばといえる。18世紀に入り，知性や態度など，人間の内面性をも表現することばになった。

## 1．教育の目的及び理念

◆国は，全国的な教育の機会均等と教育水準の維持向上を図るため，教育に関する施策を総合的に策定し，実施しなければならない。

(教育基本法第16条第2項)

◆国及び地方公共団体は，障害のある者が，その障害の状態に応じ，十分な教育を受けられるよう，教育上必要な支援を講じなければならない。

(教育基本法第4条第2項)

### (1) 教育を受ける権利，教育の機会均等

【関連条文】日本国憲法第26条，教育基本法第4条，民法第820条，児童憲章第4項，世界人権宣言第26条，児童の権利に関する条約第28条，国際人権規約A規約第13条

### (2) 教育の目標

①幅広い知識と教養，豊かな情操と道徳心，健やかな身体を養う。

②個性を伸ばし，創造性，自律の精神，勤労を重んじる態度を養う。

③男女の平等，公共の精神に基づき，主体的に社会の形成に参画し，その発展に寄与する態度を養う。

④生命を尊び，自然を大切にし，環境の保全に寄与する態度を養う。

⑤伝統と文化を尊重し，郷土を愛し，他国を尊重し，国際社会の平和と発展に寄与する態度を養う。　　　　(教育基本法第2条より)

【関連条文】教育基本法前文・第1条・第2条，児童の権利に関する

条約第29条

（3）子どもに関する理念

【関連条文】児童憲章前文

## 2. 諸外国の教育理論と教育

（1）17世紀

**コメニウス**　「近代教育学の父」，著書『大教授学』『世界図絵』

あらゆる人にあらゆる事柄を教授する普遍的な技法を提示。

子どもの直観に訴える教育を提唱。

**ジョン・ロック**　著書『教育に関する若干の考察』

「精神白紙説」（タブラ・ラサ）を唱える。紳士教育論を展開。

（2）18世紀〜19世紀

**ルソー**　著書『エミール』，消極教育・自然教育を主張。

「すべての教育は，子どもの発達法則（＝自然）に則って行われるべき」

**ペスタロッチ**　著書『隠者の夕暮』『ゲルトルート児童教育法』『白鳥の歌』

孤児院を開いて下層庶民の教育を実践。直観教授法を確立。

人間に共通の能力（頭・心・手）の調和的発達を教育の目標とする。

**コンドルセ**　著書『公教育の全般的組織に関する報告および法案』

近代公教育制度の確立に尽力。

**ヘルバルト**　著書『一般教育学』　教育学をはじめて体系的に理論化。

後に弟子らが「五段階教授法」として定式化。

**ロバート・オーエン**　著書『新社会観』

工場内に「性格形成学院」と呼ばれる幼児学校を設立。

**フレーベル**　著書『人間の教育』

世界初の幼稚園（Kinder-garten）をドイツのブランケンブルグに設立。

遊びと作業の道具（＝恩物）による教育を提唱。

**デューイ**　著書『学校と社会』『民主主義と教育』

「学校は小さな社会である」

シカゴに実験学校を開設，経験主義，問題解決学習を提唱。

★シカゴの実験学校では，例えば歴史の授業においては，子どもが糸を紡ぐことからはじめて布にまで織り上げる活動や，原始的な穴居生活からはじめて産業発展をたどるといった，社会生活でふつうにみられる作業形態への子どもたちの参加を通して学習させる，仕事中心のカリキュラムがみられた。

**エレン・ケイ**　著書『児童の世紀』　徹底した児童中心主義を主張。

教育原理

## (3) 20世紀

**モンテッソーリ**　著書『モンテッソーリ・メソッド』

知的障害児の教育で大きな成果をあげる。

ローマの貧民街に「子どもの家」を開設。

幼児期を「感覚期」（Sensitive Period）と捉えて感覚訓練を重視，モンテッソーリ教具を開発。

**ケルシェンシュタイナー**　著書『公民教育の概念』『労作学校の概念』

「労作」（職業教育）を学校教育の根幹に位置づけて公民教育の方法論とした。

**キルパトリック**　「プロジェクト・メソッド」という授業形態を提唱。

デューイの経験主義教育理論を具体化。

**ブルーナー**　著書『教育の過程』　発見学習を提唱。

**イリイチ**　著書『脱学校の社会』　脱学校論を展開。

★イリッチは言います。「手をかければかけるほど良い結果が得られるとか，段階的に増やしていけばいつかは成功するとかいった論理で学校化（＝学校や先生の言うことを信じ込むこと）されると，生徒は教授されることと学習することとを混同するようになり，同じように，進級することはそれだけ教育を受けたこと，免状をもらえばそれだけ能力があること，よどみなく話せれば何か新しいことを言う能力があることだと取り違えるようになる」と。こういう事態からの脱却をイリッチは「脱学校化」と呼びます。

I.イリッチ（東洋他訳）『脱学校の社会』（東京創元社1970）

**ポルトマン**　人間の生理的早産を主張。

**ウェルナー**　発達には方向性があると主張・「相貌的知覚」

**ラングラン**　著書『生涯教育入門』　「生涯教育」を提唱。

## 3. 日本の教育理論と教育

### (1) 近世の教育

【教育機関】武士階級―藩校

庶民―寺子屋（読，書，算を学ぶ。往来物[教科書]を使用）　藩や身分を超えた教育機関―私塾

貝原益軒 ― 江戸中期の朱子学者，『和俗童子訓』で年齢に応じた教育をすべきとする随年教法を説く。

### (2) 近代の教育

1872年　学制公布。日本に初めて近代学校制度が定められる。

1879年　学制廃止，教育令公布。学制の不振に対処し，小学校設置，就学義務の緩和を図り，中央集権から地方分権的な方針をと

| | |
|---|---|
| | り，教育の定着を図る。 |
| 1886年 | 初代文部大臣森有礼により，帝国大学令・師範学校令・中学校令・小学校令が制定される。 |
| 1890年 | 教育ニ関スル勅語（教育勅語）発布。 |
| 1918年 | 大学令と高等学校令公布。高等教育機関を大幅に拡張。 |
| 1941年 | 国民学校令。小学校の名称を国民学校と改める。 |

| | |
|---|---|
| 及川平治 | 分団式動的教育を提唱。 |
| 倉橋惣三 | 「幼児教育の父」といわれる。保育学会創設，「誘導的保育論」を展開。（＝児童中心主義） |
| 城戸幡太郎 | 保育問題研究会会長，社会中心主義。 |
| 山本鼎 | 大正期の自由画教育運動の推進者。 |
| 橋詰良一 | 「家なき幼稚園」開園。自然保育。 |
| 久留島武彦 | 口演童話家。 |
| 小林宗作 | 成城幼稚園を創設。のちにトモエ学園を創設。リトミックを日本に紹介。 |
| 野口幽香・森島峰 | 「二葉幼稚園」（のち「二葉保育所」）を開設（1900年，日本初の託児所）。 |
| 鈴木三重吉 | 雑誌『赤い鳥』創刊。生活綴方運動の先駆者。 |
| 羽仁もと子 | 自由学園創設。 |
| 沢柳政太郎 | 成城小学校創設。 |
| 赤井米吉 | 明星学園創設。パーカーストを招きドルトン・プランを日本に紹介。 |

## 4. 教育の制度

### (1) 憲法・教育基本法体制

①**教育の機会均等**　⇒1．(1) を参照

②**義務教育**　日本国憲法第26条第2項，教育基本法第5条

◆義務教育として行われる普通教育は，各個人の有する能力を伸ばしつつ社会において自立的に生きる基礎を培い，また，国家及び社会の形成者として必要とされる基本的な資質を養うことを目的として行われるものとする。　　　　　　(教育基本法第5条第2項)

◆国及び地方公共団体は，義務教育の機会を保障し，その水準を確保するため，適切な役割分担及び相互の協力の下，その実施に責任を負う。　　　　　　(教育基本法第5条第3項)

③**生涯学習の理念**　教育基本法第3条

④**教育の中立性**
　(a) 政治的中立性―教育基本法第14条
　(b) 宗教的中立性―教育基本法第15条
⑤**教員の服務**　教育基本法第9条
⑥**教育の自主性確保と国・地方公共団体の責務**　教育基本法16条
　◆地方公共団体は，その地域における教育の振興を図るため，その実情に応じた教育に関する施策を策定し，実施しなければならない。
　　　　　　　　　　　　　　　　　　　　　　　　(教育基本法第16条第3項)
⑦**教育振興基本計画の策定**　教育基本法17条
　◆政府は，教育の振興に関する施策の総合的かつ計画的な推進を図るため，教育の振興に関する施策についての基本的な方針及び講ずべき施策その他必要な事項について，基本的な計画を定め，これを国会に報告するとともに，公表しなければならない。
　　　　　　　　　　　　　　　　　　　　　　　　(教育基本法第17条第1項)
　◆地方公共団体は，前項の計画を参酌し，その地域の実情に応じ，当該地方公共団体における教育の振興のための施策に関する基本的な計画を定めるよう努めなければならない。
　　　　　　　　　　　　　　　　　　　　　　　　(教育基本法第17条第2項)

■**教育行政機関**■　国と地方公共団体それぞれに置かれている。

| 国 | 内閣・内閣総理大臣，文部科学省・文部科学大臣，文化庁他各省庁など |
|---|---|
| 地方 | 首長（都道府県知事・市町村長），教育委員会（都道府県／市町村），各地方公共団体の各部課など |

(2) **学校教育**
　◆学校においては，教育の目標が達成されるよう，教育を受ける者の心身の発達に応じて，体系的な教育が組織的に行われなければならない。この場合において，教育を受ける者が，学校生活を営む上で必要な規律を重んずるとともに，自ら進んで学習に取り組む意欲を高めることを重視して行われなければならない。
　　　　　　　　　　　　　　　　　　　　　　　　(教育基本法第6条第2項)
①**学校とは**
　学校の定義―【関連条文】学校教育法第1条
　学校の設置者―【関連条文】学校教育法第2条
②**学校体系（単線型学校制度／複線型学校制度）**
　現在の日本は6・3・3・4制（小・中・高・大）の単線型学校制度。

アメリカをモデル。戦前はドイツ等をモデルの複線型。

※単線型学校制度とは，現在の日本のような単一の学校系統のことで，複線型学校制度とは，複数の学校系統が並立するがそれらの間には何も関係性がない学校体系を意味する。

### ③学校教育の目的

〔幼稚園〕【関連条文】教育基本法第11条，学校教育法第22条

幼稚園教育の目標―【関連条文等】学校教育法第23条
幼稚園教育要領第1章総則

◆幼児期の教育は，生涯にわたる人格形成の基礎を培う重要なものであることにかんがみ，国及び地方公共団体は，幼児の健やかな成長に資する良好な環境の整備その他適当な方法によって，その振興に努めなければならない。　　　　　　　　　　　　　　　　（教育基本法第11条）

○幼稚園設置基準―1学級の幼児数　35人以下が原則（第3条）

| 項　目 | 幼稚園 | 保育所（認可保育所） |
|---|---|---|
| 根拠法等 | 学校教育法に基づく教育施設 | 児童福祉法に規定する児童福祉施設 |
| 所　管 | 文部科学省 | こども家庭庁 |
| 目　的 | 幼児を保育し，幼児の健やかな成長のために適当な環境を与えて，その心身の発達を助長することを目的とする。（学校教育法第22条） | 保育を必要とする乳児・幼児を日々保護者の下から通わせて保育を行うことを目的とする施設とする。（児童福祉法第39条1項） |
| 教育・保育内容の指針 | 幼稚園教育要領 | 保育所保育指針 |

懲戒／体罰―学校教育法第11条。教育上必要があると認めるとき，懲戒○体罰×。★幼稚園児に対しては懲戒を行えない。

## 5.　教育の実践

### (1)　教育課程（カリキュラム）

### ①教育課程（カリキュラム）の類型

教科カリキュラム，相関カリキュラム，融合カリキュラム，広領域カリキュラム，コア・カリキュラム，経験カリキュラム

### ②教育課程（カリキュラム）の編成―スコープ，シークエンス

### ○総合的な学習の時間

平成10年（高校は平成11年）の学習指導要領の改訂により新設。小3～高3まで適用。国際理解や環境，情報などの横断的・総合的な課題

や，子どもの興味・関心に基づく課題，地域や学校の特色をいかした課題等について学習。

## ○特別の教科道徳

2015年，道徳に係る小・中の学習指導要領が改正され道徳の教科化がなされた。

## ○外国語活動，外国語科

2017年の小学校学習指導要項改訂において，小学校中学年に外国語活動の導入，高学年に外国語科が新設された。

## (2) 教育方法

### ①教授＝学習理論

**直観教授法＜自然主義＞**コメニウスの影響をうけペスタロッチが確立

教授段階論 ── ヘルバルト（4段階教授法，明瞭─連合─系統─方法）
　　　　　　── ツィラー（5段階教授法，分析─総合─連合─系統─方法）
　　　　　　── ライン（5段階教授法，予備─提示─比較─概括─応用）

**問題解決学習＜経験主義＞**　デューイ

**プロジェクト・メソッド＜経験主義＞**　キルパトリック

**モリソン・プラン**　モリソン（デューイの問題解決学習とヘルバルトの教授段階論を結びつける学習方法)

**ドルトン・プラン**　パーカースト

**ウィネトカ・プラン**　ウォッシュバーン

**プログラム学習**　スキナー（オペラント条件づけ，ティーチング・マシン）

**発見学習**　ブルーナー『教育の過程』で提唱。

**範例教授法**　ハインペル，ワーゲンシャイン

**チームティーチング（TT）**　ケッペル

★チームティーチングとは，複数の学級の児童生徒を必要に応じて弾力的に編成し，それぞれの集団に応じて，数名の教師で協力・分担して各教科等の指導をする方式。

○**形式陶冶と実質陶冶**─子どもに第一義的に育成するべき能力とは？

○**動機づけ（モチベーション）**─内発的動機づけ，外発的動機づけ

### ②生活指導

◆学校，家庭及び地域住民その他の関係者は，教育におけるそれぞれの役割と責任を自覚するとともに，相互の連携及び協力に努めるものとする。　　　　　　　　　　　　（教育基本法第13条）

家庭・学校・地域社会の関連性に注意し，子どもの個性を生かしながら，子どもが所属する集団に適応するのを援助し，子どもの人格の成長を促す指導。

③カウンセリング

　臨床的カウンセリング (指示的カウンセリング)—ウィリアムソン
　来談者中心カウンセリング (非指示的カウンセリング)—ロジャーズ
　折衷的カウンセリング—ソーン，ロビンソン

(3) 教育評価

　【評価基準による分類】絶対評価／相対評価／個人内評価
　【評価時期と評価目的による分類】
　　　　　　　　　　診断的評価／形成的評価／総括的評価

## 6. 生涯学習

(1) 生涯学習の理念

　◆国民一人一人が，自己の人格を磨き，豊かな人生を送ることがで
　　きるよう，その生涯にわたって，あらゆる機会に，あらゆる場所
　　において学習することができ，その成果を適切に生かすことので
　　きる社会の実現が図られなければならない。(教育基本法第3条)

(2) 生涯学習に関する略年表

| 1965年 | ポール・ラングランがユネスコの第3回成人教育推進国際委員会で「生涯教育」を提唱。以来世界的に注目される。 |
| 1972年 | ユネスコの「フォール報告書」で，生涯学習の理念に立つ学習社会の構築を展開。 |
| 1973年 | OECDが「リカレント教育」を発表。 |
| 1981年 | 【日本】中央教育審議会が「生涯教育について」答申発表 |
| 1986年 | 【日本】臨時教育審議会第1次答申で「生涯学習体系への移行」が打ち出される。 |
| 1988年 | 【日本】文部省機構改革で社会教育局廃止，生涯学習局を新設。 |
| 1990年 | 【日本】中央教育審議会が「生涯学習の振興のための施策の推進体制などの整備に関する法律」 (生涯学習振興法) を制定。 |
| 1992年 | 【日本】生涯学習審議会が「今後の社会の動向に対応した生涯学習の振興方策について」答申 |
| 1998年 | 【日本】生涯学習審議会が「社会の変化に対応した今後の社会教育行政の在り方について」答申 |
| 2016年 | 【日本】中央教育審議会が「個人の能力と可能性を開花させ，全員参加による課題解決社会を実現するための教育の多様化と質保証の在り方について」答申 |

(3) リカレント教育—OECD (経済協力開発機構) が必要性を強調

(4) 生涯学習施設—図書館，博物館，公民館など

教育原理

# 予想問題

□ ① 教育への権利・義務教育に関する次の記述のうち，誤っているもの
はどれか。

(1) すべて国民は，法律の定めるところにより，その能力に応じて，ひ
としく教育を受ける権利を有する。

(2) すべての児童は，法律の定めるところにより，普通教育を受ける義
務を負う。

(3) すべて人は，教育を受ける権利を有する。

(4) 国民は，その保護する子に，別に法律で定めるところにより，普通
教育を受けさせる義務を負う。

(5) 締約国は，教育についての児童の権利を認めるものとする。

□ ② 次の法規を年代順に並べ替えたとき，正しいものはどれか。

   A  国際人権規約
   B  児童の権利に関する条約
   C  世界人権宣言
   D  児童の権利宣言
   E  ジュネーヴ子どもの権利宣言

(1) D － C － E － A － B
(2) B － A － E － C － D
(3) A － B － C － D － E
(4) C － D － E － B － A
(5) E － C － D － A － B

# ・・・・・ 解説と解答 ・・・・・

[1] ●選択肢のチェック
(1) 日本国憲法第26条（教育を受ける権利）
(2) 子どもはすべて，教育を受ける権利を有するのであり，義務を負っているのではない。就学義務を負うのは，保護者（子女に対して親権を行う者。親権を行う者のないときは，未成年後見人をいう）である。（教育基本法第5条，学校教育法第16条・第17条）
(3) 世界人権宣言第26条（教育に関する権利）
(4) 教育基本法第5条。改正前の条文は「9年の普通教育を受けさせる義務」とされていた（平成20年4月からは学校教育法第16条）。
(5) 児童の権利に関する条約第28条（教育への権利）　　　答（2）

[2] **Point▶** ジュネーヴ宣言と児童の権利宣言を混同しない。

| 国際法 | | 国内法 | |
| --- | --- | --- | --- |
| 1924 | ジュネーヴ子どもの権利宣言 | 1946 | 日本国憲法公布 |
| | | 1947 | 教育基本法公布・施行 |
| 1948 | 世界人権宣言 | 1947 | 日本国憲法施行 |
| 1959 | 児童の権利宣言 | 1951 | 児童憲章制定 |
| 1966 | 国際人権規約 | 1994 | 児童の権利に関する条約 |
| 1989 | 児童の権利に関する条約 | | を日本が批准 |

答（5）

## Topic!! ⟫⟫⟫⟫⟫　　「公共の精神を尊ぶ」教育基本法

　2006年12月，戦後日本の教育のよりどころであった教育基本法が改正され，公布・施行された。前文と18条から成る。生涯学習の理念，家庭教育，幼児期の教育，学校・家庭及び地域住民等の相互の連携協力，教育振興基本計画などについて，新たに条文が加わった。
　改正前の，教育は「国民全体に対し，直接に責任を負って」，教員は「全体の奉仕者」という文言は消え，教員については「研究と修養に励み」「養成と研修の充実が図られる」べきことが新たに規定されている。また，幼児期の教育については，「生涯にわたる人格形成の基礎を培う重要なもの」であるとし，国や地方公共団体の責務を規定している。改正前と比較し，どう変わったかをまとめてみよう。

# 予想問題

□ ③ 次の記述のうち，**誤っているもの**はどれか。

(1) コメニウスは，あらゆる人にあらゆる事柄を教授する普遍的な技法を提示し，子どもの直観に訴える教育を提唱した。

(2) ルソーは，「精神白紙説」を唱え，人間の精神は最初は白紙のようなもので，そこにさまざまな観念を教育により構成する必要があるとした。

(3) ペスタロッチは，人間に共通の能力を頭・心・手に分け，それらの調和的発達を教育の目標とし，その方法原理として，労作教育，直観教授を重視した。

(4) フレーベルは，子どもの内発的自己活動を重視し，遊戯や作業を通じて，創造性，社会性の育成を図ろうとした。

(5) エレン・ケイは徹底した児童中心主義を主張し，児童に積極的に教育を施すべきではないとした。

□ ④ 次の記述のうち，**正しいもの**はどれか。

(1) 倉橋惣三は，恩物による一斉方式の教育を提唱し，幼児教育の発展に貢献した。

(2) 教育内容を選択する際の「範囲」や「領域」のことを，「シークエンス」と呼ぶ。

(3) 学習活動の終了時（単元末・学期末・学年末など）に実施し，成果を測定するための評価を，「診断的評価」という。

(4) デューイは，20世紀前半のアメリカの教育思想家であり，彼の児童中心主義の教育思想は，戦後日本の教育にも大きな影響を与えた。『学校と社会』はその代表的な著作である。

(5) 学習効果は転移すると考え，個別的・具体的な知識や技能の習得を目指すのではなく，一定の教材の学習を通して，記憶力や推理力，思考力といった一般的諸能力の育成を重視する考え方のことを，「実質陶冶」という。

③ **Point▶** ルソーは消極教育・自然教育を主張

　「精神白紙説」を唱えたのはロック。ルソーは，教育には自然による教育，事物による教育，人間による教育があるが，すべての教育は，子どもの発達法則（＝自然）に則って行われなければならない（消極教育・自然教育）と主張した。

答（2）

④ **Point▶** 教育史上の人名，著書名，教育思想や重要語句の内容は，必ず整理しておくこと。

●選択肢のチェック

(1) 倉橋惣三は，恩物による大人本位の教育を批判，幼児の自発性を重視し，幼児の生活それ自体を基本とする「誘導的保育論」を展開した。

(2) 教育内容を選択する際の「範囲」や「領域」のことを「スコープ」という。「シークエンス」は，選択された教育内容を配列する際の「順序」「系統」のこと。

(3) 学習活動の終了時に実施する評価を「総括的評価」という。「診断的評価」は，学習活動が始まる前に実施され，学習者の学力や，抱えている問題点について教師が把握することを目的としている。

(4) 代表的著作としては他に『民主主義と教育』など。

(5) 「形式陶冶」に関する説明。「実質陶冶」は，学習は転移しない（前の学習は後の学習に影響を及ぼさない）と考え，子どもが将来必要となる教科や文化的内容といった，個別的・具体的な知識や技能それ自体を教えなければならないとする考え方。

答（4）

教育原理

☐ ⑤ 生涯学習に関する次の記述のうち，誤っているものはどれか。

(1) 生涯学習とは，高度産業技術が進展し，より高度な技術や知識，人間の資質が求められるようになり，学校教育だけで対応することが不十分であるといった危機感が生まれたことから，生涯にわたり，職業上の能力の向上のために，すべての人が生涯を通じて学習しなければならないとする考え方である。

(2) 生涯にわたって学校やそれに準ずるような組織的・計画的な教育機関での教育と，職場での労働とを繰り返す教育のあり方のことを，リカレント教育という。

(3) 生涯学習が求められる社会的背景としては，高度産業技術が進展することで，より高度な技術や知識，人間の資質が求められるようになり，学校教育だけで対応することが不十分であるといった危機感が生まれたことがあげられる。

(4) 学習者が自ら適切な学習機会を選択し，自主的に学習を進めることができるよう，学習情報を提供することや学習者のための相談体制を整備するといった，生涯学習の基盤整備が求められている。

(5) 生涯教育は，1965年パリで開かれたユネスコ成人教育推進国際委員会において，ポール・ラングランが提唱して以来，世界中に急速に広まった。

# ・・・・・解説と解答・・・・・

⑤ ●選択肢のチェック

(1) 生涯学習とは，生涯にわたって，自己の充実や生活の向上，職業上の能力の向上等を目指し，各人の自発的意思に基づいて自分にあった手段・方法で継続的に行うことを基本としている。

(2) リカレント教育はOECD（経済協力開発機構）が中心となって推進。生涯教育の一つの形式。

(3) その他，平均余命が伸び，余暇時間が拡大することにより，これらの状況に対応した学習体制の確立が望まれたこと等も，生涯学習が求められる社会的背景としてあげられる。

(4) 生涯学習の基盤整備の課題としては，その他に，①潜在的な学習需要を持つ人々に対しても適切な配慮を行うなど，生涯学習を奨励すること　②人々の学習需要に対応した学習機会を確保するため，生涯学習施設相互の連携を図ること　③生涯学習を総合的に推進するため，関係行政機関等の施策に関し，連絡調整を図ること　等があげられる。第14期中央教育審議会答申「生涯学習の基盤整備について」（1990年1月）を参照のこと。

(5) 日本では，1973年に中央教育審議会が「生涯教育について」を答申。以後，生涯学習社会構築のための取組みがなされた。

答 (1)

教育原理

## One Point !! 〉〉〉〉〉〉　保育士採用試験のための学習法

　まず初めに，いじめ，ペスタロッチなど，教育学の基本となる最低限の言葉，人名を覚え，理解することです。それが一通りできたら，次にその覚えたことがらを小学生でもわかるような簡単な言葉で説明できるようにしましょう。たとえば，文科省によれば「いじめ」は，「一定の人間関係のある者から，心理的・物理的な攻撃を受け，精神的な苦痛を感じていること」と定義されています。これでは，子どもたちが理解するには難しすぎますね。そこで「いつもは仲のいい友だちから突然嫌がらせをされて心も体も傷ついてしまい，学校に行きたくなくなることだよ」と言い直してみると，多少はわかりやすくなるのではないでしょうか。

　言葉が持つ意味を変えないで，それをできるだけかみ砕いて，わかりやすく具体的に考えていく勉強を心がけましょう。

57

# 社会的養護

社会的養護を担う児童福祉施設制度や里親制度などについて理解するとともに，子どもの心身の発達を支える保育士として必要な知識や技術を習得する。児童福祉法改正・児童虐待防止法改正の内容は，現在の児童養護を理解する上で重要。

## Check!!　重要事項

### 1.　児童養護における子ども

#### （1）児童養護の対象

　　家庭での養育を受けられずに，社会的養護（代替的家族環境の提供＝里親や児童養護施設など）を受ける子どもたち

　　　　保護者のいない児童　　虐待されている児童

　　　　その他環境上養護を要する児童　　心身に障害のある児童

#### （2）児童養護における保育者の役割

　　社会的弱者を救済する保護者ではなく，代替的な家族環境におけるしつけの再構築に関わる専門的役割を担う専門職であり，子どもの権利実現（自立）を支援する子どもの側に立つ役割を担う。

### 2.　権利としての児童養護

#### （1）子どもの基本的権利（国連子どもの権利に関する条約参照）

#### （2）子どもの権利としての社会的養護

　　子どもは，自らの家族において心身とも成長することができるという基本的権利を補うことが社会的養護の役割である。慈善・救済や保護の対象としての子どもではなく，権利の主体としての子どもとして捉える。

#### （3）子どもの発達を支える環境

　　子どもの個々の権利・ニーズを尊重した社会的養護を実践するために個別的な処遇が求められている。欧米は，里親・グループホームにすでに移行し，日本もグループホームや里親制度の活用に移行しようとしている。

#### （4）虐待から護（まも）る

　　近年，児童養護施設などへの入所が急増している。

　　児童虐待防止法（児童虐待の防止等に関する法律）・児童福祉法など，子どもを虐待から護る（家族からの分離から再統合・見守り等）なかで，

社会的養護はセーフティネットとして子どもの安全を護る最後の砦<sup>とりで</sup>として位置づけられている。

2016年（平成28年）児童福祉法改正により特定妊婦や要支援児童の情報を把握した医療機関や学校などは市町村に情報提供をするように努めることなどが規定され，提供された情報に対応するために母子保健法改正により市町村は母子保健に関する実情の把握や支援を行うために母子健康包括支援センターの設置に努めることが示された。

さらに児童虐待への敏速な対応のために市町村は支援拠点の整備を行い，要保護児童対策地域協議会に専門職を置くことや児童相談所にスーパーバイザーや弁護士を配置することなども示された。

### (5) 虐待の通告

2004年の児童虐待防止法改正により，虐待の事実の確認がなされた場合だけでなく虐待が疑われる場合も通告できることになった。通告先も児童相談所だけでなく，地方公共団体（自治体）も可能となり，対応する仕組みとして要保護児童対策地域協議会も法定化された。児童相談所の設置については，2004年改正で中核市\*に，2016年改正では23区に児童相談所を設置できるようになった。

児童虐待防止法第5条では，学校，児童福祉施設，病院その他児童の福祉に業務上関係のある団体及び学校の教職員，児童福祉施設の職員，医師，歯科医師，保健師，助産婦，看護師，弁護士，警察官その他児童の福祉に職務上関係のある者は，児童虐待防止の早期発見に努めなければならないとされる。また，児童虐待防止や子どもの保護や支援にあたっては自治体や児童相談所などに協力することや保護者への啓発活動を行うことなども定められている。児童福祉施設最低基準（現 児童福祉施設の設備及び運営に関する基準）には，児童福祉施設における自立支援計画の策定なども規定している。

### (6) 子どもを護る

2007（平成19）年の児童虐待防止法改正により，2008年4月から，国及び地方公共団体は「児童虐待を受けた児童がその心身に著しい重大な被害を受けた事例の分析」や，児童虐待の通報を受けた際には48時間以内に子どもを目視して安全を確認することが求められた。また，都道府県知事は，児童虐待が疑われる保護者に対して，児童とともに児童相談所に出頭を求め，拒否した場合は裁判所の許可を得て強制的に調査や子どもの安全確保をすることができるようになった。

---

\* 中核市　平成26年の改正により，人口要件が30万以上から「20万以上の市」に変更された。

2017年（平成29年）児童福祉法改正によって，児童福祉法第28条措置（一時保護した児童の施設等措置による親権者の同意が得られない場合，家庭裁判所が審判により承認する）では承認だけでなく，家庭への復帰支援などの必要性（保護者などとの調整）などにより，保護者などが拒否しても都道府県に対して，審判前でも親権者への指導措置を行うように勧告することができるようになった。

　また一時保護についても児童福祉法第33条（2017年改正）において，従前は保護者が一時保護の延長に同意しないときは，これまでは児童福祉審議会に意見を聞くことになっていたものが家庭裁判所の承認が必要であるに改められた。

### (7) 児童虐待対応の強化──親権の制限等

　2011年（6月公布）民法及び児童福祉法が改正され，それまでは被虐待児童を虐待親から守るためには親権喪失請求のみであったのが，親権の2年間停止（被虐待児童施設等措置の見直し期間と同じ2年間＝家庭裁判所）を行うことができるようになった。また，子どもの利益のために親権の行使が行わなければならないと明記され，児童の生命や身体の安全を確保するため，あるいは緊急を要する場合には，親権者・未成年後見人の意向にかかわらず，施設長等が確実に必要な措置をとるべきことが明確化された（児童福祉法）。たとえば医療ネグレクト対応（手術や予防接種等への親権者の同意がなされない等）など児童の生命や身体の安全を確保するために緊急を要する場合については，親権者の権利より優先して施設長等が親権の代行をできるようになった。さらに児童福祉法の改正では，親権者・未成年後見人は，施設長等の措置を「不当に妨げてはならない」とされ，子どもの利益と関係のない主張をする，施設に押しかけて子どもを連れ去る行為などが繰り返される場合は，親権制限の請求がしやすくなった。

　2017年（平成29年）児童虐待防止法では，接近禁止命令を出せるのは児童福祉法28条のケースのみではなく，保護者の同意に基づいて措置した場合や一時保護中も出せることとなった（児童虐待防止法第12条）。また，2019年の児童福祉法，児童虐待防止法改正において，親権者等による体罰が禁止された。

### (8) 児童福祉施設の設備及び運営に関する基準

#### ①一般原則（一部）

　施設は運営にあたり，子どもの人権への配慮，施設の説明責任，自己評価や危険防止などについて定め，職員の一般的要件としての倫理・専門性・研修等についても示され，入所者を平等に扱うことや虐

待の禁止，懲戒権の乱用禁止，守秘などとともに苦情対応の仕組み
なども定めている。

## ②設備・職員基準（抜粋）

乳児院

 a 居室面積（入所10人未満の乳児院を除く）

   寝室  乳幼児１人当たり 2.47m²以上

   観察室 乳児１人当たり 1.65m²以上

  入所10人未満の乳児院

   養育の専用室 9.91m²以上・乳幼児１人2.47m²以上

 b 職員 医師又は嘱託医，看護師，個別対応職員，家庭支援専門相
談員，栄養士及び調理員

 c 配置基準（一部） 看護師の配置は，乳児及び満２歳未満の幼児
1.6人につき１人以上，満２歳から満３歳未満２人につき１人以上，
満３歳以上４人につき１人以上

  看護師は保育士または児童指導員に代えることができるが，乳
幼児10人の施設は２人以上，10人を超えるごとに１人以上の配置

  乳幼児20人以下の施設は，保育士を１人以上配置

母子生活支援施設

 a 母子室 30m²以上（調理設備・浴室及び便所の設置，１世帯に１
室以上）

 b 職員 母子支援員，嘱託医，少年を指導する職員及び調理員，心理
療法担当職員（療法が必要な母子10人以上に心理療法を行う場合）

 c 配置基準（20世帯以上入所施設の場合）

  母子支援員３人以上，少年を指導する職員２人以上

児童養護施設

 a 居室面積 居室（４人以下の定員）１人4.95m²以上

  乳幼児（６人以下の定員）１人3.3m²以上

 b 職員 児童指導員，嘱託医，保育士，個別対応職員，家庭支援専
門相談員，栄養士及び調理員，乳児が入所している施設にあって
は看護師

 c 配置基準 児童指導員及び保育士の配置

  満２歳に満たない幼児1.6人につき１人以上，満２歳から満３歳に
満たない幼児２人につき１人以上，満３歳以上の幼児４人につき
１人以上，少年5.5人につき１人以上

  児童45人以下を入所させる施設は更に１人以上を加える

社会的養護

児童心理治療施設
　a 居室面積　居室（4人以下の定員）　　1人4.95m²以上
　b 職員　医師（精神科または小児科診療経験者），心理療法担当職員，児童指導員，保育士，看護師，個別対応職員など
　c 職員配置基準　心理療法担当職員は児童10人に1人以上，児童指導員及び保育士は児童4.5人に1人以上
児童自立支援施設
　a 居住面積　児童養護施設と同じ（男女の居室別）
　b 職員　児童自立支援専門員，児童生活支援員，嘱託医及び精神科の診療に相当の経験を有する医師又は嘱託医，個別対応職員，家庭支援専門相談員，栄養士並びに調理員
　c 職員配置基準　心理療法を行う児童10人以上の場合，心理療法担当職員を配置，児童自立支援専門員及び児童生活支援員は，通じて児童4.5人につき1人以上，職業指導を行う場合は職業指導員を配置。

### ③主な専門職

家庭支援専門相談員
　　児童虐待などの家庭環境上の理由により入所している児童の保護者等に対して，児童相談所と連携して電話や面接等によって児童の早期家庭復帰等を促進するために相談・指導等の支援を行うことを担う専門職。
　　社会福祉士・精神保健福祉士・施設従事経験5年以上・児童福祉司の任用資格のある者。

個別対応職員
　　虐待を受けた児童等の施設入所の増加に対応するため，被虐待児等の個別の対応が必要な児童への1対1の対応，保護者への援助等を行い，虐待を受けた児童等への対応の充実を図る職員。
　　乳児院では，定員20人以下は，配置義務は課せられない。

心理療法担当職員
　　虐待等による心的外傷等のため心理療法を必要とする児童等および夫等からの暴力等による心的外傷等のため心理療法を必要とする母子に，遊戯療法，カウンセリング等の心理療法を実施し，心理的な困難を改善し，安心感・安全感の再形成および人間関係の修正等を図ることにより，対象児童等の自立を支援する専門職。
　　心理療法を行う利用者が10人以上いる場合に配置義務。母子生活支援施設も対象となる。心理療法対応職員は，大学で心理学課程を修め心理療法を行うことのできる者。

**児童指導員**　児童指導員の任用資格に社会福祉士・精神保健福祉士が追加。

④運営理念

　　児童福祉施設では，入所している者の国籍，信条，社会的身分や費用負担の否による差別的取扱いの禁止や虐待の禁止，入所中の児童に対し親権の行使による懲戒でも身体的苦痛を与え，人格を辱める等権限の濫用を禁止している。児童福祉施設は，子どもが健康な生活を営む力の育成のための食の提供や安心安全の基盤である衛生環境の提供を規定している。

**乳児院**　乳幼児の心身及び社会性の健全な発達を促進し，人格の形成を行う。そのため乳幼児の年齢及び発達の段階に応じて必要な授乳，食事，排泄，沐浴，入浴，外気浴，睡眠，遊び及び運動や健康状態の把握や健康診断・感染症等の予防処置を行う。

　　乳児院における家庭環境の調整は，乳幼児の家庭の状況に応じ，親子関係の再構築等が図られる。

**母子生活支援施設**　母子を共に入所させる施設の特性を生かし親子関係の再構築等を目的とする。また，自立支援を目的として退所後の生活の安定が図られるよう家庭の状況に応じ，就労，家庭生活及び児童の養育に関する相談，助言 ・指導などを行い，関係機関との連絡調整を行う等により支援する。

**児童養護施設**　児童に安定した生活環境を提供し，生活指導，学習指導，職業指導及び家庭環境の調整を行う。そのことにより児童の心身の健やかな成長とその自立を支援することを目的とする。

　　生活指導は，児童の自主性を尊重し基本的生活習慣を確立させ，豊かな人間性及び社会性を養い，将来自立した生活を営むために必要な知識及び経験を得られるように行う。

　　学習指導は，児童がその適性，能力等に応じた学習ができるようにするために，適切な相談，助言，情報の提供等の支援を行う。

　　職業指導は，勤労の基礎的な能力及び態度を育て，児童がその適性，能力等に応じた職業選択を行えるように適切な相談，助言，情報の提供等及び必要に応じ行う実習，講習等の支援を行う。

　　家庭環境の調整は，児童の家庭の状況に応じ，親子関係の再構築等が図られるように行う。

**児童心理治療施設**　心理療法・生活指導は，児童の社会的適応能力の回復を図り，児童が退所した後，健全な社会生活を営むことができるようにすることを目的として行う。

家庭環境の調整は，児童の保護者に児童の状態及び能力を説明し，児童の家庭の状況に応じた親子関係の再構築等が図られるように行う。

**児童自立支援施設**　生活指導及び職業指導は，児童がその適性及び能力に応じて自立した社会人として健全な社会生活を営んでいくことができるよう支援することを目的として行われる。

学科指導については，学校教育法の規定による学習指導要領を準用する。生活指導，職業指導及び家庭環境の調整は，児童養護施設と同様に行う。

## 3.　児童養護の歴史

### (1)　国際的流れ

**イギリス救貧法の考え方**（児童観）
劣等処遇における子ども観（将来の労働者として救済）

**エレン・ケイ**　スウェーデンの教育学者。『児童の世紀』を発表し，大人と子どもとの関係における人格の対等性を主張した。

**ホスピタリズム論**　集団的処遇における子どもへの影響を批判し，家族的環境での社会的養護の実践を図ろうとする論であり，欧米では里親制度への転換となる。アメリカ（児童白亜館会議），イギリス（ボウルビィ報告）など。

**脱施設化・ノーマライゼーション・里親制度の流れ**

### (2)　日本の流れ

**岡山孤児院の実践**　1887（明治20）年，石井十次による岡山孤児院の創設。乳児期の代替的家族環境提供（地域の家族に養育の委託）による養護の実践活動。

**感化事業**　1900（明治33）年，留岡幸助による家庭学校の設立。共に生活するなかで感化していくとする，家庭環境を重視した非行少年教育の実践。

**知的障害児施設の創設**　1891（明治24）年，石井亮一によって知的障害児教育施設孤女学院（のち滝乃川学園）が開設されたのが最初。石井は，「知的障害児の父」といわれている。

1946（昭和21）年，「この子らを世の光に」と糸賀一雄が設立した近江学園は知的障害児（身体虚弱児）の養育施設。

### (3)　重要事項

国連児童権利宣言（1959年）

「児童の最善の利益」という考え方が用いられた。6条には「児童は，その人格の完全な，かつ調和した発展のため，愛情と理

解を必要とする」と示され，社会的養護の方向性が示されている。

国連児童年(1979年)

国連児童の権利に関する条約(1989年)＝子どもの権利条約

　　1994年日本も批准。この条約により，子どもが自ら影響が及ぶ
　　決定については「参加」することができるという考えが示され，
　　飢餓や虐待から保護される権利や生存や発達のためのサービスを
　　受けることができる権利が示された。権利を行使する主体として
　　の子ども観が示されたといえる。

児童福祉法(1947年)　　児童憲章(1951年)

児童虐待の防止等に関する法律(児童虐待防止法)・児童福祉法改正

　　2000年　児童虐待の定義・住民の通告義務・立ち入り調査等規定
　　　　　　児童虐待＝身体的虐待・性的虐待・ネグレクト・心理的虐待

　　2004年　①虐待定義の見直し…同居人の虐待・放置等の追加
　　　　　　②通告義務の拡大…虐待が疑わしい場合も通告義務
　　　　＊児童福祉法改正…市町村の役割の明確化
　　　　　　　　　　　　強制入所措置の2年間での見直しの規定

　　2007年（児童福祉法改正と合わせて）（2008年施行）
　　　　　　①裁判所の許可による強制的調査の実施の規定
　　　　　　②接近禁止命令（児童への付きまとい・住所地等でのはいか
　　　　　　　い禁止等）の創設

　　2008年　児童福祉法改正（2009年施行）
　　　　　　①施設内虐待の防止（施設職員の通告義務）
　　　　　　②養子縁組を前提としない養育里親の制度化，ファミリーホ
　　　　　　　ームの創設

　　2011年　児童福祉法及び民法改正（6月公布，1年以内に施行）
　　　　　　①親権停止の2年間制限の規定（請求権者に児童も含まれる）
　　　　　　②児童相談所長・施設長等の親権の行使の規定

　　2016年　児童福祉法改正（2017年4月施行，一部2016年10月施行）
　　　　　　①児童福祉法の目的（第1条）が改正され，児童の権利条約
　　　　　　　の理念に基づき児童は適切な養育を受け，健やかな成長・
　　　　　　　発達や自立等を保障されること等を明確化
　　　　　　②家庭環境に恵まれない子どもも，より家庭環境と同様な環
　　　　　　　境での養育の推進を規定（里親制度の推進）
　　　　　　③しつけにおいて，監護・教育に必要な範囲を超えての懲戒
　　　　　　　の禁止の明記
　　　　　　④児童虐待等防止の支援のため「子育て世代包括支援センター

（母子健康包括支援センター）」の設置などの制度化（母子保健法）
⑤虐待防止策として要保護児童対策協議会の機能強化（児童福祉司資格者や保健師の専門職の配置義務規定）
⑥虐待防止として児童相談所の設置拡大（特別区・中核市）及び児童相談所の機能の強化（臨検・捜索では再出頭要求をせずに家裁の許可により実施等）
⑦措置の延長（一時保護中の者の20歳までの面会・通信制限や自立援助ホーム等における大学等就学者の22歳までの措置延長等）

## 4. 施設養護〈施設種別については「児童家庭福祉」参照〉

### (1) 児童養護施設，自立援助ホーム

2016年児童福祉法改正では20歳までの措置延長などが明記。一時保護中の18歳以上の者等は20歳に達するまで，新たに施設入所等措置を行えるようなった。自立援助ホームについては，22歳の年度末までの間にある大学等就学中の者を対象に追加された。（現行は20歳未満の児童養護施設退所者等が対象）

児童養護施設入所者については，現行原則18歳，最長22歳が上限だが，年齢ではなく，施設や自治体が自立可能と判断の時期までの支援を検討している。（2022年2月現在）

### (2) 里親制度

2016年児童福祉法改正により，里親支援は都道府県（児童相談所）の業務として位置付けられた。また，養子縁組里親を法定化し，研修の義務化，欠格要件や都道府県による名簿の登録について規定がなされる。養子縁組に関する相談・支援は，都道府県（児童相談所）の業務として位置付けられた。付帯決議には，政府は特別養子縁組制度の利用促進の在り方について検討を加え，その結果に基づいて必要な措置を講ずるものとすることが示されている。

### (3) 施設養護の基本原理

①**個別化の原則**　集団処遇にあっても個々のニーズに対応し，個々の自立支援を基本とする自立支援計画を基本として処遇を行っていく。

②**家族関係（親子関係）の尊重と調整**　家族の再統合支援などを目的に，親子関係を尊重した処遇支援を行うこと。一方，被虐待児童については，面会や通信の制限など子どもの権利擁護にも配慮することが求められている。

③**集団処遇の活用（専門的処遇）**　集団主義的な教育効果からの処遇で

はなく，子ども個々のニーズに即した生活（自立）支援を柱とした個別処遇計画が求められる。現在の施設養護の課題として，被虐待などの増加の中で情緒的・精神的な対応の求められる子どもの増加があり，個別的処遇における専門的処遇の必要性を必然化させている。

### (4) 施設養護の今日的課題

　子どもの貧困問題等の社会問題化などに伴い社会的養護を要する子どもの権利擁護なども児童福祉法改正で焦点となり，就学支援等の強化が明記された。

　大学等に進学する児童養護施設等の退所者は，厚生労働省「社会的養育の推進に向けて」（令和5年4月）によると高等学校等進学者は95.8％（全国98.8％）であるが，高校卒業後，大学等への進学者は，22.6％（全国56.1％）であり，その数は卒業者1,780人のうち402人で，さらに施設在籍者は116人でしかない。高等学校卒業後も施設に在籍できた子どもは，1,780人の卒業者のうち384人でしかなく1,396人は退所している（退所者の大学進学率は16.1％）。20歳までの措置延長も可能とされているが，20歳まで在籍した子どもはわずか135人でしかない。児童福祉法では，児童養護施設などの目的に自立を掲げているが，高学歴社会のなかでこのような現状もあり，施設や里親を巣立つ子どもたちの自立が多様な選択肢の下に行われているとはいいがたい現状がある。

　2016年の児童福祉法改正では，児童養護施設の子どもの大学等の就学支援が自立援助ホームで22歳まで行えるようになり，施設でも継続して生活支援が行われるように検討が進められている。しかし，現状では児童虐待相談が増加を続け，施設措置の数も少なくない。

　令和3年度中に全国225か所の児童相談所で対応した児童虐待相談は，207,659件であり，過去最多となった。DVなどが警察が関与した場合も通告することが行われるようになったことや，児童相談所全国共通ダイヤルの3桁化（189）も応答などの仕組みが改善されたことなども考えられる。その結果，児童虐待相談では心理的虐待の割合が増加している。

　このような児童虐待相談の対策として2016年児童福祉法が改正された。児童福祉法改正では，第1条の目的も改正され，児童の権利条約の理念に基づく子どもの育成が目的化され，子どもの最善利益の追求が国・自治体などだけでなく児童福祉事業の目的として示された。この法改正を受け，社会的養護のかかわるところでは，できる限り家庭同様の環境で子どもの養育を進めることが示された。施設養護が多いわが国に対して法改正においても家庭に近い環境としての里親養育の推進や施設の小規

模化（グループホーム・ファミリーホーム等）の推進が社会的養護の将来像としても示された。

\*新しい社会的養育ビジョン

　2016年（平成28年）児童福祉法改正により厚生労働省は「新たな社会的養育の在り方に関する検討会」を設け，2017年（平成29年）8月に「新しい社会的養育ビジョン」を示し，学童期以降の児童の里親委託率を10年以内に50％以上，7年以内に未就学児は75％を里親委託とし，0歳から未就学児に関しては原則里親に措置する考え方を示した。これに伴い施設の多様化・専門化の促進と10年以内に全施設を小規模化（最大6名）し常時2名以上の職員を配置することなどが示された。

　施設措置児童の自立支援に関しては，一時保護年齢を20歳まで引き続き一時保護ができるとされ，自立援助ホームなどには18歳から20歳に達するまでなら措置できるとした。さらに20歳位までとしていた自立援助ホームの対象に大学の学生であって20歳に達した日から22歳に達する学年度末迄にある者も認められた。

　［新しい社会的養育ビジョンの実現に向けた工程］

　　平成28年改正児童福祉法の原則を実現するため，①市区町村を中心とした支援体制の構築，②児童相談所の機能強化と一時保護改革，③代替養育における「家庭と同様の養育環境」原則に関して乳幼児から段階を追っての徹底，家庭養育が困難な子どもへの施設養育の小規模化・地域分散化・高機能化，④永続的解決（パーマネンシー保障）の徹底，⑤代替養育や集中的在宅ケアを受けた子どもの自立支援の徹底，をはじめとする改革項目について，最大限のスピードをもって計画的に推進。市区町村の支援の充実により潜在的ニーズが掘り起こされ，代替養育を必要とする子どもの数は増加する可能性が高いことに留意し，また，改革工程において子どもが不利益をかぶることがないよう十分な配慮を行うことと示された。

\*子どもの貧困対策法（2013（平成25）年6月公布）

　この法律は，子ども（20歳未満の者）が対象。一部の施策は，20歳以上の大学等在学者も対象。所得によって義務教育修了後の子ども等の修学の状況に差異があること等によって格差など子ども等の貧困対策に関し，国・自治体等の責務を明らかにし，子どもの貧困対策を総合的かつ計画的に推進し，子どもが夢と希望を持って生活することができる社会を実現することを目的としている。

　子どもの貧困対策会議（第2回）が2014（平成26）年8月に開催され，「子供の貧困対策に関する大綱」が閣議決定された。大綱によって示さ

れた基本的な方針は次の項目である。

①貧困の世代間連鎖の解消と積極的な人材育成を目指す。

②第一に子供に視点を置いて，切れ目のない施策の実施等に配慮する。

③子供の貧困の実態を踏まえて対策を推進する。

④子供の貧困に関する指標を設定し，その改善に向けて取り組む。

⑤教育の支援では，「学校」を子供の貧困対策のプラットフォームと位置付けて総合的に対策を推進するとともに，教育費負担の軽減を図る。

⑥生活の支援では，貧困の状況が社会的孤立を深刻化させることのないよう配慮して対策を推進する。

⑦保護者の就労支援では，家庭で家族が接する時間を確保することや，保護者が働く姿を子供に示すことなどの教育的な意義にも配慮する。

⑧経済的支援に関する施策は，世帯の生活を下支えするものとして位置付けて確保する。

⑨官公民の連携等によって子供の貧困対策を国民運動として展開する。

⑩当面今後5年間の重点施策を掲げ，中長期的な課題も視野に入れて継続的に取り組む。

　これらの基本的な方針に基づいて重要施策も公表されているが，数値目標や年度達成目標などが示されていないため，どこまで子どもの貧困対策として有効か疑問であるなどの意見もある。

□ ① 〈歴史〉次の記述のうち正しいものはどれか。

(1) 児童養護(施設養護)において，わが国は集団的処遇における教育的効果を処遇の柱とし，マカレンコのいう集団主義教育を施設処遇でも採用し，今後も施設における集団的処遇での対応を進めようとしている。

(2) 欧米では，集団的処遇における人格形成などへの影響を指摘するアメリカの児童白亜館会議やイギリスのボウルビィ報告などに強く示唆され，施設養護から里親やグループホームなどの小規模養護の形態に進んでいる。

(3) ホスピタリズムについては，わが国では語られたことが無く，集団的処遇における人格的問題は，処遇職員の技術的問題で解決できるとする考え方が現在でも主流であり，処遇職員の専門性が求められている。

(4) 児童養護施設での施設処遇は，子どもの人権の最後の砦として，その施設はほとんどが公立で運営され公的責任を担うかたちとなっている。

(5) 子どもの権利条約を批准したわが国は，子どもの権利を保障するために施設養護を否定し，社会的養護のほとんどをグループホームや里親養護で担っている。

# ・・・・・解説と解答・・・・・

1 **Point▶** 現在の児童養護体系に影響をもたらしている社会福祉の基礎的な歴史については確認する必要がある。特に子どもの権利に根ざした国際的な流れについては，産業革命以後の流れを把握しておくこと。脱施設化・ノーマライゼーションの考え方の推移や子どもの権利条約など，子どもの権利擁護の推移について知っておくことも大切である。

●選択肢のチェック

(1) 現在は，被虐待児童への対応などで個別的な処遇の必要性も指摘され，里親制度やグループホームでの処遇の重要性が指摘されている。

(2) 正しい。

(3) 1950年代に堀 文次氏などが，養護施設における子どもの処遇からホスピタリズムについての指摘をしている。

(4) わが国では，児童自立支援施設こそ公立で運営されているが，児童養護施設のほとんどは民間の手によって運営されている。

(5) 児童養護施設に在所している児童は全国で612施設に24,143人，乳児院145施設に2,557人（令和3年10月1日現在・厚生労働省「令和3年社会福祉施設等調査の概況）。里親数は，委託里親3,774世帯・委託児童4,621人（令和3年3月・厚生労働省）である。児童福祉法改正で，家庭環境に近い養育が目的化されたが，現状は施設養護中心である。　　　　　　　　　　　　　　　　　　答（2）

# 予想問題

□ ② 〈施設養護〉次の記述のうち正しいものはどれか。

(1) 児童自立支援施設は、非行児童の教護を専門とする児童福祉施設で、家庭裁判所の審判によって子どもを措置している。

(2) 乳児院は、2歳未満の子どもの養護を行うために設置され、医師や看護師が処遇を行っている。

(3) 児童養護施設は現在廃止され、そのほとんどの子どもをグループホームや里親に委託しようとしている。

(4) 保育所は保育のための児童福祉施設であり相談機関ではないので、子育て相談などは行っておらず、利用契約に基づく保育のみを行っている。

(5) 自立援助ホームは第2種社会福祉事業施設として、児童養護施設等を出た後の子どもなどについて、社会における自立を支援するために運営されている。

□ ③ 〈虐待〉次の記述のうち正しいものはどれか。

(1) 児童虐待の通報をするときは、虐待が疑わしいときにも通報することができ、そのことが虐待でなくても(虚偽であって)通報したことで罪を問われることは無い。

(2) 児童虐待の通報は、専門的職にある者が、児童への虐待であるとしたことのみ児童相談所に通報しなければならない。

(3) 児童虐待は、虐待を行う保護者のみが対象となり、その他のものは傷害罪などでの対応しかできず、虐待通報の対象とはならない。

(4) 虐待で保護した子どもに、親権を有する保護者が面会や通信を求めた場合、児童相談所や施設がこれを拒むことは親権の侵害になるので、家裁の命令がない限りは行うことができない。

(5) 保育所において、児童相談所から児童の安全確認(虐待を受けているかどうか)の調査依頼がきたが、児童の安全確認は児童相談所が行うべきであると回答して断った。

# ・・・・・解説と解答・・・・・

2 **Point▶** 児童福祉施設の対象や運営など基本的な事項を理解しておく。

●**選択肢のチェック**

(1) 家裁の審判により児童自立支援施設への決定が出た場合は，都道府県知事は児童福祉法第27条により入所させる措置をとらなければならないとされている。措置権については，現行の児童福祉法では都道府県知事が有しているが，事実上は児童相談所がその権限を行使している。

(2) 2004年の児童福祉法改正により年齢条件が変更され小学校就学前までの子どもも対象となった。児童養護施設でも1歳未満の子どもも対象となった。また，乳児院は，医師や看護師だけでなく，保育士や児童指導員が処遇にあたっており，栄養士・調理師も配置されている。

(3) 現在でも社会的養護の担い手は児童養護施設である。

(4) 地域の子育て専門機関として，保育所でも子育て相談等を行うことが求められている。

(5) 正しい。　　　　　　　　　　　　　　　　　　　　　　答 (5)

3 **Point▶** 児童虐待防止法において，虐待の範囲や子どもの権利擁護については，法改正のつどその内容を確認しておくこと。

●**選択肢のチェック**

(1) 正しい。

(2) 児童虐待防止法では，虐待が疑われる場合の通報者は専門職や個人だけでなく機関も含まれ，通報先は児童相談所だけでなく区市町村も含まれる。

(3) 保護者以外の同居人による虐待も，児童虐待に含まれるものとしている。

(4) 保護者の同意があって入所措置した場合も含めて，子どもの意に反したり子どもの権利が守られない場合については，児童相談所の一時保護所や児童養護施設などにおいて面会や通信の制限を行うことができる。

(5) 2009年4月から児童の安全確認については，通報から48時間以内に区市町村においても現認（目で確認）するように求められている。　　　　　　　　　　　　　　　　　　　　　　答 (1)

社会的養護

# 予想問題

□ 4 〈養護技術〉次の記述のうち正しいものはどれか。

(1) 集団的養護においては，グループにおける秩序や生活の管理が最優先され，個別的対応ではなくグループワークが優先される。

(2) 集団処遇であっても個々のニーズは異なることから，子ども1人ひとりについて自立支援計画を策定し，具体的な支援を行うことが，集団処遇においても専門的対応として求められる。

(3) 家族関係の調整は児童相談所が行うものであり，施設処遇においては児童処遇中心であればよい。

(4) 被虐待などによるPTSDなどへの対応は医療機関がするべきことで，児童養護施設では，そのような子どもの措置を行うことはできない。

(5) 子どもの基本的権利である意見表明権や知る権利などは，児童養護施設においては制限されるので，施設の子どもだけのための権利ノートが作成されている。

□ 5 〈児童養護の対象〉次の記述のうち正しいものはどれか。

(1) 児童養護の対象となる子どもは，保護者がいない子どもに限られる。

(2) 虐待を受けた子どもでも，親権を持つ親の承諾がないと施設入所などの措置をとることが出来ない。例外は，家庭裁判所が命令をしたときだけである。

(3) 児童相談所は，子どもの権利擁護という観点から，家族における子どもの養育について相談に応じ，調査などを通じて必要によって子どもの保護を行わなければならない。

(4) 親権を持つものが施設措置解除を要求したら，児童相談所は児童養護施設に措置した子どもでも，その要求に応じて親権者の要求に応じる必要がある。

(5) 非行など社会的問題を持つ子どもは，家庭裁判所の審判によってのみ児童自立支援施設に措置できる。

# ・・・・・解説と解答・・・・・

④ **Point** 児童養護施設などの処遇における子ども観や子どもの権利擁護について理解する必要がある。基本的には一人一人の権利が大切にされるという視点と専門技術の必要性について確認すること。

●選択肢のチェック

(1) 子どもの一人一人のニーズに対応した自立支援計画を立てるように求められており，形態は集団処遇であっても処遇の基本は個別的でなければならない。

(3) 家庭復帰や家族関係の調整などについても，家庭支援専門相談員等を中心に施設は児童相談所や関係機関との連携により行うことが求められている。

(4) 児童相談所は，里親や児童養護施設に被虐待の子どもの措置をしている。被虐待の子どもに対応するために心理職の配置や専門的研修を受けた里親などの対応を行っている。

(5) 基本的権利については，児童養護施設に措置された子どもとそうではない子どもとの差はない。子どもの権利ノートは，施設における子どもの権利について説明するためにつくられているものである。

答 (2)

⑤ **Point** 社会的擁護を要する子どもの要件，児童相談所の措置や家庭裁判所の役割などを確認しておく。

●選択肢のチェック

(1) 被虐待児童や非行など，社会的問題行動などによって家族分離が必要なときでも児童相談所は措置を行う。

(2) 児童相談所は，虐待などで家族からの分離が必要と判断した場合は措置できる。保護者は行政不服処分申請や家裁に措置取り消しなどを求めることができ，その場合，児童相談所は家裁に児童福祉法28条に基づいて保護者の意向に沿わない措置を求めることになる。

(4) 2011年の児童福祉法改正により，親権の行使は子どもの利益のために行わなければならないとされ，親権者が児童の生命や身体の安全を確保することができないような要求や行動をした場合は，親権者・未成年後見人の意向にかかわらず，施設長等が確実に必要な措置をとることが明確にされた。

(5) 児童相談所も措置を行っており，実際には児童相談所における相談から措置にいたるケースのほうが多い。

答 (3)

# 子ども家庭福祉

## 内　容

子どもを取りまく社会状況が変化する中で，子育て支援等の施策の動きが急である。また，社会的養護についても見直しがされ，児童福祉施設のあり方にも変化が求められている。児童の最善の利益を具体化する実践が大切である。

## Check!!　重要事項

### 1．少子化と児童・家庭を取り巻く環境

**合計特殊出生率**　1.26（2022年）出生数は80万人を下回っている。

**乳児死亡率**　1.8（2022年）新生児死亡率・乳児死亡率・死産率はいずれも過去最少となっている。日本の乳児死亡率は世界で下位層に位置する。

**少子化の背景**　晩婚化，未婚・非婚化，就業化，離婚率の上昇等の背景に加え，家族形態の変化，養育費負担や養育不安等の要素がある。

**児童虐待の状況**　児童相談所における虐待の対応件数は2021年度で20万件を超えている。虐待死の要因としては，身体的虐待・育児放棄などがある。

**いじめ**　小・中・高・特別支援学校において，いじめの認知件数は61万件（2021年度）を超えている。前年から減少した。

**子どもの貧困**　子どもの貧困率は貧困線以下で暮らす18歳未満の子どもの割合。OECDの基準を使い，厚生労働省が国民生活基礎調査をもとに算出。2022年現在の子どもの貧困率は11.5%。ひとり親世帯では44.5%が貧困状態といわれる。子どもの貧困対策の推進に関する法律が2013年に制定された。2014年には，「子供の貧困対策に関する大綱」が閣議決定された。

**スクールソーシャルワーカーの活用**　家庭や子どもが抱える問題（児童虐待や貧困）の深刻化に対応するためにスクールソーシャルワーカーの活用がすすめられている。

**ヤングケアラー**　本来大人が担うと想定される家事や家族の世話・介護等のサポートを日常的に行っているような子どもとされる。

### 2．児童の定義と根拠法

新生児……出生後28日未満の乳児（母子保健法）

乳児……満1歳に満たない者（児童福祉法，母子保健法）

幼児……満1歳から小学校就学の始期に達するまでの者（児童福祉法）

少年……小学校就学の始期から満18歳に達するまでの者（児童福祉法）

小学校就学の始期から満20歳に達するまでの者（少年法）

子ども……小学校就学の始期に達するまでの者（認定こども園法）

学童……小学校に就学する者（児童福祉法の規定なし）

児童……満18歳に満たない者（児童福祉法）

満18歳に達する日以後最初の3月31日までの間にある者（児童扶養手当法）

未熟児……身体の発育が未熟のまま出生した乳児（母子保健法）

体重2,500g未満の低体重児は，現在地の市町村への届け出義務あり（母子保健法）

障害児……身体・知的または精神に障害のある児童および発達障害児（発達障害者支援法）→自閉症・アスペルガー症候群・広汎性発達障害（PDD），学習障害（LD），注意欠陥多動性障害（ADHD）のある児童（児童福祉法）

## 3. 児童の権利条約・宣言等

**諸外国**

**ホワイトハウス会議**（1909年）家庭は文明の最高の創造物

**ジュネーブ宣言**（1924年）児童の最善の利益

児童権利宣言（国連）（1959年）人類は児童に対し，最善のものを与える義務を負う。

児童の権利に関する条約（国連）（1989年）能動的権利と受動的権利，4大権利は，生存権・発達権・保護権・市民的自由権

**日本**

**児童福祉法**（1947年）法的規範であり，児童の分野の基本理念を提示。

児童憲章（1951年）道義的規範。アメリカ児童憲章などを参考とした。

## 4. 児童福祉の法体系（児童福祉六法　他）

児童福祉法（1947年）

2016年の改正では，基本理念である第1条を含む総則が大幅に改正された（2017年施行，一部は2016年10月より）。以下は概要である。

1. 児童福祉法の理念の明確化，国・都道府県・市町村それぞれの役割・責務の明確化等

2. 児童虐待の発生予防

3. 児童虐待発生時の迅速・的確な対応

子ども家庭福祉

## 4．被虐待児への自立支援

　また，2019年の改正では，児童虐待防止対策の強化を図るため，児童の権利擁護（体罰の禁止の法定化等），児童相談所の体制強化，児童相談所の設置促進，関係機関間の連携強化など，所要の措置を講ずることが盛り込まれた（2020年4月等から施行）。

　2022年の改正では，子育て世帯への支援体制の強化・事業を拡充するため，こども家庭センターの設置，自治体における子育て家庭への支援の充実化等が盛り込まれた。

　さらに，児童養護施設や里親家庭で育つ若者の自立支援に関し，原則18歳（最長22歳）までとなっている年齢上限を撤廃すること，虐待を受けた子どもを親から引き離す一時保護の要否を裁判官が審査する制度も導入されること等を含めた改正児童福祉法が2022年6月8日可決，成立した（一部を除き2024年4月1日施行）。

**児童扶養手当法**（1961年）
　母子家庭等の児童育成と家庭の生活安定を図る。対象に父子家庭も追加。

**母子及び父子並びに寡婦福祉法**（1964年）
　母子，寡婦の生活の安定と福祉の増進を図る。対象に父子家庭を追加。

**特別児童扶養手当等の支給に関する法律**（1964年）
　障害児（満20歳未満）を監護する父母または養育者に支給される。

**母子保健法**（1965年）母性・乳幼児の健康の保持・増進を図る。2019年の改正で，産後ケア事業の法制化（努力義務）等が加えられた。

**児童手当法**（1971年）一定所得以下で児童を養育している養育者に支給。

**児童虐待防止法**（2000年）虐待の定義，児童の虐待に対する予防と早期発見並びに公的責務，発見者の義務等を規定。

**DV防止法**（2001年）配偶者からの暴力防止と被害者の保護を規定。

**次世代育成支援対策推進法**（2003年）父母の子育てに対する第一義的責任の明示と，子育ての喜びを実感できるよう支援する，とした。

**少子化社会対策基本法**（2003年）
　少子化社会対策大綱（2020年5月9日に第4次「少子化社会対策大綱」が閣議決定された），子ども・子育て応援プランの根幹をなす。

**子ども・子育て関連3法案**
　すべての子どもの良質な成育環境を保障し，子ども・子育て家庭を社会全体で支援することを目的とする。子ども・子育て支援関連の制度，財源を一元化し，保育の量的拡充，家庭における養育支援の充実を図るために作られた法律。次に記載する2法と，関係法律の整備等に関する法律を指す。

子ども・子育て支援法（2012 年）

　基本理念：①子育ての第一義的責任は父母，保護者が有するという基本的認識の下に，社会すべての人々が，それぞれの役割を果たし，相互に協力して子どもの育ちを支えなければならない，②子ども・子育て支援給付や子育て支援の内容及び水準は，全ての子どもが健やかに成長するよう良質かつ適切なものであり，また，地域の実情に応じて，総合的かつ効率的に提供されるよう配慮して行われなければならない，としている。

**就学前の子どもに関する教育，保育等の総合的な提供の推進に関する法律**（認定こども園一部改正法）（2012 年）

　小学校就学前の子どもに幼児期の学校教育及び保育並びに保護者に対する子育て支援の総合的な提供を図る「幼保連携型認定こども園」に関し，その目的，設置，運営などに必要な事項を定めた法律。

## 5.　児童福祉の実施体制

**児童福祉審議会**……児童，妊産婦，知的障害者の福祉に関する事項を調査・審議し，意見具申する行政の諮問機関。

**児童相談所**……児童の福祉と権利擁護を目的とする行政機関。業務は，相談，調査・判定，指導，一時保護，措置等。今日の児童問題の深化に合わせ，市町村との役割分担が進んでおり，より専門性の高い事案を担当している。養護相談の件数，割合が増加し続け，2020 年度においては全体の1/2を超えた。非行相談や保健相談の減少が著しい。

**福祉事務所**……社会福祉法に基づく福祉6法関係の業務を司る，福祉行政の第一線の現業機関。多くは家庭児童相談室を設置。

**保健所**……地域における公衆衛生の中核機関。療育医療や養育医療など母子保健分野で重要。

**児童委員**……厚生労働大臣が委嘱した児童福祉のための民間の奉仕者。民生委員が兼ねる。2001 年より主任児童委員が法制化。

**児童福祉司**……児童相談所の中核的所員。児童相談所業務を実践するフィールド・ソーシャルワーカーで，任用の条件として，厚生労働省の指定する施設で1年以上の相談援助業務に従事した者とされる。

## 6.　児童の健全育成と保育施策

**健全育成**……子育て支援施策を中心に展開されている。ひとり親家庭，児童虐待，保育ニーズ，待機児童等，地域の課題が多様化している。

**保育施策**……認定こども園法の制定など，教育と保育の一体化傾向にある。保育ニーズの多様化と待機児童対策が課題。

子ども家庭福祉

新・放課後子ども総合プラン……保育所利用の共働き家庭等では児童の小学校就学後も，安全・安心な放課後等の居場所確保が必要となる「小1の壁」対策に，文部科学省及び厚生労働省が策定（2018年）。

新子育て安心プラン……25～44歳の女性就業率の上昇，保育の利用希望増加が見込まれることから，2021～24年度末までに約14万人分の保育の受け皿の整備。仕事・職場の魅力向上を通じた保育士確保を推進など。

幼児教育・保育の無償化……2019年の子ども・子育て支援法一部改正により，同年10月1日より3～5歳児クラスの幼稚園，保育所，認定こども園等の利用料が無償化。

## 7. 要保護児童施策

児童福祉法25条（要保護児童の発見通告の義務）……要保護児童を発見した者は，児童相談所，福祉事務所，児童委員を介して前の2機関に通告しなければならない（関連，児童虐待防止法第5条・第6条）。罪を犯した14歳以上の児童については，家庭裁判所に通告。

要保護児童……保護者のいない児童または保護者に監護させることが不適当であると認められる者。近年はより家庭に近い形に近づけるため，小規模化が進められている（家庭的養護）。

社会的養護……里親等の家庭養護と施設養護がある。

児童福祉施設……児童福祉法第7条の規定による12施設をいう。

里親制度……児童を養育することを希望する者に委託する制度。委託権限・里親認定権は都道府県知事にある。里親の種類は，養育里親，専門里親（養育里親の一つの形に含まれる），養子縁組里親，親族里親。

## 8. 主な児童福祉施設の現状

乳児院……入所理由に虐待が急増。未婚の母，母の精神疾患による理由の増加も顕著。入所期間は1年未満が多く，退所理由は「親元引き取り」が最多で「他施設への措置変更」も3割。

児童養護施設……入所傾向として養育者のいない児童から，虐待・離婚・行方不明等の理由に変化。入所児童の年齢構成が上昇傾向にある。

母子生活支援施設……入所理由に「DV」が急増。次いで「経済的理由」「住宅事情」の順。在所期間は5年未満が約8割。

児童自立支援施設……入所の男女比は男子が約7割。入所児童の半数以上は「被虐待」の経験をもつ。

児童家庭支援センター……地域の児童問題に関する相談援助機関。児

童・家庭福祉の向上を図る。児童福祉施設に付置。

**障害児施設**……障害児入所施設，児童発達支援センター，児童心理治療施設。障害種別ごとであった施設は，2012年の児童福祉法改正により，障害児入所施設（入所）と児童発達支援センター（通所）に統合された。さらに，2022年度改正により児童発達支援センターの福祉型と医療型は一元化される。

障害児入所支援とは，障害児入所施設に入所し，又は指定医療機関に入院する障害児に対して行われる保護，日常生活の指導及び知識技能の付与並びに障害児入所施設に入所し，又は指定医療機関に入院する障害児のうち知的障害のある児童，肢体不自由のある児童又は重度の知的障害及び重度の肢体不自由が重複している児童（重症心身障害児）に対し行われる治療をいう。

**保育所**……保育を必要とする乳幼児を保育する施設。

## 9. ひとり親支援，母子保健等

### 母子父子寡婦福祉資金貸付制度

20歳未満の児童を扶養している母子・父子家庭と寡婦の経済的自立を応援するために貸付を行う制度。資金の種類は生活資金等12種類。修学資金等については，父母のいない児童も法定代理人の同意があれば貸付を受けることができる。

### ひとり親家庭等日常生活支援事業

母子家庭，父子家庭及び寡婦が，修学等や病気などの事由により，一時的に生活援助・保育サービスが必要な場合または生活環境等の激変により日常生活を営むのに支障が生じている場合に，家庭生活支援員の派遣等を行う。

### 母子保健施策

母子保健施策は，健康診査，保健指導，療養援護，医療対策等の4つに区分される。

①健康診査…妊産婦健診，新生児聴覚検査，乳幼児健診，1歳6か月児検診，3歳児検診，新生児マス・クリーニング検査（先天性代謝異常等），B型肝炎母子感染防止対策

②保健指導…妊娠の届け出と母子健康手帳の交付，予防接種，保健師等による訪問指導，乳幼児全戸訪問事業（こんにちは赤ちゃん事業），母子保健相談指導事業など

③療養援護対策…特定医療機関に入院した未熟児養育医療，特定不妊治療支援事業，小児慢性特定疾病医療費など

# 予想問題

□ ① 児童に関する法律の年齢の定義に関して，適切なものはどれか。

(1) 児童福祉法では，「児童」を満 18 歳以下の者としている。

(2) 少年法では，「少年」を満 20 歳未満の者としている。

(3) 母子及び父子並びに寡婦福祉法では，「児童」を 20 歳以下の者としている。

(4) 児童扶養手当法では，「児童」を 20 歳以下の者としている。

(5) 母子保健法では，「新生児」を生後 30 日未満の乳児としている。

□ ② 児童福祉に関する福祉事務所の業務等の記述で，適切でないものはどれか。

(1) 児童福祉に関する福祉事務所の機能は，児童相談所と重複しているが，福祉事務所は専門的判定を必要としない比較的軽易なケースを担当することになっている。

(2) 福祉事務所は，身体障害児の補装具の交付・修理の申請受理等の業務を行っている。

(3) 福祉事務所の児童福祉での業務は，児童及び妊産婦の福祉に関する実情の把握，相談，調査であり，指導については児童相談所が行うこととされている。

(4) 福祉事務所長は，助産施設や母子生活支援施設への入所措置を要する児童を，都道府県知事もしくは市町村長に報告・通知する。

(5) 福祉事務所には，家庭に対する相談指導の機能強化，充実のため，家庭児童相談室が設置されているところが多い。

# ・・・・・解説と解答・・・・・

1 ●選択肢のチェック

(1) 適切でない。児童福祉法では,「児童」を満18歳未満の者としている。

(2) 適切。

(3) 適切でない。母子及び父子並びに寡婦福祉法では,「児童」を20歳未満の者としている。

(4) 適切でない。児童扶養手当法では,「児童」を満18歳に達する以後の最初の3月31日までとしている。また,20歳未満で政令で定める程度の障害の状態にある者も含まれる。

(5) 適切でない。母子保健法では,「新生児」を生後28日未満の乳児としている。　　　　　　　　　　　　　　　　　　　答 (2)

2 ●選択肢のチェック

(1) 適切。なお,相談業務については,福祉事務所とは別に,1998年より新しい児童福祉施設として「児童家庭支援センター」が創設されている。児童・家庭問題の複雑多様化により,地域における相談支援体制を強化するためである。

(2) 適切。

(3) 適切でない。福祉事務所における児童福祉に関する業務は,児童および妊産婦の福祉に関する実情の把握,相談,調査に加えて,指導業務も位置付けられている。

(4) 適切。

(5) 適切。家庭児童相談室は,福祉事務所の児童福祉に関する相談機能強化のために任意で設置される。社会福祉主事と家庭相談員が配置されている。　　　　　　　　　　　　　　　　　答(3)

子ども家庭福祉

## One Point !!　　　児童委員と民生委員

　児童委員は児童福祉法に基づき,市町村の区域に置かれる民間奉仕者である。社会奉仕の精神により,住民の相談・援助を行い,福祉事務所等の関係行政機関業務への協力機関としての民生委員を兼務する。主な職務は,担当区域の児童・家庭等の実情把握,相談援護,関係機関への要保護児童の連絡,児童の健全育成活動等があり,地域の児童福祉の中核的存在とされる。

☐ ③ わが国の少子化対策の動向について，年代の古いものから順に並べた正しい組合せはどれか。

    A　待機児童ゼロ作戦
    B　少子化社会対策基本法
    C　子ども・子育て支援法
    D　子ども・子育て応援プラン

(1) A → D → C → B
(2) A → B → D → C
(3) B → A → C → D
(4) C → B → D → A
(5) D → C → B → A

☐ ④ 児童福祉施設の目的および対象者の説明で，適切なものはどれか。

(1) 乳児院とは，保護を要する乳児（保健上その他の理由により特に必要のある場合には，おおむね2歳未満の幼児を含む）を入所させて，これを養育することを目的とする施設である。

(2) 児童養護施設とは，不良行為をなし，又はなすおそれのある児童や，家庭環境その他の環境上の理由により生活指導等を要する児童を入所させ，その自立を支援する施設である。

(3) 母子生活支援施設とは，無料または低額な料金で，母子家庭に対して，各種の相談に応ずるとともに，生活指導及び生業の指導を行う等，母子家庭の福祉のための便宜を総合的に供与する施設である。

(4) 保育所とは，児童に健全な遊びを与えて，その健康を増進し，又は情操を豊かにする施設である。

(5) 医療型障害児入所施設とは，障害児が保護，日常生活の指導，独立自活に必要な知識技能の付与及び治療を受ける施設である。

# ・・・・・解説と解答・・・・・

3 ●選択肢のチェック

　1990 年の 1.57 ショック（1989 年の合計特殊出生率が 1.57 で過去最低を下回ったこと）以降，今日まで少子化対策が進められている。現在では少子化対策から次世代育成・子育て支援に移行している。

A：2002 年

B：2003 年

C：2012 年

D：2005 年

　これまでの取り組みは，法律，閣議決定やその他の決定により実施されているが，結婚・妊娠・出産・育児の切れ目ない支援がこれからのポイントとなる。　　　　　　　　　　　　　　　　　　　　答 (2)

4 ●選択肢のチェック

(1) 乳児院とは，乳児（保健上，生活環境の安定など必要のある場合には幼児を含む）を入所させて，これを養育し，併せて退院した者の相談等の援助を行うことを目的とする施設である。

(2) 児童自立支援施設についての説明。児童養護施設は，保護者のいない児童，虐待を受けている児童，その他環境上養護を要する児童を入所させ，養護し，併せて退所した者の相談等，自立のための援助を行う施設である。

(3) 母子及び父子並びに寡婦福祉法に基づく母子福祉センターについての説明。母子生活支援施設とはかつての母子寮であり，配偶者のいない女子またはこれに準ずる事情にある女子およびその者の監護すべき児童を入所させ，保護と自立の促進のための生活支援を目的とする施設である。

(4) 児童厚生施設についての説明。保育所は，日々保護者の委託を受けて，保育を必要とする乳児・幼児を保育する施設である。

(5) 適切。　　　　　　　　　　　　　　　　　　　　　　　答 (5)

子ども家庭福祉

□ ⑤ 児童相談所の説明で，適切でないものはどれか。

(1) 児童相談所は，都道府県に必置である。

(2) 児童相談所は，専門的な知識や技術を必置とする子どもの相談に応じる。

(3) 児童相談所長が必要と認める場合は，子どもを一時的に保護することができるが，その期間は原則として3か月を超えてはならない。

(4) 児童相談所は，必要と認められた場合，子どもを乳児院・児童養護施設等へ入所させることができる。

(5) 虐待が行われているおそれがあると認められ，知事が必要であると認める場合，児童の安全確認と対応措置のために家庭等に立ち入り，必要な調査や質問をする権限を持つ。


□ ⑥ 保育所に関する記述の中で，適切なものはどれか。

(1) 保育所は，児童福祉法に基づき設置・運営される児童福祉施設であり，その設置主体は市町村もしくは社会福祉法人に限定されている。

(2) 保育所への入所は，保護者の労働，疾病など，保育に欠ける児童に限られる。

(3) 保育所での保育は，公的責任に基づく家庭養育の代替を行うものである。

(4) 保育所は，1997年の児童福祉法改正により，保護者の選択に寄与するため，保育園の名称，施設・設備，入所定員，保育方針，保育料，入所手続き等の情報提供が義務化された。

(5) 保育所入所児童数の推移は，1990年中頃から増加傾向にあり，特に3歳以上児の増加が顕著で，都市部を中心に待機児童増加が問題となっている。

# ・・・・・解説と解答・・・・・

⑤ ●選択肢のチェック

(1) 適切。児童福祉法第12条。2006年からは政令指定都市以外の中核市にも児童相談所が設置されている→分権化。

(2) 適切。相談機能：児童福祉司・児童心理司・医師・児童指導員・保育士・保健師等の専門性を有する職員により，専門的な知識や技術を必要とする子どもの相談に応じ，また，必要に応じて子どもに関して，専門的な角度から総合的に調査，診断，判定し，援助指針を定め，子どもの援助を行う。

(3) 適切でない。一時保護機能の説明であるが，保護期間は原則として2か月である。また，一時保護には，①緊急保護，②行動観察，③短期入所指導がある（児童福祉法第33条）。2022年の児童福祉法改正により一時保護開始時の判断に関する司法審査の導入が図られることとなった（施行は公布後3年以内）。

(4) 適切。措置機能：児童福祉法において，県又は児童相談所が実施する行為（行政処分）をいう。その主なものは，①児童福祉司指導措置，②施設入所措置，③里親委託措置がある。（児童福祉法第26・27条）

(5) 適切。児童虐待対応等における児童相談所の主な権限は，①職権による一時保護，②立入調査等，③家庭裁判所の承認による施設入所がある。

答 (3)

⑥ ●選択肢のチェック

(1) 保育所の設置主体は，児童福祉法第56条の7において，多様な事業者による設置運営を認めている。認可外保育所の設置も含め，ますます多様化が進んでいる。

(2) 保育を必要とする状態の多様化とも相まって，児童福祉法第39条第2項では，育児困難，虐待等，特に必要があるときは入所を認めている。

(3) 保育所における保育は，家庭養育の代替ではなく，補完である。

(4) 適切。保育所に限らず，社会福祉施設における情報提供もしくは情報開示は，社会福祉法の1つの重点項目となっている。

(5) 保育所入所児童数の増加は，3歳未満児の入所増加が顕著で，それにより特に都市部での待機児童増加が問題となっている。

答 (4)

☐ ⑦ 児童福祉法第1条に関する記述の空欄について，適切な語句の組合せはどれか。

第1条 全て児童は，（ A ）の精神にのっとり，適切に（ B ）こと，その生活を保障されること，愛され，保護されること，その心身の健やかな成長及び発達並びにその（ C ）ことその他の福祉を等しく保障される権利を有する。

|  | A | B | C |
|---|---|---|---|
| (1) | 児童の権利に関する条約 | 養育される | 自立が図られる |
| (2) | 児童憲章 | 監護される | 自立が図られる |
| (3) | 児童憲章 | 教育される | 自立が図られる |
| (4) | 児童の権利に関する条約 | 教育される | 生涯が守られる |
| (5) | 児童の権利に関する条約 | 養育される | 生涯が守られる |

☐ ⑧ 児童虐待の防止等に関する法律（児童虐待防止法）に関する記述で，適切なものはどれか。

(1) 児童虐待防止法において，身体的虐待・性的虐待・心理的虐待の3つを児童虐待として定義している。

(2) 児童虐待に関する通告義務には，虐待を受けた児童だけでなく，虐待と思われる児童に関しても，通告が義務化されている。

(3) 児童の親権者による虐待が，躾として行われた場合には虐待とはみなされない。

(4) 児童虐待の通告義務が課せられているのは，判断に誤りがあっての誤報を防ぐ意味から，学校の教職員，児童福祉施設の職員，医師，保健師，弁護士に限られる。

(5) 児童虐待を行った保護者は，親権を剥奪されることになった。

# ・・・・・解説と解答・・・・・

**7 Point▶** 1947 年に制定された児童福祉法は 2016 年の改正により，その理念を明確化した。

●**選択肢のチェック**

第1条　全て児童は，児童の権利に関する条約の精神にのっとり，適切に養育されること，その生活を保障されること，愛され，保護されること，その心身の健やかな成長及び発達並びにその自立が図られることその他の福祉を等しく保障される権利を有する。

第2条　全て国民は，児童が良好な環境において生まれ，かつ，社会のあらゆる分野において，児童の年齢及び発達の程度に応じて，その意見が尊重され，その最善の利益が優先して考慮され，心身ともに健やかに育成されるよう努めなければならない。

○2　児童の保護者は，児童を心身ともに健やかに育成することについて第一義的責任を負う。

答 (1)

**8** ●**選択肢のチェック**

(1) 児童虐待防止法は 2004 年の改正において，虐待の定義に従来の保護者による身体的・性的・心理的虐待，養育放棄に加え，同居人による当該虐待及び児童の家庭での配偶者に対する暴力も虐待の定義に加えた。

(2) 適切。

(3) 親や児童福祉施設の施設長が「児童のしつけに際して体罰を加えてはならない」と明記された（2020 年 4 月から施行／児童虐待防止法第 14 条・児童福祉法第 33 条の 2・第 47 条第 3 項）。

(4) 虐待に関する通告の義務は，早期発見の観点から全国民に課せられている。（児童福祉法第 25 条）

(5) 児童虐待を行った保護者については，児童福祉法第 27 条第 1 項第 2 号の規定により，親子の再統合への配慮その他児童が良好な家庭環境で生活するために必要な配慮のもとでの指導が行われる。2011 年の民法改正により期限付きで親権を制限できる「親権停止制度」が創設された。

答 (2)

子ども家庭福祉

# 予想問題

□ ⑨ 児童福祉に関する人物と事柄の組合せのうち，適切でないものはどれか。

(1) エレン・ケイ　　－『児童の世紀』
(2) 石井十次　　　－　滝乃川学園
(3) 糸賀一雄　　　－　この子らを世の光に
(4) ルソー・J．J．－『エミール』
(5) 留岡幸助　　　－　家庭学校

□ ⑩ 1997（平成9）年以降，一連の児童福祉法改正の内容についての記述のうち，適切なものはどれか。

(1) 1997年改正により，保育所への入所はこれまでの市町村長による措置から，保護者が自由に保育所を選択し，保育所との直接契約による利用に改められた。

(2) 1997年の改正により，教護院は児童養護施設と名称が改められた。

(3) 2000年改正において，母子生活支援施設における保護の実施は，すべて市町村の実施に一元化された。

(4) 2001年改正により，認可外保育施設の設置者に対し，その運営状況を毎年，市町村長に報告することを義務化した。

(5) 2010年改正により，児童発達支援，医療型児童発達支援，放課後等デイサービス，保育所等訪問支援の障害児通所が創設された。

---

## Topic !!　　　施設内虐待の禁止

2008年の児童福祉法改正により，同法第33条の10から17に規定された，被措置者に対する心身に有害な影響を及ぼす行為の禁止として位置付けられた。

虐待にあたる行為は，児童虐待の定義に同じ。施設内虐待を発見した場合は，福祉事務所，都道府県の行政機関（児童相談所等），都道府県児童福祉審議会等への通告義務がある。

# ・・・・・解説と解答・・・・・

9 ●選択肢のチェック

(1) 正しい。エレン・ケイはスウェーデンの女性思想家。1900 年に『児童の世紀』を著す。それまで子どもが苦しめられてきた危機感から 20 世紀は子どもが幸せに生きる時代にしようと提案。

(2) 誤り。石井十次は岡山孤児院（1887 年）を創設した。滝乃川学園は石井亮一により 1891 年に設立。

(3) 正しい。糸賀一雄は 1946 年知的障害児等の入所・教育・医療を行う近江学園を創設。「この子らを世の光に」という信念をもって福祉と教育にあたった。のちの 1963 年に重症心身障害児施設びわこ学園を創設。

(4) 正しい。ルソー・J．J．は 1762 年に『エミール』を著した。

(5) 正しい。留岡幸助は 1899 年，東京に「家庭学校」を設立。感化事業の先駆者のひとりである。　　　　　　　　　　　　　　　答 (2)

10 ●選択肢のチェック

(1) 1997（平成 9 ）年の児童福祉法の改正により，保育所への入所は，これまでの市町村長による措置から選択利用方式に変わったが，利用契約は保護者と市町村が行う方式で行われる。

(2) 教護院は，児童自立支援施設へと名称変更された。また，児童養護施設は養護施設からの名称変更である。

(3) 母子生活支援施設への入所は，保護を希望する者が都道府県，市，及び福祉事務所を設置する町村に利用申し込みを行い，利用契約に基づく保護として行われている。

(4) 認可外保育所の報告義務は，都道府県知事に対して課されたものである。

(5) 適切。　　　　　　　　　　　　　　　　　　　　　　　　答 (5)

子ども家庭福祉

---

## Topic!! 〉〉〉〉〉〉　　　　認定こども園

　「就学前の子どもに関する教育，保育等の総合的な提供の推進に関する法律」制定により 2006 年からスタート。「就学前の子どもに幼児教育・保育を提供」と「地域における子育て支援」の機能を備え認定基準を満たして都道府県等から認定を受ける施設。保護者の就労の有無に関わらず利用可能で，幼保連携型，幼稚園型，保育所型，地方裁量型の 4 タイプがある。

# 予想問題

□ 11 子ども・子育て新システムに関する記述のうち，適切でないものはどれか。

(1) すべての子どもへの良質な成育環境を保障し，子ども・子育て家庭を社会全体で支援するための仕組みを構築することを目的としている。

(2) 都道府県が実施主体となる。

(3) 子ども・子育て会議を設置する。

(4) 幼保一体化を推進する。

(5) 社会保障・税一体改革の柱となるものである。

□ 12 児童福祉法に関する記述のうち適切なものはどれか。

(1) 児童福祉法における児童の定義は，満 20 歳未満とされている。

(2) 児童福祉法において，児童の育成責任はすべて国にあることを明言した。

(3) 児童福祉法制定の経緯は，児童の人身売買が直接の契機となった。

(4) 児童福祉法に定義された保護者とは，親権を有する者に限られている。

(5) 児童福祉法は，児童福祉に関する専門機関として，児童福祉審議会，児童福祉司，児童委員，児童相談所，福祉事務所，保健所について規定している。

# ・・・・・解説と解答・・・・・

11 ●選択肢のチェック

(1) 適切。すべての子どもへの良質な成育環境を保障し，子ども・子育て家庭を社会全体で支援するための仕組みを構築することを目的としている。

(2) 適切でない。基礎自治体（市町村）が実施主体となる。市町村は地域のニーズに基づき計画を策定，給付・事業を実施し，国・都道府県は実施主体の市町村を重層的に支える。

(3) 適切。有識者，地方公共団体，事業主代表・労働者代表，子育て当事者，子育て支援当事者等（子ども・子育て支援に関する事業に従事する者）が，子育て支援の政策プロセス等に参画・関与することができる仕組みとして子ども・子育て会議を設置する。

(4) 適切。新システムでは，すべての子どもの健やかな育ちと，結婚・出産・子育ての希望がかなう社会を実現するため，①質の高い幼児期の学校教育・保育の一体的提供，②保育の量的拡大，③家庭における養育支援の充実，の3点を目的とする幼保一体化を推進することとしており，具体的には，給付システムの一体化と施設の一体化を行う。

(5) 適切。新システムは，社会保障・税一体改革の柱となるものであり，社会状況の変化を踏まえ，「子ども・子育て支援」などを中心に未来への投資という性格を強めること等により，「全世代対応型」の社会保障制度に改革することを目指すものである。

答（2）

12 ●選択肢のチェック

(1) 児童福祉法における児童の定義は，満18歳未満の者である。その他，乳児を満1歳に満たない者，幼児を満1歳から小学校の就学の始期に達するまでの者，少年を小学校就学の始期から満18歳に達するまでの者，としている。（児童福祉法第4条）

(2) 児童育成の第一義的責任は保護者が負う（児童福祉法第2条第2項）。国及び地方公共団体は，保護者とともに責任を負う（同2条第3項）。

(3) 児童福祉法の成立の経緯は，戦後の混乱の中で戦災孤児や浮浪児などの要保護児童対策としての保護政策の必要性からが大きい。

(4) 児童福祉法で保護者とは，親権者だけでなく，未成年後見人その他，児童を現に監護するものをいう。（児童福祉法第6条）

(5) 適切。

答（5）

# 予想問題

□ 13 **少子化と母子保健に関する記述のうち，適切でないものはどれか。**

(1) 日本の合計特殊出生率は，戦後一貫して減少し続けており，その数値は人口置換水準を大きく下回り一貫して減少を続けている。

(2) 少子化の要因の1つである夫婦の出生力の低下において，妻が理想の数の子どもを持とうとしない理由として，子育てに対する経済的負担を理由とするものが増加している。

(3) 近年，離婚の増加による母子家庭・父子家庭などのひとり親家庭の増加傾向に加え，配偶者からの暴力による母子への対応も重要な課題となっている。

(4) 日本の乳児死亡率は，世界において低い水準にあるとされ，乳児の死亡原因では先天異常が出生時外傷等を抜いて第1位となっている。

(5) 妊娠した者は，速やかに市町村に対して妊娠の届け出を行う事とされており，届け出た妊婦を行政的に把握することにより，保健指導や健康診査等の母子保健施策をもれなく行きわたるようにするため母子健康手帳が交付される。

□ 14 **子どもの人権保障，権利に関する宣言・条約・法規について，適切なものの組合せはどれか。**

(1) 児童の権利に関する条約　―　最善の利益の追求
(2) ジュネーブ宣言　―　世界人権宣言
(3) 児童憲章　―　国際的道徳規範
(4) 世界児童憲章　―　国際連盟
(5) 児童の権利宣言　―　イギリス児童救済基金団体

# ・・・・・解説と解答・・・・・

13 ●選択肢のチェック

(1) 合計特殊出生率（1人の女性が一生の間（計算上は15歳から49歳）に生む子どもの数）は，戦後，減少しているが，一貫して減少したわけではない。また，人口置換水準とは，その国の人口を維持するために必要とされる合計特殊出生率の数値で，2.08とされることが多い。

(2) その他の理由としては，「高齢で生むのがいやだから」「育児の心理的肉体的負担に耐えられない」「自分の仕事に差し支える」「家が狭い」等があげられている。

(3) 2001（平成13）年，「配偶者からの暴力の防止及び被害者の保護に関する法律」が制定施行されたが，被害者の多くは女性であり，児童の母であることが多いことから，重要な課題となってきている。

(4) 乳児死亡率は低いが，妊産婦の死亡率は欧米諸国に比べやや高い水準にある。

(5) 母子保健法第15条及び第16条の規定である。　　　　答（1）

14 ●選択肢のチェック

(1) 適切。児童の権利に関する条約（1989年採択）の第3条に子どもの最善の利益に関する規定がある。

(2) 適切でない。ジュネーブ宣言は「児童の権利に関する宣言」として1924年に国際連盟にて採択された。前文と5か条の本文からできている。世界児童憲章を国際的な水準で公認したもの。

(3) 適切でない。児童憲章は1951年のこどもの日に制定された，日本における憲章である。児童憲章は法律ではなく道徳的規範である。

(4) 適切でない。世界児童憲章は1922年イギリス児童救済基金団体が世界に向け発表した。国際的なレベルでの子どもの権利の明文化の先駆けである。

(5) 適切でない。児童の権利宣言は1959年の国連（国際連合）総会で採択された。1948年の世界人権宣言と関連を持ち，ジュネーブ宣言を拡大したものである。1924年の児童の権利に関する宣言（ジュネーブ宣言）と混同しないように注意が必要。

答（1）

子ども家庭福祉

□ ⑮ 要保護児童等に関する記述のうち，適切でないものはどれか。

(1) 少年法では，14歳未満で刑罰法令に触れる行為をした児童を触法少年，または刑罰法令に触れる行為をする虞れのある児童を虞犯少年としている。

(2) 保護者のいない児童とは，保護者の死亡，長期入院，行方不明等でほかに養育するものがいない児童を指し，保護者に遺棄された児童は，保護者のいない状態とは認められない。

(3) 児童相談所における非行関係の相談件数は，1998（平成10）年をピークに横ばいとなっている。

(4) 里親とは，保護者のいない児童または保護者に監護させることが不適当と認められる児童を養育することを希望する者で，都道府県知事が適当と認めた者をいい，児童の委託は児童相談所の措置によって実施される。

(5) 保護者に監護させることが不適当と認められる要件として，虐待した場合などのほか，非行や家庭内暴力，ひきこもり，拒食症等の情緒障害児童のうち，保護者が適切な監護を提供することが困難と認められる場合も含まれる。

## Check!! 〉〉〉〉〉　　　関 係 法

**民　法**……親権，離婚，後見。（2022年の一部改正で成年年齢が18歳となる）

**少年法**……少年非行と保護及び処分。※民法の成年年齢の18歳引き下げに伴い，①少年法の適応範囲，②原則逆送対象事件の拡大，③実名報道の解禁等の改正がされた（2022年4月1日施行）。

**配偶者からの暴力の防止及び被害者の保護に関する法律（DV防止法）**（2001年）……被害者保護，配偶者暴力相談支援センター。

**少子化社会対策基本法**（2003年）……少子化対策の基本施策をまとめたもの。

**次世代育成支援対策推進法**（2003年）……少子化対策として，次世代育成支援対策を行動計画とともにまとめたもの。

# ･････解説と解答･････

⑮ ●選択肢のチェック

(1) 適切。

少年法第3条。

(2) 適切でない。

保護者に遺棄された児童も含まれる。

(3) 適切でない。

2017年度14,110件だったものが，2021年度は10,690件と相談件数も減ってきている。

(4) 適切。

児童福祉法第27条第1項第3号の規定，及び，里親の認定等に関する省令による。2004年10月の児童福祉法改正により，児童福祉法第6条の4に新たに里親の定義規定が設けられ，同法第47条第3項において監護，教育及び懲戒に関する権限が明確化されることになった。

(5) 適切。

設問のとおり。

答 (2)，(3)

**Topic!! 〉〉〉〉〉〉　児童福祉法の改正**

2016年　総則の改正

2019年　児童への体罰の禁止が明記

2022年（2024年4月より施行）

・子育て世帯に対する包括的な支援体制の強化

こども家庭センターの設置，児童発達支援センターの類型（福祉型・医療型）の一元化，子育て世帯訪問支援事業・妊産婦等生活援助事業等の創設，里親支援センターの設置

・社会的養護における権利擁護や自立支援の充実等

一時保護開始時の判断への司法審査の導入，児童自立生活援助事業，社会的養護自立支援拠点事業・親子再統合事業・意見表明支援事業・親子関係形成支援事業等の創設

子ども家庭福祉

□ 16 児童福祉に関する次の記述について, 適切な記述を○, 不適切な記述を×としたときの正しい組合せはどれか。

A 児童養護施設への入所は, 都道府県知事の措置として実施される。
B 児童福祉法による障害児の定義には, 発達障害は対象ではない。
C 「児童福祉施設最低基準」は「児童福祉施設の設備及び運営に関する基準」と名称を変えた。
D 母子生活支援施設は, 「母子及び父子並びに寡婦福祉法」に規定された施設である。

|     | A | B | C | D |
|-----|---|---|---|---|
| (1) | ○ | ○ | ○ | ○ |
| (2) | × | ○ | ○ | × |
| (3) | ○ | × | ○ | × |
| (4) | × | × | ○ | ○ |
| (5) | × | × | × | × |

□ 17 児童憲章の前文について, 空欄に該当する語句の組合せとして正しいものを選べ。

　　われらは, 日本国憲法の精神にしたがい, 児童に対する正しい観念を確立し, すべての児童の幸福をはかるために, この憲章を定める。
　　児童は, （ ア ）として尊ばれる。
　　児童は, （ イ ）の一員として重んぜられる。
　　児童は, よい（ ウ ）のなかで育てられる。

|     | （ア） | （イ） | （ウ） |
|-----|-------|-------|-------|
| (1) | 人 | 社会 | 環境 |
| (2) | 国民 | 地域 | 環境 |
| (3) | 国民 | 社会 | 家庭 |
| (4) | 人 | 地域 | 家庭 |
| (5) | 国民 | 社会 | 環境 |

# ・・・・・解説と解答・・・・・

16 ●選択肢のチェック

A：適切。

B：適切でない。平成24年4月より施行の児童福祉法では，障害児の
　定義に，精神障害と発達障害が対象として明記された。児童福祉
　法第4条第2項。

C：適切。

D：適切でない。母子生活支援施設は，児童福祉法に規定された施設
　である。

答 (3)

17 **Point** 児童憲章の前文は暗記しておこう。

　児童憲章の前文において，

　　　児童は，人として尊ばれる。

　　　児童は，社会の一員として重んぜられる。

　　　児童は，よい環境のなかで育てられる。

　と，明記されている。

答 (1)

子ども家庭福祉

---

## One Point !!　　児童福祉法と児童憲章

　児童福祉法は，次代の担い手である児童一般の健全育成と福祉の増進を
基本精神とする，児童に対する総合的法律である。

　これに対し児童憲章は，わが国では初めて，すべての児童の権利を保障
し幸福をはかるための憲章として，1951年5月5日に制定された社会的規
範，協約である。

# 社会福祉

## 内　容

社会福祉の目的や理念を理解し，社会福祉の分野で4番目の国家資格とされた保育士の業務実践に反映させる。社会福祉の制度・政策・実践方法を学ぶとともに，21世紀の社会福祉の展開のための今日的動向が重要。

## Check!!　重要事項

### 1．社会福祉の基本理念

**普遍的な理念**

**人権・生存権**……日本国憲法第25条⇒すべての国民に保障される基本的人権

**政策的な理念**

**ナショナルミニマム**……国民に対して最低限度の生活を保障すること。19世紀末にウェッブ（Webb,S.）により提唱される。社会保障政策の基本理念。

**セーフティネット（安全網）**……ナショナルミニマムより個人の生活リスクに備えるという考え方。

**ノーマライゼーション**……1970年代の北欧で提唱。だれもが社会でノーマルな生活を営めることを当たり前にするという理念のもと実践されている。

**ソーシャル・インクルージョン**……社会的包摂。すべての人を地域社会で受け入れる共生社会の実現を目指すという考え方。

**実践的な理念**

**エンパワメント**……当事者が持つ課題解決能力を引き出し，解決できるように寄り添い支援すること。

**権利擁護（アドボカシー）**……当事者が持つ権利を擁護し，権利侵害から守る支援者の姿勢を意味する。

**自立**……社会福祉のさまざまな分野で自立支援が実践されている。自立とは依存状態からの脱却ではなく，当事者ができることを一つでもふやしていくことをいう。

### 2．社会福祉の歴史

社会福祉は，資本主義社会の固有の歴史的概念である。

#### （1）イギリス

**救貧法**

エリザベス救貧法（1601年）労働能力の有無を基準とした救済。

有能貧民，無能力貧民，児童に対する就労，徒弟の強制

　　改正救貧法（1834年）　T．R．マルサスの『人口の原理』を思想的根
　　　拠とする劣等処遇と自助原理

　　慈善事業の台頭　COS運動とセツルメント運動

　　社会改良主義　社会主義の台頭とチャールズ・ブース，B.S.ラウ
　　　ントリーの貧困調査

　**福祉国家**

　　福祉国家への途と財政破綻

　　ベバリッジ報告（ゆりかごから墓場まで）と5つの巨人悪，福祉国家
　　　構想

　　財政破綻と小さな政府

　**コミュニティケア（地域福祉）**

　**重要人物**

　　T.R.マルサス，C.ブース，B.S.ラウントリー，バーネット夫妻，
　　T.チャルマーズ，E.デニスン，W.ベバリッジ

**(2) アメリカ**

　**社会福祉援助技術の展開**　慈善組織協会（COS活動）と友愛訪問

　　M.リッチモンドによるケースワーク理論の体系化

　　診断主義・機能主義　医学モデル・生活モデル

　　セツルメント活動とグループワーク

　**ニューディール政策と連邦社会保障法**　世界初の社会保障という用語

　**IL運動とADA法**

　**重要人物**　M.リッチモンド，J.アダムス

**(3) 日　本**

　**明治・大正期**

　　恤救規則　人民相互の情誼と無告の窮民

　　大正デモクラシー

　**昭和（戦前）**

　　救護法と厚生事業

　**昭和（戦後）**

　　社会福祉改革（近代化）

　　占領軍と福祉3法（生活保護法，児童福祉法，身体障害者福祉法）

　　社会福祉事業法制定

　　高度経済成長と福祉6法体制の確立

　　財政破綻と日本型福祉社会構想

　　少子・高齢社会と福祉改革

　　福祉関係8法改正

社会福祉基礎構造改革と 21 世紀の社会福祉ビジョン

社会福祉法・介護保険法・障害者自立支援法成立

**重要人物**

聖徳太子，石井十次，石井亮一，留岡幸助，片山潜，山室軍平，
岩永マキ，横山源之助，河上肇，小川滋次郎，長谷川良信

## 3. 社会福祉の制度体系

### (1) 法制度　福祉6法

**社会福祉法 (1951 年)**

社会福祉事業法として成立，その後改正を繰返し，2000 年 6 月，社
会福祉法に改称。社会福祉事業の定義，基本理念，社会福祉の実施体
制・組織，サービスに関する事項，社会福祉事業従事者の確保等，社
会福祉の基本的・共通事項を定めた法律。

**社会福祉事業**……福祉 6 法の各法の規定する施設等を列挙した，い
わゆる制限列挙主義による定義。

**第 1 種社会福祉事業**…公共性が高く，サービス利用者に重大な影響
を与えると考えられ，より強い監督・規制が必要とみなされる事
業。設置運営は原則として国，地方公共団体，社会福祉法人に限
定されている。

**第 2 種社会福祉事業**…第 1 種社会福祉事業以外の事業で，主に通所
系の事業が多い。設置運営の主体に明確な制限はない。

**①生活保護法 (1946 年)**

現行法は 1950 年改正法。国民の最低生活保障の最終手段としての位
置付けをもつ。保護の原理・原則・種類等を定めた。

**②児童福祉法 (1947 年)**

児童に関するすべての法令の施行にあたって遵守すべき原理を規
定。要援護児童の保護と一般児童の健全育成を柱とする。

**③身体障害者福祉法 (1949 年)**

18 歳以上の身体障害者に対する福祉の措置を目的とする。

**④知的障害者福祉法 (1960 年)**

精神薄弱者福祉法として成立，1999 年改称。知的障害者のための援
護法。知的障害者の定義は規定されていない。

**⑤老人福祉法 (1963 年)**

老人の福祉に関する総括的理念の規定と，要援護老人に関する実施
体制を規定。但し，法の適用対象年齢の定義をもたず，社会通念上
65 歳以上を目安としている。

⑥ **母子及び父子並びに寡婦福祉法（1964 年）**

　母子福祉法として成立，2014 年改正により改称。ひとり親家庭の支援施策の充実により，自立を目指すとともに子どもの貧困対策にも資することを目的とする。

〔関連〕

　　**障害者基本法（1993 年）**……心身障害者対策基本法（1970 年）を改正改称。障害者 3 法の総括法的性格をもつ。

　　**精神保健福祉法（精神保健及び精神障害者福祉に関する法律 1995 年）**……精神衛生法（1950 年）→精神保健法（1987 年）を改正改称。

　　**高齢者の医療の確保に関する法律（2008 年）**……老人保健法（1982 年）を改正改称。高齢者の保健・医療を規定。

　　**介護保険法（1997 年，2000 年施行）**……老人の介護に関する提供システムを規定。日本で 5 番目の社会保険。法の適用対象は 40 歳以上。社会保障構造改革の第一歩に位置付けられる。

　　　2005 年改正により，新予防給付の創設，地域包括支援センターの新設，地域密着型サービス等が追加された。

　　**障害者の日常生活及び社会生活を総合的に支援するための法律（障害者総合支援法）（2012 年公布，2013 年 4 月施行・一部は 2014 年）**……「障害者自立支援法」の名称を変更し，基本理念は「法に基づく日常生活・社会生活の支援が，共生社会を実現するため，社会参加の機会の確保及び地域社会における共生，社会的障壁の除去に資するよう，総合的かつ計画的に行われること」。法の対象にはこれまでの障害児・者と「制度の谷間」を埋めるべく，障害者の範囲に難病等を加えた。

(2) **行　政**

　　**福祉事務所**　福祉 6 法に規定された援護・育成・更生の措置に関する事務を行う第一線の現業行政機関。都道府県（3 法管轄）・市・特別区（6 法管轄）に必置。

　　**児童相談所**　児童福祉の保障を目的として相談・判定等の業務を司る機関。都道府県・指定都市に必置。

　　**婦人相談所，身体障害者更生相談所，知的障害者更生相談所等**

(3) **財　政**

　　**社会保障関係費**　国の一般会計予算中最大規模。社会保険・社会福祉・生活保護・保健衛生・失業対策等から構成される。歳出のうちでは，社会保険関係が最多。

　　　地方財政では，民生費・衛生費として計上される。土木費，教育費

社会福祉

に次ぐ規模ではあるが，これらの予算が減少傾向にあるのに対し，一貫して増加し続け，とりわけ児童福祉費・老人福祉費の割合が大きい。

**利用者負担**　応能負担から応益負担への転換が進んでいる。

**共同募金**　都道府県の区域を単位として，毎年1回，厚生労働大臣の定める期間（10月1日～12月31日）に行う寄付金の募集をいう。第1種社会福祉事業の位置付けをもち，その配分は，配分委員会の承認を得て，区域内の社会福祉を目的とする事業を経営する者に配分される。

　　2000年の社会福祉法制定により，配分についての過半数配分の原則，早期配分の原則，区域内配分の原則等が廃止されている。

## （4）主　体

**サービス提供主体**

　公的セクター・民間福祉セクター・インフォーマルセクター・民間営利セクターによる公私の役割分担。在宅サービスを中心として提供主体の多元化と規制緩和が進んでいる。

**社会福祉法人**　社会福祉事業を行うことを目的として設立された法人。第1種社会福祉事業の設置運営は，国，地方公共団体のほかには，原則として当該法人が行うこととされている。

**社会福祉協議会**　地域福祉の推進を図ることを目的とする団体。

　　市区町村社協…社会福祉を目的とする事業の企画・実施，調査・普及・宣伝・連絡調整・助成，住民参加の援助等を行う。

　　都道府県社協…社会福祉を目的とする事業経営の指導・助言，従事者養成・研修，市区町村社協の連絡・事業調整等を行う。

## 4.　社会保障制度

**社会保障**　主として所得保障を中心として，国民の最低生活を保障するための国家的制度体系。防貧的機能，救貧的機能を担っている。

　社会保障の目的は，生活の保障・安定，自立支援，家庭機能の支援。

　社会保障の機能としては，社会的安定装置（セーフティネット），所得再分配，リスク分散，社会経済の安定・成長。

**社会保険**　医療，年金，雇用，労災（労働者災害補償），介護の5種類。

**国家扶助**　公的扶助・社会手当

**公衆衛生**　公衆衛生・医療

**社会福祉**　福祉6法のうち生活保護法以外の5法を中心とした，対人援助サービス。介護保険制度施行など，社会福祉サービスの一部は，社会保険を通じて提供される。

**老人保健**　高齢者の健康の保持と適切な医療の確保を図ることを目的とし，医療と医療等以外の保健事業からなる。

　　医療は，75歳以上（65歳以上75歳未満の一定の障害がある者を含む）の後期高齢者医療制度として平成20年4月から施行（退職者医療制度の廃止）。医療等以外の保健事業は，市町村が行う40歳以上の者を対象とする健康診査等がある。

※社会保険・国家扶助・公衆衛生・社会福祉を社会保障4部門と称する伝統的な枠組みから，所得保障・医療保障・社会福祉サービスの枠組みにシフトしてきている。

## 5.　社会福祉従事者

**専門職制度**

　　社会福祉従事者の資格制度として，社会福祉士・精神保健福祉士・介護福祉士・保育士の国家資格と，社会福祉主事・児童福祉司等の任用資格がある。保育士・介護福祉士については国家試験の義務が進められている。

**職業倫理**

　　専門職として固有の価値基準と行動規範をまとめたもの。

　　ソーシャルワーカー倫理綱領（社会福祉専門職団体協議会）・日本介護福祉士会倫理綱領・全国保育士会倫理綱領などがある。

**従事者の養成**

　　サービスの質の向上や他の専門職との連携の重要性等，多様化したニーズに応えることなどにより社会福祉従事者の専門職化が進み，その養成が行われている。

## 6.　相談援助（ソーシャルワーク）

**(1)　援助の原理（岡村重夫）**

　　全体性の原理，社会性の原理，主体性の原理，現実性の原理

**(2)　直接援助技術**

**ケースワーク（個別援助技術）**……慈善組織協会の友愛訪問に始まり，M.リッチモンドにより体系化された。個人や家族を単位として進められる援助活動の技術。

**重要人物**　リッチモンド，パールマン（4つのP，問題解決アプローチ），ホリス（心理学的アプローチ），バートレット，バイスティック，ジャーメイン，ギッターマン，ピンカス，ミナハン，等

**援助の原則**　バイスティックの7原則

社会福祉

①個別化，②意図的な感情表出，③統制された情緒的関与，④受容，⑤非審判的態度，⑥自己決定，⑦秘密保持

**グループワーク（集団援助技術）** ……セツルメント活動に始まる。小集団を単位として進められる援助活動の技術。

**重要人物**　コノプカ，トレッカー，シュワルツ

### (3) 間接援助技術

**コミュニティワーク（地域援助技術）** ……地域社会を単位として進められる援助技術

**重要人物**　ロス，ニューステッター等

**ソーシャル・アドミニストレーション（社会福祉運営管理）** ……サービスを提供する組織を単位として，その運営管理を進めていくための技法。

**ソーシャルワーク・リサーチ（社会福祉調査法）** ……社会福祉の課題等を明らかにする社会調査をさす。

**ソーシャル・アクション（社会活動法）** ……法を含め，社会福祉課題解決のための運動。

**ソーシャル・プランニング（社会福祉計画法）** ……地域等の社会福祉ニーズに対する長期・短期の福祉計画策定の技法。

### (4) 関連援助技術

**ネットワーク** ……社会福祉ニーズ解決に向けた，社会資源・サービス提供や情報収集のための組織化の方法。

**ケアマネジメント** ……本人・家族のもつ複数のニーズを解消緩和するために，社会資源と結びつけ，問題解決を図る技法。構成要素として，要援護者・社会資源・ケアマネジャー・ケアマネジメントの過程があげられる。

**スーパービジョン** ……後進育成のための養成・現任訓練等に関する指導法。教育的機能，支持的機能，管理的機能がある。

**カウンセリング** ……心理的側面やパーソナリティ，行動等の変容に焦点をあてた，対人援助法。

**コンサルテーション** ……隣接領域の専門家から意見等を受けること。

**重要語句**

アドボカシー，インテグレーション，インフォームド・コンセント，エンパワメント，インクルージョン，メインストリーミング，等

## 7. 21世紀の社会福祉

### (1) 少子高齢社会と福祉問題

**少子化**　少子化の理由は，女性が子どもを生まなくなったことによる

が，その理由として，女性の高学歴化・就労化・晩婚化という３大要素と，社会の変化に伴う意識の変化があげられる。初婚年齢の上昇が初産年齢を上昇させ，また，「未婚」ではなく「非婚」という表現が生まれるなどの価値観の変化も生じており，養育費の増加や精神的育児負担や不安などさまざまである。なお，近年欧州の先進諸国の少子化は改善傾向にあると言われている。

高齢社会　その国の人口に占める65歳以上の人口割合を高齢化率といい，その割合が7％を超えた社会を高齢化社会，14％を超えた社会を高齢社会という。

　　日本は1970年に7％を超え，1994年には14％を超えた。2022年では29.0％である（内閣府：令和5年版高齢社会白書）。

　　将来推計予測では2036年には高齢化率は33.3％となり，2065年には約38.4％で，2.6人に1人が65歳以上と推計される（国立社会保障・人口問題研究所2018年推計）。

　　なお，2022年現在の高齢化率の高い都道府県と低い都道府県は以下のとおりである（内閣府：令和5年版高齢社会白書）。

高い県…秋田県（38.6％），高知県（36.1％），山口県（35.2％），
　　　　徳島県（35.0％），青森県・山形県（34.8％）

低い県…東京都（22.8％），沖縄県（23.5％），愛知県（25.6％），
　　　　神奈川県（25.8％），滋賀県（26.8％）

これらの結果，将来の保障制度や社会経済状況に及ぼす影響が懸念されている。また首都圏などは今後も高齢化が顕著となっていく。

## (2) 社会福祉基礎構造改革

　　21世紀に向けて，社会福祉の基本的枠組み（パラダイム）の転換を目指した改革で，2000年の社会福祉法等に具体化されている。

　　主な要点は，措置から利用契約制度への転換による行政本位から利用者本位への移行（介護保険法，障害者自立支援法等で具体化）。利用者とサービス提供者の対等な関係の確立と，サービス提供主体の規制緩和と市場（競争）原理の導入，サービスの質的向上，利用者の自己決定権の保障と権利擁護並びに苦情処理，事業の情報開示と透明性の確保並びに利用者選択の保障，費用の公平・公正な負担，地域福祉の充実と住民参加等を柱とする。

## (3) 社会保障構造改革

　　1990年代から，従来の保健・医療・福祉を再編成し，効率的な社会保障の供給を目指す一連の改革。

## (4) 地域福祉計画

　　社会福祉法施行に伴い2002年より策定が義務づけられた，市町村計画並びに都道府県による支援計画がある。

社会福祉

# 予想問題

□ ① 日本の慈善事業家と関係の深い施設の組合せのうち，適切でないものはどれか。

(1) 野口幽香 —— 二葉幼稚園

(2) 石井十次 —— 岡山孤児院

(3) 石井亮一 —— 滝乃川学園

(4) 糸賀一雄 —— 近江学園

(5) 高瀬真卿 —— 家庭学校

□ ② 社会福祉法第1条に関する記述について，空欄に入る語句の適切な組合せはどれか。

　　　この法律は，社会福祉を目的とする事業の全分野における（　A　）を定め，社会福祉を目的とする他の法律と相まって，福祉サービスの利用者の（　B　）及び地域における社会福祉（以下「地域福祉」という。）の推進を図るとともに，社会福祉事業の（　C　）実施の確保及び社会福祉を目的とする事業の健全な発達を図り，もって社会福祉の増進に資することを目的とする。

|  | A | B | C |
|---|---|---|---|
| (1) | 共通事項 | 権利の保護 | 公正かつ公平な |
| (2) | 基本事項 | 権利の保障 | 公明かつ適正な |
| (3) | 共通的基本事項 | 利益の保護 | 公明かつ適正な |
| (4) | 共通的基本事項 | 権利の保護 | 公明かつ公平な |
| (5) | 基本的共通事項 | 利益の保護 | 公平かつ平等な |

# ・・・・・解説と解答・・・・・

1 ●選択肢のチェック
(1) 野口幽香は森島峰とともに，貧困家庭の子どもを対象とした二葉幼稚園を設立した。
(2) 石井十次は，1887年貧窮児童を対象とした岡山孤児院を設立した。
(3) 石井亮一は，知的障害児教育の先駆者。
(4) 糸賀一雄は，「障害福祉の父」とも呼ばれている。
(5) 家庭学校は，留岡幸助により設立。今日の児童自立支援施設の前身に位置し，感化教育を行った。高瀬真卿は私立予備感化院をつくった。

答 (5)

2 **Point** 社会福祉法第1条はその目的を記している。
　この法律は，社会福祉を目的とする事業の全分野における共通的基本事項を定め，社会福祉を目的とする他の法律と相まって，福祉サービスの利用者の利益の保護及び地域における社会福祉（以下「地域福祉」という。）の推進を図るとともに，社会福祉事業の公明かつ適正な実施の確保及び社会福祉を目的とする事業の健全な発達を図り，もって社会福祉の増進に資することを目的とする。

答 (3)

社会福祉

□ 3 イギリスの「救貧法」に関する記述のうち，適切なものはどれか。

(1) 1834年の「新・救貧法」を支えた理論的根拠は，アダム・スミスの「神の見えざる手」に置かれた。

(2) 19世紀末から20世紀初頭に行われた，チャールズ・ブースらの社会調査は，貧困は個人の怠惰によるものであることを実証した。

(3) 「新・救貧法」は，「劣等処遇の原則」を内容に持ち，救済は処罰を伴って行われるべきであり，"飴と鞭"の政策と呼ばれた。

(4) 1601年の「エリザベス救貧法」は，それまでの貧民の救済，就労の強制，浮浪者の排除等に関する諸制度を集大成したものである。

(5) 「エリザベス救貧法」の救済は，労働能力の有無を基準に，①老人②無能力貧民　③児童　の3種類に分け，就労の強制や教区徒弟として送り出した。

□ 4 施設種別と社会福祉事業区分及び根拠法の組合せのうち，適切なものの組合せはどれか。

| 施設種別 | 社会福祉事業区分 | 根拠法 |
|---|---|---|
| A 児童家庭支援センター | 第2種社会福祉事業 | 児童虐待防止法 |
| B 婦人保護施設 | 第1種社会福祉事業 | 売春防止法 |
| C 保育所 | 第1種社会福祉事業 | 児童福祉法 |
| D 更生施設 | 第1種社会福祉事業 | 生活保護法 |
| E 助産施設 | 第2種社会福祉事業 | 母子及び父子並びに寡婦福祉法 |

(1) A・C

(2) C・D

(3) B・E

(4) A・E

(5) B・D

# ・・・・・解説と解答・・・・・

3 ●選択肢のチェック

(1) 1834年の新救貧法における政策原理は，T.R. マルサスの『人口の原理』にあり，貧困の解決は人口の抑制によるべきであることを主張した。

(2) チャールズ・ブースのロンドンでの社会調査や B.S. ラウントリーのヨーク市での社会調査が実証したものは，貧困の原因が個人の怠惰等にあるのではなく，社会経済的な原因によっていることである。これらの調査は，社会改良主義の政策展開に大きな影響を与えた。

(3) 「劣等処遇」とは，救済を受ける貧困者の生活水準は，独立自活している最底辺の労働者の生活水準を上回ってはならないとする考え方である。"飴と鞭"の政策とは，ドイツのビスマルクが，社会主義を抑圧するために社会保険を導入した政策の比喩に使われたものである。

(4) 適切。

(5) エリザベス救貧法の救済は労働能力の有無を基準とし，有能貧民・無能力貧民・児童の3種類の区分によっている。

答 (4)

4 ●選択肢のチェック

A：誤り。児童家庭支援センターは，児童福祉法に規定された第2種社会福祉事業。

B：適切。婦人保護施設は，売春防止法に規定された第1種社会福祉事業。

C：誤り。保育所は，児童福祉法に規定された第2種社会福祉事業。

D：適切。更生施設は，生活保護法に規定された第1種社会福祉事業。

E：誤り。助産施設は，児童福祉法に規定された第2種社会福祉事業。

答 (5)

社会福祉

□ ⑤ 社会福祉におけるニーズに関する記述について，もっとも適切なものを1つ選びなさい。

(1) 顕在的ニーズとは，その存在を本人が自覚しているニーズである。

(2) 潜在的ニーズとは，その存在を本人だけが自覚していないニーズである。

(3) 非貨幣的ニーズとは，金銭の給付で充足されるニーズである。

(4) 貨幣的ニーズとは，保育などのサービス給付で充足されるニーズである。

(5) 福祉ニーズとは，公的なサービスで充足されるニーズである。


□ ⑥ 福祉事務所に関する記述のうち，適切なものはどれか。

(1) 福祉事務所の長は，社会福祉主事でなければならない。

(2) 都道府県の設置する福祉事務所は，生活保護法，児童福祉法，知的障害者福祉法，母子及び寡婦福祉法の4法を所管する。

(3) 市町村は，必ず福祉事務所を設置しなければならない。

(4) 都道府県の設置する福祉事務所は，市町村福祉事務所では解決困難な事例を処理する。

(5) 福祉事務所の所員は，所長・指導監督を行う所員・現業を行う所員・事務を行う所員で構成されている。

5 ●選択肢のチェック

(1)(2) 潜在的ニーズは，隠されたニーズとも呼ばれ，更に，「ニーズがあるにもかかわらず自覚されていないニーズ」と，「ニーズは自覚されていても何らかの理由により顕在化（表出）されていないニーズ」に分かれる。(1) は正しい。

(3)(4) 非貨幣的ニーズとは，貨幣で測定すること，また貨幣の給付のみでは充足が困難であり，物品や人的サービス等の現物給付（保育や介護など）により充足するのが適当とみなされるニーズである。多くの先進諸国と同様，わが国の社会福祉においても，経済成長と社会保障制度の確立の結果，貨幣的ニーズよりも非貨幣的ニーズへの対応に重点がおかれるようになったとされている。

(5) 福祉ニーズとは，生活上に起こった問題の解決・軽減において支援を必要とするニーズ（社会的生活支援ニーズ）のうち，社会福祉の施策や援助によって解決・軽減することのできるニーズということができる。さらにこのニーズ充足には公的サービスではない，インフォーマルな関係による支援によっても充足されることから，公的サービスのみで充足されるものではない。　　答 (1)

6 ●選択肢のチェック

(1) 福祉事務所において社会福祉主事でなければならないのは，指導監督を行ういわゆる査察指導員と現業所員である。福祉事務所長が社会福祉主事でなければならないのは，指導監督する所員を兼務する場合である。

(2) 都道府県の設置する福祉事務所が所管するのは，2003年4月より生活保護法，児童福祉法，母子及び父子並びに寡婦福祉法の3法となった。（社会福祉法第14条第5項）

(3) 福祉事務所の設置について，町村は任意設置である。（社会福祉法第14条第3項）

(4) 都道府県の設置する福祉事務所の業務は，生活保護法，児童福祉法，母子及び父子並びに寡婦福祉法に定める援護または育成の措置に関することであり，設問のように問題の難易によって業務区分されているわけではない。（社会福祉法第14条第5項）

(5) 適切。　　答 (5)

社会福祉

□ ⑦ 社会福祉協議会に関する記述のうち，適切でないものはどれか。

(1) 社会福祉協議会は，すべての市区町村に設置され，そのほとんどは社会福祉法人化されている。

(2) 市区町村社会福祉協議会の事業は，訪問介護や配食サービスなど，在宅福祉サービスの展開が顕著である。

(3) 社会福祉協議会は，地域福祉の推進を図ることを目的とする団体で，全国社会福祉協議会・都道府県（指定都市）社会福祉協議会・市区町村社会福祉協議会がある。

(4) 社会福祉協議会の財源は，会費収入が最も多く，補助金・委託金等の公費の割合は少ない。

(5) 都道府県社会福祉協議会には，地域福祉権利擁護事業の実施主体として，福祉サービス利用援助事業が規定されている。

□ ⑧ 現在の日本の高齢者を取り巻く現状に関する記述のうち，適切なものに○，適切でないものに×を付けたとき，正しい組合せはどれか。

A わが国の人口は，戦後，一貫して増加を続け，2008（平成20）年には1億2,808万人とピークに達したが，その後は減少局面に転じている。

B 高齢化率（65歳以上人口割合）は，2005（平成17）年には20.2％と急速に上昇したものの，その後は下降傾向にある。

C 年齢区分別で見てみると，75歳以上の後期高齢者人口は，増加している。

D 高齢化率は，今後，首都圏で上昇することが予想されている。

|  | A | B | C | D |
|---|---|---|---|---|
| (1) | ○ | ○ | ○ | ○ |
| (2) | ○ | × | × | × |
| (3) | × | ○ | ○ | ○ |
| (4) | × | × | ○ | × |
| (5) | ○ | × | ○ | ○ |

# ・・・・・解説と解答・・・・・

7 ●選択肢のチェック

(1) 社会福祉協議会はすべての市区町村に設置されており，社会福祉
法人化率はほぼ100%に近い。

(2) 市区町村社会福祉協議会の事業は，社会福祉を目的とする事業に
関する調査・普及・宣伝・連絡調整，社会福祉活動への住民参加
の援助，社会福祉事業の企画・実施等がある。今日ではホームヘ
ルプサービス等の在宅福祉サービスに関するものが増加している。

(4) 適切でない。社会福祉協議会の財源は補助金・委託費などの公費
に依存している割合が高く，次いで共同募金や寄付金となり，会
費の割合は最も低い。

答（4）

8 ●選択肢のチェック

A：適切。1945年に約7,215万人であった人口は，その後，1967年に1億人
を突破し，2008（平成20）年にはピークに達した。その後は減少局面
に転じ，2011（平成23）年から連続で減少している。

B：適切でない。人口は減少しているものの，高齢化率は上昇しており，
2022年現在29.0%となっている。

C：適切。2054年まで増加傾向が続くものと見込まれている。

D：適切。現在は首都圏と三大都市，および沖縄県の高齢化率は低いが，
2040年には現在に比べ大きく上昇することが予想されている。

答（5）

社会福祉

☐ ⑨ 社会福祉の理念に関する記述のうち，適切なものはどれか。

(1) ナショナル・ミニマムは，全人間的復権を目指して，医学・教育の分野で展開されている。

(2) バリアフリーは，生物的な性差ではなく，社会的・文化的に作られた性差をいう。

(3) アドボカシーは，すべての国民に健康で文化的な最低限度の生活を保障することである。

(4) エンパワメントとは，誰もがこの社会で普通な生活を営めるようにすべきであるとの考えである。

(5) ソーシャルインクルージョンとは，社会的な孤立や排除の問題に取り組むことを通じて，「つながり」を作っていくことを目指すことである。

☐ ⑩ 社会福祉専門職の職業倫理に関する記述のうち，適切でないものはどれか。

(1) 日本介護福祉士会の倫理綱領前文では，介護福祉ニーズを有するすべての人々が，住み慣れた地域において安心して老いることができ，そして暮らし続けていくことのできる社会の実現を願っているとしている。

(2) 日本ソーシャルワーカー協会の倫理綱領では，クライエントとの関係において，教育と指導を最優先に行うべきであると明記している。

(3) 全国保育士会倫理綱領では，子どものニーズだけでなく，保護者のニーズも代弁する役割が重要だとしている。

(4) 全国保育士会倫理綱領では，保育は子どもの最善の利益を第一に考えなければならない，と謳っている。

(5) 日本ソーシャルワーカー協会の倫理綱領では，ソーシャルワーカーは平和擁護，人権と社会正義の原理に則り，人々がつながりを実感できる社会への変革と社会的包摂の実現をめざすことを言明した。

# ・・・・・解説と解答・・・・・

9 ●選択肢のチェック

(1) 誤り。ナショナル・ミニマムとは，憲法25条に規定されるように，すべての国民に健康で文化的な最低限度の生活を国が公共政策によって，国民に保障することである。記述は，リハビリテーションの説明である。

(2) 誤り。バリアフリーは，障害者や高齢者等の社会生活弱者が社会生活に参加する上で，生活の支障となる物理的な障害や精神的な障壁を取り除くための施策や具体的に障害を取り除いた状態をいう。一般的には障害者が利用する上での障壁が取り除かれた状態として広く使われている。記述はジェンダーについての説明。

(3) 誤り。アドボカシーは，「人権を擁護する」「権利を守るために訴える」「権利を代弁する」などの意味を持つ。自らの気持ちや権利を要求したり守ることが自分の力だけでは困難な人々を擁護したり，社会的に不利な立場にある人々の権利を守ったりすることをいう。

(4) 誤り。記述はノーマライゼーションに関する説明である。

(5) 正しい。「全ての人々を孤独や孤立，排除や摩擦から援護し，健康で文化的な生活の実現につなげるよう，社会の構成員として包み支え合う」という理念。

答 (5)

10 ●選択肢のチェック

(1) 日本介護福祉士会倫理綱領前文　参照。

(2) 適切でない。日本ソーシャルワーカー協会倫理綱領の利用者に対する倫理責任において，クライエントの意思決定を尊重し，受容するとともに，クライエントの利益を最優先に考え，また，プライバシーの保護に努めることがうたわれている。

(3) 全国保育士会倫理綱領6・利用者の代弁　参照。

(4) 全国保育士会倫理綱領1・子どもの最善の利益の尊重　参照。

(5) 日本ソーシャルワーカー協会倫理綱領前文　参照。

答 (2)

社会福祉

☐ ⑪ 日本の社会福祉の歴史に関する記述について，誤っているものを1つ選びなさい。

(1) 「恤救規則」(1874年) は，その対象を「無告の窮民」に限定している。

(2) GHQ (連合国総司令部) による「社会救済に関する覚書」により，のちの生活保護法成立へとつながった。

(3) 平成12年に改正された社会福祉法には，福祉サービスの提供体制の確保が国及び地方公共団体の責務であることが示された。

(4) 福祉三法体制となったのは，1940年代である。

(5) 現行生活保護法では，扶養義務者のいる者は含まれない。

☐ ⑫ 社会保険制度に関する記述について，適切なものだけを選んだ組合せはどれか。

A 年金保険は国民の強制加入が義務づけられているが，雇用保険は任意加入となっている。

B 医療保険において，65歳以上の者は老人医療の対象となり，老人保健制度の医療受給対象者となっている。

C 労働者災害補償保険は，一般の被保険者に保険料負担はない。

D 国民年金から支給される基礎年金は，老齢基礎年金・障害基礎年金・寡婦基礎年金の3種類である。

E 雇用保険の給付は，求職者給付・就職促進給付・教育訓練給付・雇用継続給付の4種類がある。

(1) A・D　　(2) A・E　　(3) B・D
(4) C・E　　(5) B・C

# ・・・・・解説と解答・・・・・

11 ●選択肢のチェック

(1) 正しい。

(2) 正しい。

(3) 正しい。

(4) 正しい。児童福祉法は昭和22年に制定されている。社会福祉の法制度は, 第二次世界大戦敗戦直後の,「三法」体制(生活保護法(1946), 児童福祉法 (1947), 身体障害者福祉法 (1949)) から, 1950年代の高度成長の時代に「六法」体制 (老人福祉法 (1963), 知的障害者福祉法 (1960), 母子及び父子並びに寡婦福祉法 (1964)) へと変わった。

(5) 誤り。第4条第2項に定められている。

答 (5)

12 ●選択肢のチェック

A：適切でない。社会保険は強制加入のシステムであり, 雇用保険も雇用者および被雇用者に加入が義務づけられている。

B：適切でない。老人保健制度の医療受給対象者は, 後期高齢者医療制度の中で75歳以上 (65歳以上75歳未満で寝たきり等の障害があると市町村長が認めたものを含む) の者とされている。

C：適切。

D：適切でない。国民年金から給付される基礎年金は, 老齢基礎年金, 障害基礎年金, 遺族基礎年金の3種類である。

E：適切。

答 (4)

□ ⑬ 障害者の福祉施策についての記述のうち，**適切でないもの**はどれか。

(1) 障害者の福祉に対する関心と理解を深めるため，12月9日を障害者の日と定めている。

(2) 障害者プランは，障害者の社会参加・参画に向けた施策の推進を図るために，平成24年までの10年間の施策の基本的方向を定めた。

(3) 障害者自立支援法は，支援費制度において急増した利用者と費用の増加や，対象外とされた精神障害者を加えることで，制度の不具合の解消を目指して施行された。

(4) バリアフリーは，道路，建物，駅等の物理的な障壁だけでなく，心のバリアを取り除くことも重要である。

(5) 障害者基本法では障害者を，「身体障害，知的障害，精神障害（発達障害を含む）その他の心身の機能の障害がある者であって，障害及び社会的障壁により継続的に日常生活又は社会生活に相当な制限を受ける状態にあるもの」と，定義している。

□ ⑭ 社会福祉における利用者負担に関する記述について，**適切なもの**の組合せはどれか。

A 社会福祉における利用者負担の目的は，制度の趣旨を逸脱した利用によるモラルハザードを防止することである。

B 社会資源の有効活用を促す，社会的な公正性などの目的のために導入されている。

C 応能負担とは，提供されたサービスから得た利益に応じてその費用を負担することである。

D 保育所の保育料は応益負担である。

(1) A・B
(2) B・C
(3) C・D
(4) A・D
(5) B・D

# ・・・・・解説と解答・・・・・

13 ●選択肢のチェック

(1) 適切。

(2) 適切でない。障害者プランは，障害者基本計画に基づく，政府の重点施策に関して「重点施策実施5か年計画」の通称で，障害者プランの後を受け前期・後期5年ずつの計画として，平成20年4月からは後期計画が策定・施行された。

(3) 適切。障害者自立支援法は，障害のある人がふつうに暮らせる地域づくり・費用の公平な負担と資源配分の確保等5つの柱をもち，2006年4月から施行された。

(4) 障害者プラン（1995年）は，重点的施策の推進のため7つの視点をあげている。その中で，3項目めに生活環境場面の物理的障壁の除去をあげ，6項目めに心の障壁の除去のための方策をあげている。

(5) 障害者基本法第2条。

答（2）

14 ●選択肢のチェック

A・B：適切。

C・D：適切でない。

　社会福祉における利用者負担は，制度の趣旨を逸脱した利用によるモラルハザード（人の道徳的責任感やリスクに対する危機感が希薄になる状態を示し，利益のみを求めるあまり，リスクに対する危機感や自己責任感が薄れてしまう状態を意味する）を防止し，社会資源の有効活用を促すなど様々な目的のために導入されている。

　提供されたサービスから得た利益に応じてその費用を負担することを「応益負担」といい，反対に，利用者の経済的能力などに応じてサービス負担の費用を負担することを「応能負担」という。保育所の保育料は保護者の経済的能力により自治体ごとに定められているので，応能負担である。

答（1）

社会福祉

□ ⑮ ケースワークについての記述のうち，適切なものだけの組合せはどれか。

A　リッチモンドは，『社会診断』を著し，ケースワークを理論的に体系づけた。

B　ケースワークは，セツルメント活動の実践の中で編み出された援助方法である。

C　1920年代以降のケースワークは，フロイトの精神分析理論を導入し，この立場の理論は，後に機能主義派と呼ばれた。

D　パールマンは，問題解決アプローチを提唱し，ケースワークを「アート」であると表現した。

E　1970年代以降のケースワークは，従来の医学モデルから生態学理論を導入して，ジャーメインらによって体系化された生活モデルに移行した。

(1)　A・E　(2)　B・C　(3)　B・D　(4)　A・D　(5)　C・E

□ ⑯ ケースワークの援助の原則とされる，バイスティックの7原則についての記述のうち，適切でないものはどれか。

(1)　利用者の態度や行動をあるがままに受け止めることを，受容という。

(2)　個別化とは，クライエントの個人性とその持つ問題を個別化することである。

(3)　意図的な感情表出の原則とは，クライエントの否定的な感情の表出に努めることである。

(4)　援助過程での秘密保持の原則は，本人の同意のもとでの情報の共有を妨げるものではない。

(5)　統制された情緒的関与とは，援助者が自分の価値観や倫理観でクライエントを裁いてはならないということである。

[15] ●選択肢のチェック

A：適切。『社会診断』は，『ソーシャル・ケース・ワークとは何か』
と並ぶ業績で，ソーシャルワークの古典の１つである。

B：適切でない。ケースワークは，慈善組織活動の中で友愛訪問にその
萌芽をみることができる。リッチモンド自身も友愛訪問の活動の
中から理論体系を作り上げた。なお，セツルメント活動から発した
のはグループワークである。

C：適切でない。フロイトの精神分析理論を導入した立場は，診断主
義派と呼ばれる。機能主義派は，フロイトの弟子のO.ランクの人
格論を拠りどころとした理論によっている。

D：適切でない。ケースワークを「アート」と表現したのは，S.バワ
ーズである。パールマンは，問題解決アプローチと４つのPが有名。

E：適切。生活モデルは，従来の医学モデルへの批判から登場した。
ジャーメインの他にはギッターマンが有名。

答 (1)

[16] ●選択肢のチェック

(1) 適切。

(2) 適切。

(3) 適切。

(4) 適切。秘密保持とは，援助の過程で知り得た秘密を他者に漏らさ
ないことではあるが，チームケアとして情報を共有しなければな
らない場合などは，クライエントの同意を得たうえですることが
重要である。

(5) 適切でない。設問の説明は「非審判的態度」についてのものであ
る。統制された情緒的関与とは，援助者が自分の感情を制御する
ことで，クライエントの感情に共感することをいう。このほか，
自己決定の原則がある。

答 (5)

社会福祉

# 予想問題

□ 17 相談援助の流れについて，適切なものを選びなさい。

(1) インテーク（受理面接）→アセスメント→プランニング→インターベンション→モニタリング→エバリュエーション→終結・アフターケア

(2) インテーク（受理面接）→プランニング→アセスメント→インターベンション→モニタリング→エバリュエーション→終結・アフターケア

(3) インテーク（受理面接）→アセスメント→プランニング→インターベンション→エバリュエーション→モニタリング→終結・アフターケア

(4) インテーク（受理面接）→モニタリング→アセスメント→インターベンション→プランニング→エバリュエーション→終結・アフターケア

(5) インテーク（受理面接）→インターベンション→プランニング→アセスメント→モニタリング→エバリュエーション→終結・アフターケア

□ 18 社会福祉の専門職に関する記述のうち，適切でないものはどれか。

(1) 社会福祉士には，信用失墜行為の禁止，守秘義務，他の専門職との連携が規定されている。

(2) 保育士に課せられている業務上の秘密保持義務は，保育士でなくなった後は適用されない。

(3) 社会福祉主事は，満18歳以上の者で，人格が高潔で思慮が円熟し，社会福祉の増進に熱意のある者という前提条件を持つ。

(4) 精神保健福祉士の受験資格では，指定施設において4年以上の相談援助業務と1年間の一般養成施設等での知識・技能の修得があれば，学歴は問われない。

(5) 介護福祉士は，要介護者やその介護者に対し，介護に関する指導を行うことも求められている。

# ・・・・・解説と解答・・・・・

17 ●選択肢のチェック

(1) 適切。

(2)～(5) 適切でない。

　相談援助の流れは，①インテーク（受理面接）→②アセスメント（情報収集・事前評価：ここでは，必要な情報を収集し，その情報をまず整理し，次に分析し，最後に評価を行う）→③プランニング（②に基づいて，具体的な支援計画を立案。この作業にも利用者が参画することもある）→④インターベンション（実際の支援場面・介入，具体的サービスの実施）→⑤モニタリング（計画に対する効果の分析・評価）→⑥エバリュエーション（実践における今までの支援過程や内容・効果などについて，検証・確認する作業で，事後評価）→⑦終結・アフターケア（支援の終わりの時期）となっている。しかし，実際は必ずしも①→②→③→④と流れるわけではなく，同時進行で複数の作業が行われることもある。　　　答（1）

18 ●選択肢のチェック

(1) 社会福祉士及び介護福祉士法第45条（信用失墜行為の禁止），第46条（秘密保持義務），第47条（連携）。

(2) 適切でない。児童福祉法第18条の22において「保育士は，正当な理由がなく，その業務に関して知り得た人の秘密を漏らしてはならない。保育士でなくなった後においても，同様とする」と規定されている。

(3) 社会福祉法第19条第1項。

(4) 精神保健福祉士法第7条第10項の規定解釈。

(5) 社会福祉士及び介護福祉士法第2条第2項・介護福祉士の定義参照。　　　答(2)

# 保育の心理学

## 内　容

保育の心理学では，保育実践と子どもの発達に関わる心理学の知識を習得する。各年齢の発達の特徴を理解することが大切。人や環境との関わりを通して成長発達すること，保育との関連から初期経験の重要性を理解する。

## Check!!　重要事項

### 1．子どもの発達理解

**乳児期**　0歳～1歳

新生児の顔の認識　ファンツ　新生児は顔に，より長く注意を向ける。

乳児は環境に積極的に働きかける能動的な存在

共鳴動作　乳児が大人の顔や手の動きを真似るような行動をする。

原始反射　生後3か月から6か月で消失。モロー反射，バビンスキー反射，把握反射など。

首の座りから一人で歩くまで　首の座り（3，4か月頃），寝返り，お座り，ハイハイ，つかまり立ちを経て一人で歩く（1歳頃）

**幼児期前期**

1歳　自立歩行，初語から一語文・二語文へ，表象機能（イメージを思い浮かべる）の発達→見立て遊びへ

2歳　行動範囲が広がり探索活動が活発に　語彙の増加　象徴機能の発達→ごっこ遊びへ　自己主張

**幼児期後期**

3歳　運動技能の発達　三輪車や遊具での遊び　日常会話がスムーズに　興味や関心が高まる→「なぜ」「どうして」の質問が増える

4歳　運動能力がさらに高まる　遊びを通して物の性質を知る　大小・長短・上下・男女など概念の成立　友だちとのつながり→一方でけんかも増えてくる　今日と明日，ここからそこへ　時間と空間の「あいだ」の理解

5～6歳　運動遊びを楽しむ　友だちとイメージを共有する　役割やルールのある遊び　自分なりの考えや判断ができる


言語の発達

　1歳前後にことばを話すようになるまでの段階を理解する。言語の発達は周囲とのやりとり，共同注意（子どもと養育者が同じものを見る），三項関係（自分，相手，ものという3つの関係）が基礎となる。

## 2. 人との関わりと発達

**基本的信頼感** 他者やまわりの世界が安全で安心できる，信頼できるという感覚。エリクソンの発達段階で最初の課題。

**愛着（アタッチメント）** 特定の養育者との間に形成される情緒的な絆。子どもの社会性や対人関係の基盤となる。養育者は安全基地となり子どもの探索行動を支える。

**エインズワースのストレンジシチュエーション法** 子どもが母親と離れて1人でいる，または見知らぬ人といる状況を実験的に作り，その時の子どもの行動から愛着のパターンをとらえる実験法。

| 回避群 | 母親への接近，接触要求が少なく，分離の時の悲しみや再会による歓迎行動が見られない。 |
|---|---|
| 安定群 | 母親への接近，接触要求が強く，分離の時の悲しみや再会による歓迎行動が見られる。 |
| 抵抗群 | 不安を示す傾向が強く，分離では強い悲しみを見せ，再会しても不安がおさまりにくい。 |
| 無秩序・無方向群 | 顔をそむけながら近づく，しがみついたと思えば倒れこむ，突然すくんでしまうなど，混乱した様子を見せる。 |

**エントレインメント** 養育者と新生児の間に見られる同調的な相互作用。新生児が養育者の語りかけに応じて，手足を動かし声を上げる。一方，養育者も新生児の動きや発声に合わせてタイミングよく応答する。

## 3. 生涯発達と初期経験の重要性

**発達段階** 年齢，学年，機能などの視点から発達の節目を区切る。

**J. ピアジェ** 認知・思考の発達を，感覚と運動，イメージと対象との間に関係が作られること（これをシェマと呼んだ）として位置づけ，それが修正・変化し，質的に変換する過程を軸とする発達段階を提唱。

| 感覚運動期（0歳〜2歳） | 自分の身体を使って,運動と感覚の間の関係を理解し始める。ものが目の前になくても存在することを理解する(対象の永続性)。 |
|---|---|
| 前操作期（2歳〜7,8 歳） | 表象(イメージ・言葉)を使い始める。見立て，つもりの世界が成立する。見かけに思考が左右される。 |
| 具体的操作期（7,8 歳〜11,12 歳） | 具体的なもの,目に見えるものに関しての論理的思考ができ始める。他者の視点を理解し始める。 |
| 形式的操作期（11,12 歳〜） | 命題を操作して抽象的な思考ができ始める。 |

**E.H. エリクソン**　E.H. エリクソンが提唱した心理・社会的発達段階。発達段階ごとに，その時期に固有の危機とその乗り越えによって8つの段階を示した。

| 段　　階 | 心理的危機 | 内　　容 |
|---|---|---|
| 1 乳児期 | 基本的信頼感 vs 不信 | 自分の要求に適切に応えてくれる環境を通じて，自己への信頼や自分をとりまく世界への信頼感を育む |
| 2 幼児期前期 | 自律性 vs 恥・疑惑 | 自分で身のまわりのことができるという自律性と，それがうまくできなかったときの恥の感情との葛藤 |
| 3 幼児期後期 | 自主性 vs 罪悪感 | 自分から行動する積極性と，それが躾・規範と反するため，いけないことをしたという罪悪感との葛藤 |
| 4 児童期 | 勤勉性 vs 劣等感 | 自分が活動し達成することができるという有能感，それを支える勤勉性と，できない自分の能力に対する劣等感との葛藤 |
| 5 青年期 | 同一性 vs 同一性の拡散 | 職業選択や性，価値観などを含めた自分が何者であるかという同一性と，それが定まらず方向性を見失う葛藤 |
| 6 成人期（初期） | 親密性 vs 孤立 | 友人や配偶者など特定の他者と親密な関係をもつことと，それが満たされない孤立感との葛藤 |
| 7 壮年期 | 生殖性 vs 沈滞 | 次世代を育み，仕事や生活でそれを発展させるという課題 |
| 8 老年期 | 統合性 vs 絶望 | 自分のそれまでの生を振り返り，自分の人生を積極的に評価し統合するという課題 |

**発達課題　ハヴィガースト**　各発達段階で達成が期待されている課題。

**初期経験**　乳幼児期における初期経験が生涯にわたる発達の基礎をつくる。

**ローレンツ　刷り込み（刻印づけ）**　カモなどの鳥類で見られる行動，孵化後に動くものを追うように学習される。誕生後，一定時間にだけ起こる学習で，その時期をはずすと学習されない。

（臨界期　経験の特定の影響をその時期にのみ受ける敏感な時期）

野性児（社会的隔離児）研究　社会から隔離されて育った子どもの研究。

ハーロウ　アカゲザルによる代理母の実験で愛着の重要性を示した。

## 4.　保育における発達援助

学習準備性（レディネス）学習が成立するための心身の準備が整った状態のこと。効果的な学習にそれぞれ最適の時期があるとする。

発達の最近接領域　ヴィゴツキーが提唱。発達において「独力でできる水準（現在の発達水準）」と「他者の援助があればできる水準（発達しつつある水準）」との間にある領域のこと。一人ひとりの発達過程と最近接領域を適切にとらえ，働きかけることが求められる。

シェマ・同化・調節　ピアジェは，子どもの認知・思考の発達を，シェマ（動作パターンやイメージ）を使って外界を取り入れ（同化），それをたえず修正（調節）していく過程と考えた。

主体性の形成　主体性は，子どもが自分の気持ちや思いに気づき，意図や目的をもって活動を選び，取り組むことで形成される。主体性を発揮することで，周囲との葛藤も起こる。保育者は精神的な支えとなり，葛藤の仲立ちをし，それぞれの子どもの気持ちや思いを受け止める役割がある。

自己主張と自己統制

自他の区別，自我の芽生え（2歳頃）→自己意識の高まりから自己主張へ

自己統制　自己主張と自己抑制（自分を抑えること）のバランス

行動基準（してよいこと，いけないこと）の内在化

社会性と道徳の発達

ピアジェ　他律的判断（6歳頃まで：大人が示した判断基準と権威に従う）から自律的判断（9歳頃から：自分からルールや義務などを判断して行動する）へ

コールバーグ　前慣習的水準（道徳の基準が外側や結果にある）

慣習的水準（道徳の基準が正しいことや他者からの評価にある）

後慣習的水準（道徳の基準が普遍的な価値にある）

心の理論　他者の欲求，意図，信念といった心の状態について推測し理解し予測する力。自閉症など対人関係に障害のある子どもたちは，心の理論の獲得が難しいといわれる。

# 予想問題

☐ ① 幼児期の発達に関する次の記述のうち，誤っているものはどれか。

(1) 0歳から1歳にかけては，養育者との間に愛着関係を形成し，基本的信頼感の獲得が求められる。

(2) 1歳から2歳にかけては，自立歩行が成立し，自我の芽生えとともに自己主張が盛んになり，依存と自立の葛藤が目立つようになる。

(3) 2歳から3歳にかけては，基本的生活習慣の確立とともに，話し言葉の基礎ができて興味や関心が高まる。

(4) 3歳から4歳にかけては，語彙も増え，欲求をことばで伝えることができるようになって，仲間関係も広がりを見せる。

(5) 4歳から5歳にかけては，ことばによるイメージの共有を通して活発に遊び，仲間関係をさらに発展させる。


☐ ② 発達における初期経験に関する次の記述のうち，正しいものはどれか。

(1) 発達において，学習がなされる準備が出来上がっていて，能力・技能が獲得される最適な時期のことを臨界期という。

(2) A.ポルトマンは，出生時の発達状態によって動物を就巣性と離巣性に区別した。これによると，人間は離巣性の動物と考えられる。

(3) H.F.ハーロウらはサルの隔離飼育の実験から，生後6か月間，群れから離されて飼育されたとしても，サルの社会的行動には変化が見られないことを明らかにした。

(4) 社会的隔離児や野生児の記録から，言語や生活習慣は，ある時期を過ぎても訓練によって習得することができ，その後の社会適応が可能になると考えられている。

(5) ホスピタリズムとは，施設で養育された乳幼児に心身の発達の遅れが見られたことから用いられた概念だが，現在では，養育者の情緒的な関わりや十分な愛着の形成によって改善されることがわかっている。

# ・・・・・解説と解答・・・・・

1 ●選択肢のチェック

(1) 正しい。乳児期の課題である基本的信頼感は，養育者との愛着形成によって後押しされる。

(2) 誤り。依存と自立の葛藤が表れるのは，自己主張が盛んになる2歳から3歳にかけての特徴である。自立歩行は1歳，自我の芽生えはおおよそ2歳である。

(3) 正しい。3歳でおおむね基本的生活習慣が確立される。3歳ごろには，物の名前だけでなく，なぜ，どうしてと尋ねるようになり，知的な興味や関心が増す。

(4) 正しい。4歳で日常生活での言葉によるコミュニケーションが，ほぼできるようになる。友だち関係も盛んになり，その分，けんかやぶつかり合いも多くなる。

(5) 正しい。イメージの共有によって，ルールや役割のある協同遊びが活発に行われる。目的をもって集団で行動するようになる。

答 (2)

2 ●選択肢のチェック

(1) 臨界期はローレンツの刻印付けの現象で見られる，一定期間のことをいう。カモなどの離巣性の鳥類は孵化後の一定期間内に出会った対象に接近，追従反応を見せる現象がある。この一定期間のことを臨界期と呼ぶ。準備が出来上がる状態のことはレディネスという。

(2) 就巣性は，未熟な状態で生まれてくる人間，ネズミ，犬，猫やツバメやスズメなどの鳥類。離巣性は，出生時にかなりの運動能力が備わっており，すでに体毛も生えそろっている牛，馬，猿やカモや鶏などをいう。

(3) 隔離飼育の実験から，普通の猿集団には溶け込めず，正常な社会的行動や性的行動もとれなかったことが明らかにされた。

(4) 社会的隔離児や野生児では，訓練や教育によって一部に改善が見られても，社会生活をおくるために必要な社会化が年少期になされなかったため，生活上の困難が残ることが指摘されている。

答 (5)

☐ ③ 愛着の形成と発達に関する次の記述のうち，正しいものはどれか。

(1) 愛着の形成は，飢えや渇きなどの1次的動因が授乳によって満たされることの繰り返しで成立するものであり，これを2次的動因説という。この説は刻印付けや代理母の実験からも裏づけられ，実証されている。

(2) ストレンジシチュエーションとは，愛着行動が年齢によりどのように変化していくかを観察する縦断的実験方法である。この方法は世界各国で用いられ，発言行動，定位行動，能動的身体接触行動の3つのカテゴリーに分類されている。

(3) ルイスは社会的ネットワーク理論を提唱した。この理論は，母親が安全基地となり，発達が進むにつれて社会的なコミュニケーションや関わりが広がっていくという漸成説と重なるモデルとして提唱された。

(4) エインズワースは母親の安全基地としての役割を実証し，愛着行動を観察し分類した。愛着理論は，乳児を能動的，積極的に他者と相互関係を求める社会的存在として捉えている。

(5) ハーロウは代理母模型での飼育の実験から，愛着の形成は，生理的欲求が主要因であることを明らかにした。生理的欲求が満たされることを通して相互関係のコミュニケーションが成り立つと提唱した。

☐ ④ Ｊ．ピアジェの発達段階について述べた次の記述のうち，誤っているものはどれか。

(1) ピアジェは，自分の視点から世界を見たり，考えたりすることを自己中心性と呼んだ。

(2) ピアジェは子どもが言葉を使用する場面を観察し，外言と内言の現象を明らかにした。

(3) ピアジェは均衡化の移行に段階があるとし，そこから4つの発達段階に分類した。

(4) ピアジェは同化と調節のバランスをとること，つまり均衡化を認知発達のメカニズムとした。

(5) 前操作期の段階では，容器の形が変わっても量は変わらないという量の保存の概念ができていない。

# ・・・・・解説と解答・・・・・

3 ●**選択肢のチェック**

(1) 刻印付けや代理母は2次的動因を否定する立場である。

(2) ストレンジシチュエーションは，愛着行動の有無および質を捉える方法である。一人の子どもの継続変化を調べる縦断的方法ではない。

(3) ルイスの社会的ネットワークは漸成説とは異なるモデル。社会的ネットワーク理論とは，子どもの人間関係は母親との関係から派生し影響を受けるものではなく，親などの養育者と仲間関係は最初から機能が異なる二重システムであるという考え。

(4) 正しい。

(5) ハーロウの代理母実験では，生理的欲求よりも接触欲求が愛着形成には主要因であることが明らかになっている。

答　(4)

4 **Point** 内言，外言はヴィゴツキーが明らかにしたもの。

●**選択肢のチェック**

(1) 自己中心性とは，自分勝手という意味ではなく，自分の視点から物事を推理し，判断すること。

(2) 外言は，発声をともなうことば。内言は，心のなかのことば。ヴィゴツキーによると，ことばはコミュニケーションの手段として発達し（外言），それが自分のうちに取り入れられて思考のための道具になっていく（内言）。

(3)(4) ピアジェは思考の発達を同化・調節・均衡化という概念を使って説明した。同化は環境を自分の考え方・見方の枠組みに取り入れること。調節は環境に合わせて，自分の考え方・見方の枠組みを変えること。均衡化はその2つのバランスがとれることである。

(5) 保存の概念は，見かけの形を変えても量や数は変わらないという概念のこと。前操作期では，まだ保存の概念が理解されない。

答　(2)

□ ⑤ E. H. エリクソンの発達段階について述べた次の記述のうち，正しい
ものはどれか。

(1) エリクソンの発達段階の1つが，道徳行動である。無道徳，他律的
な道徳，自律的な道徳の段階への移行を表した。

(2) エリクソンは人生を8つの段階に分け，それぞれの段階で獲得する
課題を提唱した。1段階は6つの項目に分けられ，課題の達成を段
階で示した。6つの項目課題を達成できないと各段階の危機にみま
われることになり，それをクライシスと名づけた。

(3) 精神分析学者エリクソンは，フロイトの生物学的な発達に社会学的
な視点を加え，人生を5つの段階に分けた。自己概念が発達する中
学生までの段階を成長段階と名づけ，アイデンティティを確立する
重要な段階と提唱した。

(4) エリクソンはフロイトの生物学的な発達を支持し，性格の形成で不
適応が生じるメカニズムを明らかにした。肛門期性格とはその一例
であり，肛門期危機という。

(5) エリクソンは人格の発達理論で，人生を8つのステージに分け，ス
テージごとに2つの相反する課題を取り上げた。第1段階の乳児期
は信頼と不信が発達課題として挙げられている。

□ ⑥ 運動面の発達について述べたA〜Fの文を発達段階順に正しく並べ
たものは，次の(1)〜(5)のうちどれか。

    A　歩き方がしっかりする
    B　両足跳び
    C　三輪車のペダルをこぐ
    D　サッカーボールを使った遊びを友だちとできる
    E　スキップができる
    F　走る

(1) F－C－B－A－D－E
(2) A－B－F－E－C－D
(3) A－F－B－C－E－D
(4) F－B－C－E－A－D
(5) B－C－F－E－A－D

# ・・・・・解説と解答・・・・・

⑤ **Point▶** エリクソンは発達段階ごとの固有の危機とその乗り越えによって，人生を8つの段階に分けた。

●選択肢のチェック
(1) 道徳行動の発達を見出したのはピアジェ。
(2) 人生を8つのステージに分けたのは正しいが，1つの段階を6つの項目に分けてはいない。
(3) (2)と同様，8つのステージに分けたので誤り。
(4) 性格の形成で不適応が生じるメカニズムを明らかにしたのは，フロイト。肛門期危機という呼び方はない。
(5) 正しい。

答 (5)

⑥ ●選択肢のチェック
A：1歳　ひとりで立って歩き始める。
B：2歳　両足跳びや，足を交互に出しての階段上がり。
C：3歳　でんぐり返し，三輪車に乗るなどいろいろな運動ができるようになる。
D：5歳　体つきもしっかりし，ルールのある遊びをし始める。
E：4歳　ブランコの立ちこぎ，片足跳びなどバランス感覚も広がる。
F：1歳6か月　走る，ボールを投げる，足をそろえて階段を上がれる。

●ことばとコミュニケーションの発達も年齢ごとにおさえておこう。
1歳　ことばを使い始める時期。
1歳6か月　要求をことばで伝えるようになる。
2歳　自分のことを「○○ちゃん」と呼び始める。
3歳　大人の言い方をまねする
4歳　自分の意思をほぼ正確に伝えられる。
5歳　友だちとの仲間関係が活発になる。

答 (3)

□ ⑦ 幼児の言語発達について述べた次の記述のうち，誤っているものはどれか。

(1) 生後2,3か月頃から，「ママ，ウググ，ウクク…」といったリズムある繰り返しの音声からなる喃語を話すようになる。

(2) 2歳頃になると，語彙，単語を数多く習得し，ものの名前を大人に聞くことが増えてくる。この時期のことを質問期という。

(3) 6か月頃になると，喃語も「ダダダ」「ババ」といったひと続きの発声から「アバー，アバブー」など，異なった音節の繰り返しに発展していく。

(4) 生後1か月頃から，母親の働きかけなどに対して，泣き声とは異なる「アー」「オー」といった発声をするようになる。

(5) 一語文とは，1つの単語にさまざまな意味を用いて発声するようになることである。

□ ⑧ 幼児の発達（気質など）に関する次の記述のうち，正しいものはどれか。

(1) 気質的特徴として，イージー・チャイルドは90％いると報告されている。

(2) 気質の特徴として，イージー・チャイルド，ディフィカルト・チャイルドの2つのタイプがいると言われている。

(3) ニューヨーク縦断研究により，9つの気質の特性が生後2,3か月ではっきり表れることを見出したのは，ピアジェとトーマスである。

(4) 気質的特徴として，ディフィカルト・チャイルドは10％いると言われている。

(5) 気質は，環境や養育者によって育まれる後天的な個人差を言う。

# ・・・・・解説と解答・・・・・

⑦ **Point** 2歳頃，語彙数が増大し，ものの名前を頻繁に
たずねる時期を命名期と呼ぶ。

答　(2)

⑧ ●選択肢のチェック
(1)　イージー・チャイルドは 40%である。
(2)　イージー・チャイルド(40%)，ディフィカルト・チャイルド(10%)，
　　　スロー・トゥ・ウォームアップ・チャイルド(15%)の3つのタイプ
　　　がいると報告されている。
(3)　ニューヨーク縦断研究はトーマスとチェスらにより実証された。
(4)　正しい。
(5)　気質は，生得的な個人差である。

答　(4)

## Check!! 〉〉〉〉〉〉　　気質と性格

　気質とは，生まれながらに持っている生物学的な特徴で，個人差の元と
なる。元々持っている気質が，発達によってどのように変化するかを調べ
たのがトーマスとチェスによるニューヨーク縦断研究である。
●9つの気質から子どもを3つの異なる気質に分類
イージー・チャイルド……規則正しいリズムを持ち，手のかからない子ど
　　　　　　　　　　　　　も　40%
ディフィカルト・チャイルド……規則正しいリズムがなく，環境に順応し
　　　　　　　　　　　　　　　にくい子ども　10%
スロー・トゥー・ウォームアップ・チャイルド……活発ではないが，環境
　　　　　　　　　　　　　　　に対してゆっくりと順応していく子ども　15%

# 予想問題

□ ⑨ **幼児期の発達に関する次の記述のうち，誤っているものはどれか。**

(1) ヴィゴツキーは，大人や仲間の助けを借りればできる問題と，独力でできる問題との差を発達の最近接領域と呼び，ここに適切に働きかける教育の重要性を説いた。

(2) 適切な時期に原始反射が消失し，随意運動が可能になることは，脳神経系が正常に発達していることを示す指標になる。

(3) ピアジェは，認知思考の発達を環境との相互作用を通してシェマが獲得・修正されることであると考えた。

(4) 心の理論とは，直接には観察できない他者の心の状態について推測する能力のことを指し，主に「誤った信念課題」を用いて調査されている。

(5) 学習が成立するためには，それに見合った心身の準備状態＝レジリエンスが必要である。

□ ⑩ **幼児の発達（社会性と自己統制など）に関する次の記述のうち，誤っているものはどれか。**

(1) 2〜3歳頃には自主性の芽生えとともに，激しい自己主張や拒否的態度を示す第一反抗期と呼ばれる時期が見られるが，反抗期が顕著に表れない子どももいる。

(2) 養育者のことばかけや働きかけに対して，新生児が表情を変えたり体を動かしたりして応えることをエントレインメントといい，新生児のもつコミュニケーション能力の1つと考えられている。

(3) 鏡に映った自分の姿を，自分であると認識するようになるのは，1歳半頃になってからである。

(4) 欲求不満耐性を高めるには，欲求の満足を遅延する能力を伸ばす以前に，まず現実検討能力を身につけることが求められる。

(5) 社会的スキルには，言語的主張行動と非言語的コミュニケーションの両方が含まれる。

# ・・・・・解説と解答・・・・・

9 ●選択肢のチェック

(1) 正しい。ヴィゴツキーは発達の最近接領域に働きかけることで，発達を促せると考えた。同様に，発達に関する環境説を唱えた他の論者には，ピアジェがいる。逆に，発達の成熟説を唱えた論者にはゲゼルがいる。

(2) 正しい。原始反射は中枢神経系が正常に発達しているか否かの目安となる。

(3) 正しい。ピアジェの用語としてはシェマの同化・調節であるが，意味は同じである。

(4) 正しい。心の理論は，サリーとアンの課題に代表される「誤った信念課題」を用いて調べられた。

(5) 誤り。レジリエンスとは，ストレスのかかる状況で精神的健康を維持し，回復に導く心理的特性のこと。学習の準備性はレディネスと呼ばれる。

答（5）

10 **Point** がまんするとともに見通しを考える力を身につけさせる。

(4) 欲求不満耐性（欲求不満を耐える能力）を高めるには，欲求の満足を遅延する体験とともに，欲求不満の苦痛に耐えたり，どのようにして満足を得られるかの見通しを考える現実検討能力を同時に伸ばす必要がある。

答（4）

☐ ⑪ 道徳行動の発達に関する次の記述のうち，誤っているものはどれか。

(1) 幼児期から児童期初期にかけて，親や教師の善悪の判断を絶対視して従う段階があり，J.ピアジェはそれを他律的判断の時期とした。

(2) J.ピアジェによると，9歳頃を境に善悪の判断基準は，結果論的判断から自律的判断へと移行する。

(3) L.コールバーグは道徳的な認知行動の発達を，道徳的原則と社会的役割取得の観点から3つの水準に分類した。

(4) L.コールバーグによる道徳的行動の発達段階では，児童期には他者の期待にそって行動する「良い子志向」が強まる傾向がある。

(5) L.コールバーグによる道徳的行動の発達段階のうち，第6段階の普遍的・倫理原則の道徳性に到達している割合は，どの文化でも少なかった。

☐ ⑫ 遊びの発達に関する次の記述のうち，正しいものはどれか。

(1) 想像遊びや象徴遊びは，象徴機能が発達することによって表れ，身体を使った運動や触れる，聞くなどの感覚が中心となる遊びである。

(2) 他の子どもと一緒になって同じ遊びをし始めるが，興味や関心の中心は自分にとどまっている段階を，平行遊びの段階という。

(3) 2歳頃には他の子どもへの関心が高まって，同じおもちゃでやりとりを交えた遊びが始まる。

(4) 遊びにおける傍観者的行動とは，他の子どもの遊びを観察してはいるが，その中に加わったり，手を出したりせずにいる段階のことを指している。

(5) 1歳頃では，まわりに他の子どもがいてもあまり関心を示さず，自分の興味のあるものに熱中して遊ぶ，平行遊びと呼ばれる遊びが多く見られる。

# ・・・・・解説と解答・・・・・

11 **Point▶** ピアジェは，9歳頃を境に，結果論的判断から動機論的な判断へ移行するとした。

　コールバーグによる道徳性の発達段階は，3つの水準がそれぞれ2つの段階に分かれる。前慣習的水準は，第1段階（罰を回避し服従する）と第2段階（報酬を求める利己的判断）。慣習的水準は，第3段階（良い子志向）と第4段階（社会的秩序を守る）。後慣習的水準は，第5段階（民主的な法に従う）と第6段階（普遍的な良心に従う）。児童期では第4段階にいる子が多い。青年期になって第4段階から第5段階へ進むが，第6段階まで達するものは少ない。

答 (2)

12 ●選択肢のチェック
(1) 想像遊びは，外界の事象を模倣することが中心となる。身体を使った運動や触れるや聞くなどの感覚を使った遊びは，機能遊びと呼ばれている。
(2) 連合的な遊びという。その後組織を作った遊びに発展する。
(3) 2歳児は，傍観者的行動があらわれる時期。
(4) 正しい。
(5) ひとり遊びと呼ばれている。平行遊びは1人だけの独立した遊びではあるが，同じような遊具で同じように遊ぶことをいう。

答 (4)

## Check!! ≫≫≫≫≫　遊びの発達

　発達していくにつれて，遊びでのほかの子どもとの関わり方が変化していく。ひとりから複数へ，関わりの薄い遊びからルールや役割をとる遊びへ。

　**ひとり遊び**……ひとりで遊び，ほかの子どもがいても無関係
　**傍観者的行動**……ほかの子どもの遊びを傍観している
　**平行遊び**……一緒に遊ばないが，ほかの子のそばで同じ遊具で遊ぶ
　**連合遊び**……ほかの子どもと一緒になって遊ぶ
　**協同遊び**……ルールや役割のある遊びを一緒に遊ぶ

□ ⑬ 幼児の発達に関するA～Gの文について，発達順に並べたものは，次の (1)～(5)のうちどれか。

A 「私は一人前」の意識が芽生える。

B 「～をしているつもり」の見立て遊びをする。

C 社会的微笑を経て，人見知りがはじまる。

D 自分で衣服を着たり，食事をしたり，排泄をしたりする。

E 人の顔を好んで見つめる。

F 遊びや運動を通して自分で何かをためしたいという自発性が伸びる。

G 過去，現在，未来の見通しができるようになる。

(1) E－B－D－C－G－A－F

(2) E－C－D－B－F－G－A

(3) E－C－B－A－G－D－F

(4) E－B－D－C－A－F－G

(5) E－C－B－D－A－G－F

□ ⑭ 自己に関する次の記述のうち，誤っているものはどれか。

(1) 自己概念は，自分の視点と相手から自分に向かう視点の2つが獲得され，成立する。その時期は3～4歳頃である。

(2) 自我の芽生えは，自分と他者との間が曖昧な状態からはじまる。まわりとのやりとりを繰り返し，他の何者でもない主体である自己を獲得していく。

(3) 第1反抗期は，1歳頃から4～5か月ほど続く。親からの援助を拒否し，自分で行おうとする欲求である。

(4) 第2反抗期は，中学～高校の時期に始まり，社会や大人たちの矛盾や不合理さに気づき，批判をする。

(5) 自分を見る自分の視点を私的自己意識，相手から自分に向かう視点を公的自己意識という。

## ・・・・・解説と解答・・・・・

13 ●選択肢のチェック

A：一人前意識の3歳児。

B：イメージとしてのつもり・見立てが始まるのは1歳半。それから2歳前後にかけて，見立て遊び，ごっこ遊びが始まる。

C：生まれてすぐは生理的微笑，1〜3か月に社会的微笑，6〜8か月に人見知りが始まる。

D：自律心の育ちは2歳児。「見てて」というようになり，「自分でやりたい」時期。

E：表情をみる0歳児。赤ちゃんは生まれてからすぐに環境に働きかけている。

F：自発性を発揮する5歳児。

G：見通しがわかり，関係性も理解できるようになる4歳児。

答 (5)

14 ●選択肢のチェック

(1) 3〜4歳頃の自己概念は，5〜6歳頃の「私はお絵かきが上手」といった抽象的な自己概念にくらべると，具体的な自己イメージの段階にある。

(2) 自己概念は「自分をどう見ているか」に関する考え。自我はその中心となる「私である」という感覚。自己主張は自我の芽生えと考えることができる。

(3) 誤り。第1反抗期は，2〜3歳頃に始まる。周囲からは反抗的に見え，母親が育児に対して自信を失うのもこの時期になる。

(4) 第2反抗期は，抽象的な命題（自分とは何かなど）を操作できるようになり起こると言われる。

(5) 児童期からは，自分が理想とする自己（理想自己）と現実の自分（現実自己）を比べ，自尊心や劣等感を感じるようになる。

答 (3)

# 子どもの保健

子どもの成長，発達だけでなく，病気と事故，発達の障害や不適応行動，疾病予防と保健指導，母子保健行政まで十分に理解することが必要である。

## Check!!　重要事項

## 1.　子どもの健康と保健の意義
### （1）生命の保持と情緒の安定

　　保育士の展開すべき「養護」とは……子どもの生命の保持および情緒の安定を図るために行う援助や関わり

　　生命の保持とは，①〜④のねらいをもつ

　　① 一人一人の子どもが，快適に生活できるようにする。

　　② 一人一人の子どもが，健康で安全に過ごせるようにする。

　　③ 一人一人の子どもの生理的欲求が，十分に満たされるようにする。

　　④ 一人一人の子どもの健康増進が，積極的に図られるようにする。

　　情緒の安定とは，①〜④のねらいをもつ

　　① 一人一人の子どもが，安定感をもって過ごせるようにする。

　　② 一人一人の子どもが，自分の気持ちを安心して表すことができるようにする。

　　③ 一人一人の子どもが，周囲から主体として受け止められ育ち，自分を肯定する気持ちが育まれていくようにする。

　　④ 一人一人の子どもが，心身の疲れが癒されるようにする。

### （2）健康の概念と健康指標
#### ① 世界保健機関（WHO）による健康の定義

「健康とは，肉体的，精神的及び社会的に完全に良好な状態であり，単に疾病または病弱の存在しないことではない」

#### ② 子どもの区分

| 新 生 児 期 | 生後28日未満の乳児 |
|---|---|
| 乳 児 期 | 生後1年未満の者（新生児期を含む） |
| 幼 児 期 | 満1歳から小学校就学前の者 |
| 学 齢 期 | 小学校入学以上15歳未満 |

③ 子どもの保健において統計上用いられる式

$$出生率 = \frac{出生数}{人口} \times 1,000 \quad 乳児死亡率 = \frac{1歳未満の死亡数}{出生数} \times 1,000$$

$$合計特殊出生率 = \left\{\frac{母の年齢別出生数}{年齢別女性人口}\right\} 15歳から49歳までの合計$$

$$周産期死亡率 = \frac{A}{B} \times 1,000$$

A＝妊娠満22週以後の死産数＋出生後1週未満の新生児死亡数

B＝出生数＋妊娠満22週以後の死産数

出産数：出生数＋妊娠満22週以後の死産数

## (3) 地域における保健活動と児童虐待防止

児童相談所の対応した児童虐待件数

平成2（1990）年 1,101件 → 令和4（2022）年度中に全国232か所で
219,170件

平成17（2005）年からは市町村も虐待相談に対応

　保育所等は，乳幼児健診や，生後4か月までに家庭訪問を行う「乳児家庭全戸訪問事業（こんにちは赤ちゃん事業）」など，市町村の母子保健事業や児童福祉事業を理解し，親に受診や訪問の受け入れを勧めるなどの協力を行う必要がある。また，子どもに不審な傷など，いつもとちがう変化がみられた場合には市町村の児童福祉担当部局に通報し，対策を検討する。

図1：虐待の重症度等と対応内容及び児童相談所と市区町村の役割

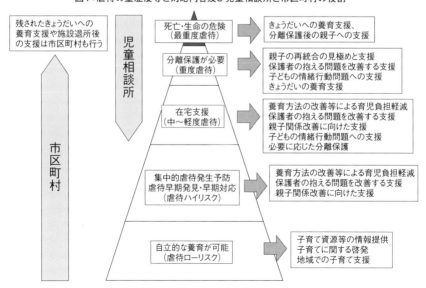

出典：厚生労働省　子ども虐待対応の手引き（平成25年8月改正版）P12

乳児家庭全戸訪問事業（こんにちは赤ちゃん事業）……平成 19（2007）年から「生後 4 か月までの全戸訪問事業（こんにちは赤ちゃん事業)」として開始。平成 21 年に現行名称になり，市町村事業として位置付けられた。保健師，助産師や民生・児童委員，母子保健推進員等が生後4 か月までに家庭訪問し，子育ての情報提供や養育環境の把握を行い，支援が必要な家庭に対しては適切なサービスを行う。

## 2. 子どもの発育・発達と保健
### （1）生物としてのヒトの成り立ち
#### ① 発育と発達
成長……身体の大きさ・形態の変化していく過程で，発育ともいう。

発達……身体の各器官などの機能が成熟していく過程

発育……成長・発達をあわせて発育という。

#### ② 発育・発達の原則
・発育・発達は連続した現象

・発育・発達は秩序正しく一定の順序で進む

　　首すわり→おすわり→一人立ち→歩行

・発育は身体の各部に均一に起こるのではなく，その速度も一定ではない（図2）

・発育には決定的に大切な時期がある。これを臨界期（感受期）という。

・発育・発達には方向性がある。

　　頭部から尾部へ，中心から末梢へ，粗大動作から微細動作へ

・発育・発達は相互作用によって支配される。

### 図2　スキャモンの器官別発育曲線

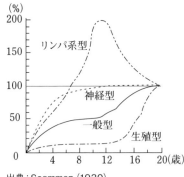

リンパ系型：リンパ節，扁桃など
神経型：脳，脊髄，視覚器など
一般型：呼吸器，心臓・血管，
　　　　骨，筋肉，血液，消化
　　　　器，脾臓，腎臓など
生殖型：睾丸，卵巣，子宮など

出典：Scammon（1930）

(2) **身体発育と保健**

保育所では子どもの身体的発育状況を把握するため，体重，身長，頭囲，胸囲など，定期的に身体測定を行う。

身体発育基準値……乳幼児の身体発育評価の基準で，パーセンタイル値（現在は平成22年の発育値）が用いられている。

カウプ指数……乳幼児の栄養状態をより正確に知るために参考にする。

$$カウプ指数 = \frac{体重（g）}{身長（cm）^2} \times 10$$

15～18くらいが，ほぼ正常域

(3) **生理機能の発達**

① **生理機能**

体温……乳児は体温調節が未熟なため，環境温度によって変動しやすい。

呼吸……乳児はろっ骨が水平で弱く，横隔膜運動が中心の腹式呼吸。3～7歳頃に胸郭を広げられるようになり，次第に胸式呼吸へ。

循環……胎児は酸素や栄養を多く含む血液を少しでも多く全身に送ることが必要である。そのため左右の心房の間に卵円孔が開き，動脈管が肺動脈と大動脈をつなぐ役割をし，より早く酸素を体内に送りだす（胎児循環）。生後肺呼吸が始まり臍帯が結紮されると，胎児循環から成人循環に移行する。

水分代謝……体重に占める水分量は新生児で約80％，乳児で約70％，幼児から成人で約60％である。

② **脳の構造**

脳は大脳，間脳，下垂体，脳幹（中脳，橋，延髄），小脳からなりたっている。大脳は左右の大脳半球に分かれ，表層は大脳皮質と呼ばれている。（図3）

出生児の脳は約350g，生後6か月で2倍となる（成人男性は約1,400ｇ，成人女性は約1,200ｇ）。

図3　左の大脳半球

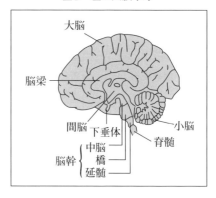

③ 骨と歯の発育

頭蓋……15種23個の頭蓋骨から形成される。乳児期には，骨の間に
間隙があり，泉門と呼ばれる。小泉門は生後まもなく，閉鎖。大
泉門は生後12か月頃より触知しにくくなり，15〜18か月で閉鎖す
ることが多い。(図4参照)

図4　大泉門と小泉門

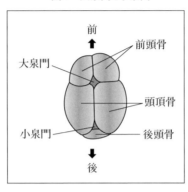

乳歯……妊娠初期から形成されはじめる。乳歯は生後6〜8か月頃，
生えはじめ，2〜3歳までに約20本生える。永久歯は6歳頃から
生えはじめる。

(4) 運動機能の発達

原始反射

生まれつき備わっている反射で，大脳皮質の発達とともに消失。早
いものでは2〜3か月で消失。遅いものは1歳頃まで出現している。

| モロー反射 | 急に大きな音をたてたり，頭を持ち上げ急に下げると手足を伸ばし，前にあるものを抱きしめようとする。防衛反応と考えられている。生後3〜4か月で消失。 |
|---|---|
| 把握反射 | 手のひらに物が触れると強く握りしめる。足の裏の指に近い部分を押すと，足の指が裏の方に曲がる。生後3〜4か月で消失。 |
| 哺乳反射 | 口の周りに指が触れると反射的に探し（探索反射），唇と舌でくわえ（捕捉反射），吸う（吸啜反射），これにのみくだす（嚥下反射）があって哺乳ができる。 |
| 緊張性頸反射 | 頭をどちらか一方に向けると，向かい側の手足を伸ばし，反対側の腕と脚を屈曲する。寝返りに都合がよい。生後6か月〜1年頃までに消失。 |

| 自動歩行 | 新生児のわきを支えて立たせ, 前傾させると, 両脚を交互に出して床の上を歩行するような運動をする。生後2週間くらい見られる。 |
|---|---|
| バビンスキー反射 | 足の裏を外側に沿ってかかとからこすると, 足の第1趾（親指）は屈曲し, 他の足趾は扇状に広がる。2歳を超えてもある場合は, 神経伝導路の障害を疑う必要がある。 |

## 3. 子どもの疾病と保育

### (1) 子どもの健康状態の把握

　保育者は子どもの健康状態を把握するため, 順序を追ってていねいに観察することが重要である。

　全体のようす　機嫌はよいか, 活発かなど
　顔つき　　　　顔色, 目の動きや唇の動きなど
　体幹・四肢　　発疹や傷の有無, 肌の色など
　排泄　　　　　尿量・回数・色など, 便の回数・形状・色など
　食欲の有無, 睡眠時の呼吸のようす, など

### (2) 子どもの疾病の予防と適切な対応

#### ① 感染経路と対策

　感染経路……飛沫感染, 空気感染, 接触感染, 経口感染, 血液媒介感染, 蚊媒介感染

　患者の早期発見と隔離（別室保育）, 登園の制限, 保育所内の消毒などを適切に行うことが重要である。

#### ② 予防接種……定期接種と任意接種に分けられる

　異なる種類のワクチンを接種する際, 注射生ワクチンどうしを接種する場合は, 27日以上あける。その他のワクチンの組み合わせの場合は, 一律の日数制限はない。

| 定期接種 | 生ワクチン | BCG, MR（麻疹・風疹混合）, 水痘, ロタウイルス |
|---|---|---|
| | 不活化ワクチン | DPT-IPV（注1）, 日本脳炎, インフルエンザ菌b型（Hib）, 肺炎球菌, B型肝炎, HPV |
| 任意接種 | 生ワクチン | 流行性耳下腺炎（おたふくかぜ） |
| | 不活化ワクチン | インフルエンザ, 髄膜炎菌 |
| 臨時接種 | mRNAワクチン | 新型コロナ（注2） |

（注1）D：ジフテリア, P：百日咳, T：破傷風, IPV：不活化ポリオ, を表す。
（注2）2022年10月から, 生後6か月〜4歳の接種が開始された。

## 4. 障害のある子どもへの対応

　子どもの中には，原始反射が消滅し，「中心部分から抹消部分へ」「粗大運動から微細運動へ」発達する運動機能や，言葉・情緒・社会性などの精神機能の発達に偏りがある子がいます。保育所等は，医療機関や地域の母子保健サービスなどとの連携を図りながら，発達に遅れがあるかもしれない子どもの早期発見・早期対応に努め，家庭と一緒に子どもを育んでいくことが大切です。

### (1) 知的障害

| ①一般知能の遅れがある （IQ 70 未満） |
|---|
| ②生活上の適応障害がある |
| ③18歳までの発達期に明らかになる |

　②の生活上の適応障害は，①の一般知能の遅れによって，能力的な困難さが見られ，その結果としてさまざまな社会生活上の不利を経験することを指している。

### (2) 自閉症スペクトラム障害（自閉スペクトラム症）

| ①情緒や興味を分かち合う相互的な対人関係の障害 |
|---|
| ②ことばや身振りを使って行うコミュニケーションの障害 |
| ③興味・関心の限定 |
| ④3歳ぐらいまでにはっきりしてくる |

　①は社会性の発達の障害で，他人への無関心，関わりを持とうとしないなど。②は言語発達のコミュニケーションの障害で，コミュニケーションとしてのことばが出にくい，オウム返しや反復などが見られる。③は特定の変わった行動パターンで，反復行動やこだわりなど。

### (3) 学習障害（学習症，略称は LD）

　その子の能力からすると，特定の領域だけが著しく低い状態。知的障害とは異なる。読字障害・書字障害・算数障害・運動障害などに分けられる。

### (4) 注意欠陥多動性障害（注意欠如多動症，略称は ADHD）

| ①家や学校など2か所以上で同じ症状 |
|---|
| ②注意の幅が狭く，落ち着いて集中できない（注意の転導性） |
| ③興奮性・衝動性が見られる |

　注意欠陥多動性障害は，注意困難，集中困難など②の症状が優勢な注意欠陥障害と，落ち着かない，じっとしていられないなど多動の症

状が優勢な多動性障害に分けられることもある。

## 発達障害者支援法

平成17年4月施行，平成28年に改正された発達障害者に対する支援法。

発達障害とは，主として，自閉症，アスペルガー症候群とその他の広汎性発達障害，学習障害，注意欠陥多動性障害などの脳機能の障害。

早期発見と発達支援を行い，乳幼児期から高齢期まで切れ目のない支援が行われるよう社会の責任として行う医療・福祉・教育的援助，家族支援と就労支援。発達障害者支援センターの指定,民間団体への支援。

### アスペルガー症候群

知的な遅れやことばの遅れがないものの，社会的相互作用の問題や制限された行動，興味の限定などの問題が見られる。

### 高機能自閉症

知的障害を伴わない自閉症。

※アスペルガー症候群と高機能自閉症を厳密に区別せず，自閉症スペクトラム（連続した一続きのもの）の現れ方と考えるのが主流。

### 広汎性発達障害

DSM-5以前に，自閉症スペクトラムの特性を持ったグループを広義にとらえた診断名として用いられた。

これまでにあげた障害を診断するのは医師の役割であって，保育者は相対した子どもたちにどう関わるか，どう保育するかが問われる。生活の中で子どものさまざまなサインを見落とさず，一人ひとりの育ちに応じたきめ細かい対応に努め，子どもができることを伸ばす支援を行う。

日常の生活に表れる精神的変調のサイン　①睡眠　②食事　③興味,関心, 遊び　④対人関係　の変化に気を配ることが大切。

精神的なストレスにさらされると，以下のようなことが表れる。

①睡眠に変調をきたす。寝つけない，眠りが浅い，すぐ起きてしまうなど。

②食事が進まない，食欲がない，あるいは逆に過食や偏食が見られることもある。

③興味，関心が薄れ，抑うつ的な気分が表れる。ふだんよくしている遊びに興味を示さないなどの態度となって表れてくる。

④対人関係は，友だちとのいさかい，けんかが多くなったり，乱暴な態度が目立つなど。

子どもの保健

## (5) 習 癖

　　発達途上では問題行動とならない。長期化や年齢が上がってもある
場合に問題となる。

**吃音**……音の出始め，繰り返し。吃音を指摘しすぎるとかえって緊張。

**チック**……突発的な首振り，顔をしかめる，音を出す，頻回なまばたき。

**爪かみ・指しゃぶり**……正常の発達の範囲にあるが，激しい場合や長
　　　　　　　　　　　　期化は問題。

**夜尿**……排泄のしつけができた後に起こる睡眠中のおもらし。

**選択性緘黙**……特定の場面でのみ話をしない状態。

**登園拒否**……登園しぶり，拒否。母子分離不安もあるが，環境に慣れ
　　　　　　　て改善する場合もある。


## 5. 子どもの疾病と適切な対応

### (1) 子どもに多くみられる症状への対応

**発熱**……熱の変動を記録し，他に全身症状がないかを観察。
　　　　　頭部や首のつけ根・わきの下・足のつけ根を冷やす。水分
　　　　　をこまめに与える。

**咳**………何日続いてどのような咳かを観察。
　　　　　部屋の温度・湿度を調整し，換気をよくする。寝るときは
　　　　　横を向かせたり，上半身を高くする。消化がよく，刺激の
　　　　　少ない食事を与える。

**下痢**……便の性状を観察し，家庭やクラスに流行がないか，また，
　　　　　何を食べたかを確認する。
　　　　　湯ざましやお茶などを少量ずつ与え，乳製品は控え，消化の
　　　　　よいものを食べさせる。便の処理には使い捨て手袋をする。

**嘔吐**……嘔吐の原因や内容物・量をよく観察。
　　　　　口腔内を清潔にしてあげ，吐物が気管に入らないよう横向
　　　　　きに寝かせる。吐き気がおさまったら，水分を少量ずつ与
　　　　　える。

**発疹**……発疹が出ている場所・形・かゆみなどを観察。その他の全身
　　　　　症状もよく観察する。発熱がある場合は別室で保育する。時
　　　　　間の経過とともに発疹が増えていないかなど，気をつける。

### (2) 配慮すべき疾患への対応

#### ①てんかん

　　てんかんの約70％は3歳頃までに発症する。突然意識を失い，手
足や全身がつっぱり，体が震え，目は白目となる。けいれんは数秒

から数分続き，左右対称。体をゆすったりせず，体を横向きにして，吐いたものがのどに詰まらないようにする。発作が5分以上続くなら救急車を呼ぶ。

②食物アレルギー

食物アレルギーは乳児期に多く発症する。鶏卵，乳製品，小麦などが多く，じんましん，かゆみ，呼吸器症状などが現れる。

即時型反応……原因食を食べた後，2時間以内に症状が現れる。

非即時型（遅延型）反応……原因食を食べた後，1時間から2時間以降に症状が現れる。1日〜2日以降のこともある。

保育所での対応

・除去食を実施する際は，医師の指示を受けるようにする。

・はじめて口にする食品は家庭から始めるようにし，ようすを知らせてもらう。

・除去食の配膳には個別のお盆や皿を使い，調理担当と内容をよく確認する。

(3) 保育所における感染症対策

学校保健安全法施行規則の改正に伴い「保育所における感染症対策ガイドライン」が2018年3月に改訂された（2023年10月に一部改訂）。保育所では，抵抗力の弱い乳幼児の特性等を踏まえ，周囲への感染拡大防止の観点から，学校保健安全法施行規則の出席停止の期間の基準に準じて登園のめやすを決めておく必要がある。

表1　主な感染症

| 感染症名 | 潜伏期間 | 感染経路 | 感染期間 | 登園のめやす |
|---|---|---|---|---|
| 麻しん（はしか） | 8〜12日 | 空気，飛沫，接触 | 発熱出現1〜2日前から発しん出現後の4日間まで | 解熱後3日を経過するまで |
| 風しん | 16〜18日 | 飛沫，接触 | 発しん出現前7日から発しん出現後7日間まで | 発しんが消失するまで |
| 流行性耳下腺炎（おたふくかぜ，ムンプス） | 16〜18日 | 飛沫，接触 | 発症3日前から耳下腺腫脹後4日間は感染力が強い。 | 耳下腺，顎下腺，舌下腺の腫脹が発現してから5日を経過するまで，かつ全身状態が良好になるまで |
| インフルエンザ | 1〜4日 | 飛沫，接触 | 症状がある期間 | 発症後5日を経過し，かつ解熱後3日(乳幼児)を経過するまで |
| 咽頭結膜熱（プール熱） | 2〜14日 | 飛沫，接触 | 咽頭から2週間，糞便から数週間排泄される。 | 主な症状が消失してから2日を経過するまで |
| 百日咳 | 7〜10日 | 飛沫，接触 | 感染力は感染初期（咳が出現してから2週間以内）が最も強い。 | 特有な咳が消失するまで又は5日間の適正な抗菌性物質製剤による治療を終了するまで |
| 新型コロナウイルス感染症 | 約5日間 | 飛沫，接触 | 発症の2日前から発症後7〜10日間 | 発症した後5日を経過し，かつ症状が軽快した後1日を経過するまで |

| 結核 | 3カ月～数10年 | 空気 | 喀痰の塗抹検査が陽性の間 | |
|---|---|---|---|---|
| 腸管出血性大腸菌感染症（O157, O26, O111 等） | 10時間～6日（O157は主に3～4日） | 経口, 接触 | 便中に菌が排泄されている間 | 医師により感染のおそれがないと認められるまで |
| 流行性角結膜炎（はやり目） | 2～14日 | 接触, 飛沫 | 発症後2週間 | 結膜炎の症状が消失するまで |
| 急性出血性結膜炎 | 1～3日 | 飛沫, 接触 | ウイルスは呼吸器から1～2週間, 便からは数週間から数カ月。 | 医師により感染のおそれがないと認められるまで |
| 帯状疱疹 | 不定 | 母体罹患 | すべての発しんが痂皮化するまで | すべての発しんが痂皮化するまで |
| 溶連菌感染症 | 2～5日 | 飛沫, 接触 | 抗菌薬内服後24時間が経過するまで | 抗菌薬内服後24～48時間経過していること |
| ウイルス性胃腸炎（ロタウイルス感染症, ノロウイルス感染症） | ロタウイルスは1～3日ノロウイルスは12～48時間 | 経口, 接触, 飛沫 | 症状のある時期が主なウイルス排泄期間 | 嘔吐・下痢等の症状が治まり, 普段の食事ができること（ただしウイルスは便中に3週間以上排出されることがあるため手洗いを徹底する） |
| RS ウイルス感染症 | 4～6日 | 飛沫, 接触 | 通常3～8日間 | 呼吸器症状が消失し全身状態がよいこと |
| マイコプラズマ肺炎 | 2～3週間 | 飛沫 | 臨床症状発現時がピークで, その後4～6週間続く。 | 発熱や激しい咳が治まっていること |
| 手足口病 | 3～6日 | 飛沫, 経口, 接触 | 唾液へのウイルスの排泄は通常 1 週間未満。糞便への排泄は発症から数週間持続する。 | 発熱や口腔内の水疱・潰瘍の影響がなく, 普段の食事ができること |
| ヘルパンギーナ | 3～6日 | 飛沫, 接触, 経口 | | |
| 伝染性紅斑（りんご病） | 4～14日 | 飛沫 | かぜ症状発現から顔に発しんが出現するまで | 全身状態がよいこと |
| 単純ヘルペス感染症 | 2日～2週間 | 接触 | 水疱を形成している間 | 発熱がなく, よだれが止まり, 普段の食事ができること |
| 突発性発しん | 9～10日 | 飛沫 | 感染力は弱いが, 発熱中は感染力がある | 解熱し機嫌がよく, 全身状態がよいこと |
| **保育所において特に適切な対応が求められる感染症** | | | | |
| 伝染性膿痂疹（とびひ） | 2～10日 | 接触 | 効果的治療開始後24時間まで | 病変部の外用薬処置, 浸出液がしみ出ないよう覆ってあれば通園可能 |
| アタマジラミ | 10～30日 | 接触 | 産卵から最初の若虫が孵化するまでの期間は10日～14日 | 感染防止として, 周囲の感染者を一斉に治療すること |
| 伝染性軟属腫（水イボ） | 2～7週間 | 接触 | 不明 | 治療に数カ月かかることもあり, 嘱託医と相談して対応する |
| B型肝炎 | 急性感染では45～160日（平均90日） | 感染者の血液が他人の皮膚や粘膜にできた傷から体内に | HBs抗原, HBe抗原陽性の期間を含めB型肝炎ウイルスが検出される期間 | ワクチンの重要性を周知説明 |

出典：2018年改訂版　保育所における感染症対策ガイドライン（2023年一部修正）

## 6. 保育現場における健康・安全管理

### (1) 保育現場における衛生管理

- ・子ども用のタオルは個人のもの，また，ペーパータオルなどを用い，共有を避ける。
- ・乳児の寝具，玩具は，洗える素材のものを用意し，日光消毒で清潔を保つ。
- ・室内外は清潔を保ち，感染症対策には消毒液をすぐ使えるように準備し，汚物処理も速やかに行えるようにする。

### (2) 保育現場における事故防止

1歳以上では，不慮の事故が死亡原因の1位か2位である。子どもが集団で生活する保育所では事故防止に細心の注意を払うことが必要。

表2　乳幼児の年齢別死亡原因

|  | 第1位 | 第2位 | 第3位 | 第4位 |
|---|---|---|---|---|
| 0歳 | 先天奇形，変形及び染色体異常 | 呼吸障害等 | 不慮の事故 | 乳幼児突然死症候群 |
| 1〜4歳 | 先天奇形，変形及び染色体異常 | 不慮の事故 | 悪性新生物（腫瘍） | 心疾患 |
| 5〜9歳 | 悪性新生物（腫瘍） | 先天奇形，変形及び染色体異常 | 不慮の事故 | その他の新生物（腫瘍） |

出典：厚生労働省「令和4年人口動態統計」

### (3) 救急処置および救急蘇生法の習得

#### ① 心肺蘇生法（CPR）

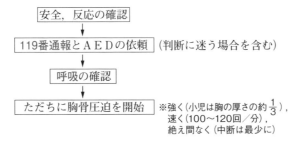

人工呼吸の技術と意思があれば，胸骨圧迫（30回）と人工呼吸（2回）を繰り返す。

#### ② 気道異物除去

1歳未満の乳児に対する方法……背部叩打法，胸部突き上げ法
1歳以上8歳未満の小児に対する方法……背部叩打法，胸部突き上げ法

子どもの保健

（4）応急手当
　①やけど
　　　患部を流水で，少なくとも 20 ～ 30 分冷やす。衣類を着ている場合は脱がせずに，そのままホースなどで冷やす。
　②**熱中症**
　　　直ちに涼しい所へ移し，体を冷やすとともに少量の食塩を加えた水を飲ませる。
　③**傷，鼻血**
　　　傷は流水でよく洗い流し，止血には傷口をガーゼ等で押さえ強く圧迫するか，傷口から心臓に近い動脈の止血点を手や指などで押さえる。鼻血は前屈みに座らせ，鼻のつけ根を強めにつまむ。
　④**毒物を飲んだ時**
　　　タバコを飲んだ時はすぐ吐かせる。洗剤，薬物を飲んだ時は，牛乳か水を飲ませて薄め，吐かせる。強酸，強アルカリ（トイレ洗剤），石油類は吐かせてはいけない。
　⑤**乳幼児突然死症候群（SIDS）**
　　　元気に過ごしていた乳幼児が突然死んでしまう原因不明の病気。原則として1歳未満の児で，生後2～6か月頃が多い。日本では乳児 6,000 ～ 7,000 人に1人位の割合で見られる。リスク要因としてうつぶせ寝，両親の喫煙などがあげられ，できるだけ母乳で育てるのがよいといわれている。睡眠中の呼吸確認をこまめに行う。

## 7.　母子保健行政

（1）**母子保健法**
　　**母性並びに乳幼児の健康の保持と増進を図る。**
　　　　＊母子健康手帳の交付　　＊妊娠の届出
　　　　＊保健指導，訪問指導（妊産婦・新生児・未熟児）
　　　　＊健康診査（妊産婦・乳幼児）など
　　　　＊母子健康包括支援センター（子育て世代包括支援センター）の設置　　＊養育医療　　＊産後ケア事業
（2）**成育基本法**
　　　正式名称「成育過程にある者及びその保護者並びに妊産婦に対し必要な成育医療等を切れ目なく提供するための施策の総合的な推進に関する法律」（2018 年公布）。国・地方公共団体や保護者・医療関係者の責務等を明らかにし，成長過程にある者とその保護者・妊産婦に必要な成育医療等を切れ目なく提供するための施策を総合的に

推進することを目的とする。

　「成育過程」とは，出生に始まり，新生児期，乳幼児期，学童期及び思春期の各段階を経ておとなになるまでの一連の成長の過程を示す。

　「成育医療等」とは，妊娠，出産及び育児に関する問題，成育過程の各段階において生ずる心身の健康に関する問題等を包括的に捉えて適切に対応する医療及び保健並びにこれらに密接に関連する教育，福祉等に係るサービス等を示す。

### (3) 妊娠・出産等に係る支援体制の概要

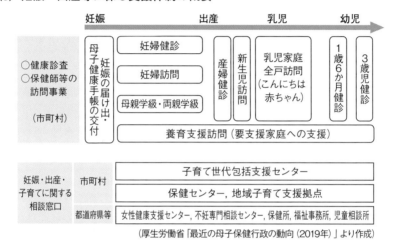

(厚生労働省「最近の母子保健行政の動向（2019年）」より作成)

### (4) 健やか親子21

　2001年から開始した，母子の健康水準を向上させるための様々な取り組みを，みんなで推進する国民運動計画。第2次計画の指標は「すべての子どもが健やかに育つ社会の実現」（2015〜'24年度）。

# 予想問題

□ ① 次の記述のうち，正しいものはどれか。

(1) わが国の小児保健対策は母子保健対策の中に位置づけられている。その基幹は 1947 年 (昭和 22 年) に制定された児童福祉法である。

(2) 健康の定義は，WHO (世界保健機関) によれば「肉体的，精神的ならびに経済的に完全に良好な状態にある」とされている。

(3) 「児童の権利に関する条約」は 1989 年に採択されたが，日本では 2002 年まで批准されていなかった。

(4) 1994 年 (平成 6 年) に母子保健法が改正され，3 歳児健康診査などは市町村が一元的に実施することになった。一方，学校に通う児童については学校保健法に基づき，健康管理，健康教育が実施されている。

(5) 母子保健法上，乳児とは満 1 歳に満たない者をいい，新生児は含まれない。

□ ② 次の乳幼児の身体についての記述のうち，正しいものはどれか。

(1) スキャモンの神経型は脳神経系の発達を示す。神経型は他のどの器官よりも早く発達する。生殖型は第二次性徴が見られる思春期から急速に発達する。

(2) 水頭症などでは大泉門は早期に閉鎖し，小頭症では閉鎖が遅れる。

(3) 乳歯は生後 6 〜 8 か月頃から生えはじめ，乳歯 20 本生えそろうのに約 1 年かかり，永久歯は 6 〜 7 歳頃，第 3 大臼歯から生えはじめる。

(4) 乳幼児身体発育値は，乳幼児の体重，身長，頭囲，胸囲を性別，月齢，年齢別に示したもので，5 年毎に調査が行われている。

(5) 乳児の体の向きを急に変えたり，大きな音をたてたりすると，両腕を伸ばし，次いで前にあるものを抱きしめるような動作をする。このような原始反射をバビンスキー反射という。

# ・・・・・解説と解答・・・・・

1 ●選択肢のチェック

(1) 母子保健対策は母子保健法に基づいて実施されている。結婚前から妊娠，分娩，新生児期，乳幼児期に始まり，18歳未満の児童を対象として，一貫した体系のもとに総合的に進められる。

(2) 「完全な肉体的，精神的及び社会的福祉の状態であり，単に疾病または病弱の存在しないことではない」とされている。

(3) 日本では1994（平成6）年に締結している。

(4) 正しい。小児保健対策の効果的な推進を図っていく上で，保健所や保健センター等の実施する保健サービスと学校保健との連携は重要。

(5) 母子保健法上，乳児とは1歳に満たない者をいい，新生児とは出生後28日を経過しない乳児をいう。

答（4）

2 **Point▶** スキャモンは身体の組織，器官を4つに分け，臓器別発育曲線で表した。

●選択肢のチェック

(1) 正しい。一般型は身長，体重といった体の成長のようす，リンパ型は胸腺，扁桃，リンパ節などの発達である。

(2) 大泉門は1歳から1歳半頃に閉鎖する。大泉門が早期に閉鎖した場合は，小頭症などの疾患が疑われ，閉鎖が遅れる場合は水頭症などが考えられる。また，髄膜炎など頭蓋内圧が高まった時には膨隆したり，脱水症などでは陥没したりすることもある。

(3) 乳歯は，胎生5～6週ころからできはじめる。生えはじめるのは生後6～8か月ころ。乳歯20本生えそろうのに約2年かかり，永久歯は，6～7歳ころ第1大臼歯から生えはじめる。第3大臼歯の萌出は16歳以降。全部生えそろうと32本になる。

(4) 乳幼児身体発育値は10年ごとに調査が行われている。パーセンタイル値はたとえば100人について調査し，数値の小さい方から順にならべた時，小さい方から数えて10番目の値を10パーセンタイル値，50番目の値を50パーセンタイル中央値としている。

(5) バビンスキー反射ではなく，モロー反射である。モロー反射は生後3～4か月頃に消失。バビンスキー反射は，正常児であれば1～2歳頃に消失する。

答（1）

# 予想問題

□ ③ 子どもの生理機能についての記述のうち，正しいものはどれか。

(1) 子どもは，新陳代謝が盛んで活発に動くので，成人に比べ脈拍数や呼吸数は多く，体温は低めである。

(2) 乳児の呼吸パターンは，胸式呼吸である。

(3) 血圧とは，血液が心臓から押し出されるときの動脈内部の血液量のことである。

(4) 乳児の胃の形は成人と異なりとっくり型で，胃の入り口の噴門の筋肉が十分に発達していない。

(5) 乳児の脈拍数の正常値は，毎分 60 ～ 80 である。

□ ④ 次のワクチンについての記述のうち，正しいものはどれか。

(1) 生後 6 か月以上 4 歳以下の小児への新型コロナワクチン接種は 1 回で十分である。

(2) MMR ワクチンは，はしか (measles)，おたふくかぜ (munps)，風疹 (rubella) のイニシャルの MMR から名づけられた。3 回の接種が 1 回ですむ便利なワクチンで，日本でも接種を勧めている。

(3) インフルエンザワクチンは，希望者が受ける任意接種のワクチンである。毎年ウイルスの性状は変化するので，その変化に対応したワクチンが作られている。

(4) 勧奨ワクチンと定められた期間内に受けた者がワクチンによる健康被害を受け，それが認定されたとしても救済制度はない。

(5) ポリオワクチンは任意接種のワクチンで経口接種である。

---

**Topic !!**　**新型コロナウイルス感染症（COVID-19）**

　2019 年 12 月に，中国で 1 例目の感染者が報告されてから，わずか数か月の間に日本を含む多くの国で発症が認められた。WHO は 2020 年 3 月に感染拡大状況と重症度から世界的流行（パンデミック）を表明。

　主な感染経路は，飛沫や接触による感染であることから，3 密（密閉・密集・密接）の回避，手指消毒，換気，マスク着用等の対策が有効。（乳幼児のマスク着用は推奨されていない。）

　2023 年 5 月から，感染症法上の位置づけが「5 類感染症」に移行され，感染症に基づく入院措置・勧告，外出自粛要請などの私権制限がなくなった。

# ・・・・・解説と解答・・・・・

3 **●選択肢のチェック**

(1) 体温は，成人に比べ高めである。

(2) 乳児は腹式呼吸である。3歳頃になると肋骨胸郭と呼吸筋の発達に伴い胸部と腹部を同時に使う胸腹式呼吸になり，7歳頃の学童期以降は腹式呼吸に移行する。

(3) 血圧とは，心臓収縮期の血液量ではなく，動脈内の圧力のことである。

(4) 正しい。体の向きなどにより飲んだミルクをもどしてしまう要因。

(5) 脈拍数は，乳児120～140/分，幼児80～120/分，成人60～80/分。

答（4）


4 **Point▶** 2022年10月下旬から生後6か月以上児の新型コロナワクチン接種が導入された。

**●選択肢のチェック**

(1) 新型コロナワクチンは，臨時接種であり，保護者の同意のもと，初回接種（1・2回接種〈原則20日の間隔〉）し，その後55日以上間隔をおいて1回接種する。

(2) MMRワクチンは，おたふくかぜワクチンによる髄膜炎の発生が問題となり中止され，2006年度からはMRワクチンとして定期接種が行われている。

(3) 正しい。インフルエンザワクチンには，A型とB型の不活化ワクチンが含まれ，使用されるワクチンウイルスは毎年異なる。

(4) 医療費，障害児養育年金，障害年金などの救済制度がある。

(5) ポリオは定期接種の勧奨ワクチン。2012年9月からは経口接種ではなく注射となった。現在，経口接種であるのは，ロタウイルスワクチンのみである。

答（3）

# 予想問題

□ 5 乳幼児突然死症候群（SIDS）についての記述のうち，正しいものはどれか。

(1) 発症は1歳前後の児が多い。

(2) 寝かせる時はうつぶせ寝にして予防する。

(3) 保育室はできるだけ暗くしてよく眠れるようにする。

(4) 子どもが寝ている時に体が冷えないよう，着せる衣服や掛け布団を多めに使用する。

(5) 同居家族などの喫煙はさける。

□ 6 幼児に次の症状が見られたとき，考えられる病気として正しいものはどれか。

高熱からはじまり，くしゃみ，咳，鼻水など，かぜ症状が続き，眼は赤く目やにが出る。頬の内側や上あごの奥の粘膜に白い小斑点がみられる。

(1) インフルエンザ　　(2) 麻疹（はしか）　　(3) 結膜炎
(4) 伝染性紅斑　　(5) ポリオ

□ 7 インフルエンザ及びジカ熱（ジカウイルス感染症）についての記述のうち，正しいものはどれか。

(1) ジカ熱はジカウイルスを持った蚊に刺されることで感染するので，ヒトからヒトへは感染しない。

(2) 子どもがインフルエンザ脳症をおこさないためにも，発熱時にはジクロフェナクナトリウム及びメフェナム酸の解熱剤を使用する。

(3) 抗インフルエンザウイルス薬のタミフル，リレンザなどの服用時に「急に走り出す」「興奮状態になり意味のわからないことを言う」などの異常行動が現れることがある。

(4) インフルエンザワクチンは定期接種の勧奨ワクチンであり，冬に流行するので，7月〜10月に注射を受けるのが望ましい。

(5) ジカ熱は現在，3類感染症に指定されている。

# ・・・・・解説と解答・・・・・

⑤ **Point** 妊娠を継続しやすい環境をつくり出す黄体ホルモン。

●**選択肢のチェック**

(1) 発症は，2ヵ月〜6ヵ月児が多い。

(2) 予防には，仰向け体位の維持が効果的である。

(3) 保育所等で子どもたちを寝かせる時の室内は，子どもたちの顔（表情）が見える明るさを保つ。保育者が常駐し，定期的に呼吸などをチェックする。

(4) 寒さに対しては反射的に目が覚めるが，体温が温か過ぎるとこの反射的覚醒が起きず眠り続け，呼吸の抑制に繋がり SIDS を発症させてしまう。

(5) 正しい。SIDS 予防の3要素の1つ。他に，仰向け寝，母乳で育てるがある。　　　　　　　　　　　　　　　　　　　　　　答 (5)

⑥ **Point** 伝染性紅斑では両ほおが真赤にはれる。

のどの斑点はコプリック斑と呼ばれ，麻疹の典型的な症状である。
　　　　　　　　　　　　　　　　　　　　　　　　　　　　答 (2)

⑦ ●**選択肢のチェック**

(1) 性行為感染症に関する事例がある。また，妊婦が感染すると母子感染を引き起こす可能性があるとされ，小頭症の赤ちゃんが生まれることがある。ジカ熱が流行している地域で「小頭症」や「ギラン・バレー症候群」などが増加しているため，ジカ熱との関連が明らかにされている。

(2) ジクロフェナクナトリウム，メフェナム酸，アスピリンは危険。アセトアミノフェンは比較的安全とされているが，死亡例もある。

(3) 正しい。インフルエンザに罹患して療養を行う場合，少なくとも発症から2日間，保護者等は小児，未成年者が一人にならないよう配慮したほうがよい。

(4) インフルエンザは定期接種から任意接種のワクチンとなり，現在は希望者のみが受ける。流行直前10月〜12月に注射を受けるのが望ましい。インフルエンザ以外のかぜには効果はない。

(5) ジカ熱は平成28年2月に4類感染症に指定されている。
　　　　　　　　　　　　　　　　　　　　　　　　　　　　答 (3)

□ 8 子どもの生活環境と育児についての記述のうち，正しいものはどれ
か。

(1) 赤外線の吸収によりビタミン D ができるので，適度の日光浴はクル
病予防になる。

(2) 妊娠中の喫煙，飲酒が，胎児に影響を及ぼすことはない。

(3) 子どものうちは特に生活習慣病などは気にせず，欲しがる食品は与
えればよい。

(4) 乳児を寝かせる時にはうつぶせで寝かせ，敷き布団はやわらかめに
するのがよい。

(5) ダイオキシンは食物連鎖で濃縮され，ヒトに蓄積されやすく，母乳
にも多く含まれている。

□ 9 次の感染症のうち，１類感染症に指定されているもののみの組合せ
はどれか。

(1) エボラ出血熱―インフルエンザ―マイコプラズマ肺炎
(2) 鳥インフルエンザ（H 5 N 1）―マラリア―SARS
(3) 細菌性赤痢―パラチフス―クリミア・コンゴ出血熱
(4) ペスト―ラッサ熱―痘そう（天然痘）
(5) リッサウイルス感染症―サル痘―E 型肝炎

□ 10 次の感染症のうち，一度かかると一生の免疫性を得るものはどれか。

(1) 急性灰白髄炎
(2) インフルエンザ
(3) 日本脳炎
(4) 赤痢
(5) 百日咳

# ・・・・・解説と解答・・・・・

8 ●選択肢のチェック

(1) 赤外線ではなく紫外線。日光浴は皮膚がんの問題もあり，昔のようには推奨されていない。

(2) 喫煙では流産，死産の率が高くなり，低出生体重児の確率が高くなる。妊娠中にアルコールを大量に摂取することにより，顔面異常，精神発達異常，発育不全を伴った胎児性アルコール症候群の子どもが出生することがある。

(3) 肥満，糖尿病，高脂血症，高血圧症などの成人病を生活習慣病と呼ぶようになった。食の洋風化やレトルト食品の急増，都市化，ストレスなど多くの因子によって，生活習慣病の初期状態に達している子どもは少なくない。

(4) できるだけ仰向けで寝かせ，敷き布団はかためのものがよい。職員は在室し，乳児が呼吸していることを定期的に確認すること。

(5) 正しい。ダイオキシンは環境ホルモン（内分泌かく乱化学物質）ともいわれている。奇形児の発生や発がん性，免疫力の低下などが知られている。　　　　　　　　　　　　　　　　　　答（5）

9 **Point** SARS，鳥インフルエンザ（H5N1）は2類感染症。
平成27年1月にMERSが2類感染症に指定された。

　1類感染症〈エボラ出血熱，クリミア・コンゴ出血熱，痘そう，南米出血熱，ペスト，マールブルグ病，ラッサ熱〉

　2類感染症〈急性灰白髄炎，結核，ジフテリア，重症急性呼吸器症候群（SARS），中東呼吸器症候群（MERS），鳥インフルエンザ（H5N1，H7N9）〉

　3類感染症〈コレラ，細菌性赤痢，腸管出血性大腸菌感染症，腸チフス，パラチフス〉

　4類感染症，5類感染症，新型インフルエンザ等感染症，指定感染症，新感染症に分類されている。　　　　　　　　　　答（4）

10 **Point** 急性灰白髄炎予防には不活化ポリオワクチン，
またはDPT-IPV（四種混合ワクチン）を接種。

　(1)はいわゆる小児マヒ。症状が軽ければ発熱や下痢，腹痛等ですむ。麻疹なども免疫性を得る。　　　　　　　　　　　　答（1）

子どもの保健

□ 11 幼児に次の症状が見られたとき，考えられる病気として正しいものはどれか。

　　　アデノウイルスというウイルスによって起こり，プール熱ともいわれる。咽頭と目が赤くなり，高熱が何日か続く。発疹は出ない。

(1) はしか　　　(2) 伝染性紅斑　　　(3) 寄生性紅斑
(4) 咽頭結膜炎　(5) 流行性耳下腺炎

□ 12 次は母乳の分泌について述べた文であるが，A～Cに入る語句の正しい組合せはどれか。

　　　乳腺の発達や母乳の分泌は，（　A　），卵巣，胎盤の多くのホルモンが関与している。生後数日は母乳の分泌は悪いが，乳児が（　B　）吸うことにより（　C　）の分泌が盛んになり，母乳の分泌量が増加してくる。

|  | A | B | C |  | A | B | C |
|---|---|---|---|---|---|---|---|
| (1) | すい臓 | 弱く | インスリン | (2) | 下垂体 | 強く | プロラクチン |
| (3) | 甲状腺 | 弱く | カルシウム | (4) | 副腎髄質 | 強く | アドレナリン |
| (5) | 副腎皮質 | 弱く | ビタミン |  |  |  |  |

□ 13 次の子どもの事故についての記述のうち，正しいものはどれか。

(1) 子どもが防虫剤を飲んだら，直ちに牛乳を飲ませて吐かせる。

(2) 10 cm以下の深さのプールならば幼児は溺れない。

(3) のどに異物がつまった時は，背中をたたいたり，子どもを逆さにつるして思いっきり振る。

(4) 不慮の事故による0歳児の死亡事故は，溺死が一番多い。

(5) 緊急事態に備え，保育所全職員が救急蘇生法をマスターしておくことが望ましい。

# ・・・・・解説と解答・・・・・

11 **Point** 咽頭結膜炎の特徴は，高熱，咽頭炎，結膜炎。

はしかは口内粘膜のコプリック斑で判断がつきやすい。(3)は重症の
おむつかぶれのこと。(5)はおたふくかぜで，耳下腺のはれがみられる。

答 (4)

12 **Point** 母乳の分泌は下垂体前葉のプロラクチンの作用。

妊娠中はエストロゲンが高値なため，プロラクチン分泌は抑制され
ている。胎盤娩出後にエストロゲン値が急速に低下し，プロラクチン
の分泌が盛んになることから母乳の分泌が促される。

答 (2)

13 **Point** 心肺蘇生法 (気道確保，人工呼吸，心臓マッサー
ジ) は，マスターしておくとベスト。

●選択肢のチェック

(1) 牛乳は防虫剤に含まれるナフタリンが溶けて吸収が早まってしま
うので，飲ませてはいけない。

(2) 5 〜 6cm の深さがあれば，たとえ洗面器でもおぼれることがある。

(3) 窒息が疑われる時はすぐにハイムリッヒ法 (みぞおちのあたりに
握りこぶしを当て，上方に数回つきあげる) を行う。乳児や小さ
い幼児の場合，左の前腕の上にうつぶせにのせ，背中を強く圧迫
するように4〜5回ほどたたく。

(4) 溺死ではなく，窒息が最も多い。

(5) 正しい。人工呼吸，心臓マッサージを覚えておくと役に立つ。だが，
あくまで応急処置であり，一刻も早く救急車を呼ぶことが必要。

答 (5)

子どもの保健

---

## One Point !! 流行性耳下腺炎 (おたふくかぜ)

流行性耳下腺炎の症状としては，耳下腺の腫れと痛み，発熱，嚥下痛
など。耳下腺の片側だけ腫れる人が25%，両側が腫れる人が75%だが，
片側だけの腫れでも十分な免疫が得られる。流行性耳下腺炎の感染力は
かなり強いが，ウイルスに感染しても30 〜 35%は全く症状が現れない場
合があり，これを不顕性感染と呼ぶ。また思春期以降の男性が感染した
場合，20 〜 30%が睾丸炎をおこすといわれている。

☐ ⑭ 予防接種の受け方について，次の記述のうち正しいものはどれか。

(1) はしかの予防接種を受けられなかったときは，ガンマグロブリンを打てば十分な抗体ができる。
(2) 予防接種を受けた当日の入浴はひかえたほうがよい。
(3) アトピー性皮膚炎がある場合，BCG は受けられない。
(4) ロタウイルスワクチンには生後 6 〜 24 週までに 2 回接種するものと，生後 6 〜 32 週までに 3 回接種するものの 2 種類がある。
(5) インフルエンザの予防接種は，一度受ければ一生免疫がつく。

☐ ⑮ 子どもに薬を与える時，次の記述のうち正しいものはどれか。

(1) 乳児に薬を飲ませる場合，空腹時に飲ませてもかまわない。
(2) きょうだいの関係であれば，上の子に処方された薬を下の子に使ってもよい。
(3) 解熱薬を使用しても熱が下がらないときは，2 時間後にもう一度使うとよい。
(4) おむつかぶれがひどくなった場合，以前に処方してもらったステロイド薬を使ってもよい。
(5) 症状がよくなったら，抗生物質を使うのをやめたほうがよい。

☐ ⑯ アレルギーに関する次の記述のうち，正しいものはどれか。

(1) 子どもの食物アレルギーが心配な場合，治療用のミルクを飲ませたほうがよい。
(2) 三大アレルゲンと呼ばれるものは，卵，牛乳，そばである。
(3) 血液検査で過敏な反応を示した食品は，すべて除去したほうがよい。
(4) 気管支喘息は，風邪をひいたときに起こしやすい。
(5) 食物アレルギーが疑われるとき，卵を使った離乳食はひかえたほうがよい。

# ・・・・・解説と解答・・・・・

14 ●選択肢のチェック

(1) ガンマグロブリンは，はしかに感染した人と接して，予防接種では間に合わない時に使う。しかし，予防接種のように体内で抗体を作ることはできない。

(2) 接種後1時間もたてば，当日でも入浴できる。接種したところはこすらないようにすること。

(3) 軽い湿しんができているくらいなら接種は可能。

(4) ロタリックスは2回接種，ロタテックは3回接種する。いずれも経口の生ワクチンで，初回は生後8～14週での接種を推奨している。

(5) インフルエンザワクチンの効果は1シーズンのため，毎年受ける必要がある。　　　　　　　　　　　　　　　　　　　答（4）

15 ●選択肢のチェック

(1) 満腹になると食後に飲ませるのは無理なので，確実に飲ませるためにはむしろお腹が空いているときのほうがよい。

(2) きょうだいでも一人一人症状や体重が違うため，使ってはいけない。

(3) 最低6～8時間はあけて使用する。解熱薬の使用は，多くても1日2～3回までにすること。

(4) 普通のおむつかぶれにはステロイド薬がよく効くが，カンジダ皮膚炎の場合はステロイド薬を使うとかえって悪化する。

(5) 抗生物質のように細菌を抑制・死滅させる薬が，細菌が体内からいなくなるまで使わないと効果がない。　　　　　　　　　　答（1）

16 ●選択肢のチェック

(1) 牛乳アレルギーがひどい乳児の場合，治療用ミルクを飲ませるように指示される場合があるが，食物アレルギーが心配だからといって勝手に治療用ミルクを使ってはいけない。

(2) 三大アレルゲンと呼ばれるのは，卵，牛乳，小麦である。

(3) すべてを除去すると発育に支障をきたすおそれがあるので，必ず医師の指示に従うこと。

(4) 気管支ぜん息はアレルギーと関係が深く，以前にアトピー性皮膚炎があった子どもはおこりやすい。全体の80％が吸入抗原による外因性のもので，多くはダニやハウスダストが原因である。

(5) 食物アレルギーがある場合，卵に敏感な反応を示すことが少なくない。医師の指示に従って慎重にすすめたほうがよい。　　　答（5）

# 予想問題

□ 17 **精神保健と健康について述べた次の文のうち，正しいものはどれか。**

(1) WHO憲章では，健康を社会のなかで積極的に役割を果たし，生きがいを持って心豊かに生活できるような状態であると述べている。

(2) WHO憲章では，健康を身体的・精神的・社会的に完全な良好な状態であって，単に疾病や虚弱でないというだけではないと述べている。

(3) WHO憲章では，健康を生物学的・医学的・教育的及び社会的な側面から健康を促進して，よりよい人間関係を作ることであると述べている。

(4) 精神保健とは，精神障害や不適応行動の予防，早期発見，治療後の社会復帰や再発予防の取り組みのことである。

(5) 精神保健とは，心の健康の保持・増進・予防を目標とする学問と実践を指し，主に精神障害や不適応状態について取り扱う。

□ 18 **幼児期の発達について述べた次の文のうち，誤っているものはどれか。**

(1) 0歳から1歳にかけては，基本的な信頼感の基盤を形作る時期で，身体的にもっとも急速に発育・発達する時期である。

(2) 1歳から2歳にかけては，歩き始め，運動機能も発達し，生活空間が広がって，まわりの世界に働きかける意欲が芽生える時期である。

(3) 2歳から3歳にかけては，運動能力が育ち，話し言葉の基礎ができるとともに，身辺自立も進むが，自己主張が強くなり難しい時期でもある。

(4) 3歳から4歳にかけては，言葉でのコミュニケーションがますます発達し，友だち関係が広がる時期である。

(5) 5歳から6歳にかけては，基本的生活習慣がほぼ自立し，集団活動を通して社会性や友だち関係作りがいっそう発展するが，自己主張が激しく反抗期の見られる時期でもある。

# ・・・・・解説と解答・・・・・

17 ●選択肢のチェック

(1) 生活の質（QOL）についての説明なので誤り。WHO憲章による健康の定義は，健康は病気がない状態でなく，「完全に良好（well-being）」な状態であるとしたところに特徴がある。

(2) 正しい。

(3) 誤り。人間関係のことだけではない。

(4) 精神保健とは精神障害や不適応についてだけ取り扱うのではなく，広く心の発達や保育・養育に関わる地域支援活動も含む。

(5) 同じく精神障害や不適応を取り扱うだけではない。

答（2）

18 **Point▶** 反抗期は自立と依存の葛藤により起こる。

●選択肢のチェック

(1) 0歳から1歳にかけては，まわりの人たちや世界に対して安心して信頼を寄せる基本的信頼感を育てる時期である。また，この時期は生涯を通じてもっとも発達，成長が急速に起こる時期でもある。

(2) 1歳で歩行が始まり，ことばを話し始める。それにともなって探索的行動が活発化する。

(3) 2歳から3歳にかけては基本的生活習慣を身につけて，身辺処理能力も高まる。同時に，自己主張が激しくなり，子どもによっては反抗期と呼ばれるような拒否的な態度をとるようにもなる。

(4) 3歳から4歳にかけては友だち関係の広がりが，いわゆる「横の関係」といわれる広がりを見せる時期になる。

(5) 誤り。5歳から6歳にかけては，集団活動を通しての社会性が発達する時期ではあるが，反抗期の見られる時期はもっと早い2～3歳と考えられている。

答（5）

子どもの保健

□ ⒆ **知的障害について述べた次の文のうち，正しいものはどれか。**

(1) 知的障害とは，知的能力や生活能力の全般的な遅れを指しているが，特に言語・認知機能に基づいた知的能力の遅れのことを指している。

(2) 知的障害とは，一般知能の遅れとともに，生活や社会性などの適応障害があることをいう。

(3) 知的障害とは，ICD-10 による診断基準では，5，6歳の就学期までに明らかになるとされている。

(4) 知能指数とは，一般に平均を 50 とした場合の，個人の知的能力を表す指標である。

(5) 知的障害は，不適切な親の養育や衛生的でない養育環境なども原因の1つとされている。

□ ⒇ **知的障害について述べた次の文のうち，正しいものはどれか。**

(1) 言語障害とは，知的障害による言葉の遅れのことを指し，言語理解に比べて表出言語が少なく，言葉を話す能力の発達に遅れが見られる状態のことである。

(2) 知的障害の原因として，ダウン症などの染色体異常，フェニルケトン尿症などの代謝異常があるが，原因が特定できない場合もある。

(3) 乳幼児期では，知的障害の子どもに対しては薬物などによる医学的治療よりも，教育的な関わりや支援が必要となる。

(4) 知的障害では，てんかんや多動性障害など他の障害と重なったり，自傷行為や習癖など問題行動が伴うことが少ない。

(5) 知的障害の子どもは，対人的なコミュニケーションや情緒交流に問題が見られる場合が多い。

# ・・・・・解説と解答・・・・・

19 ●選択肢のチェック

(1) 言語・認知機能に基づいた知的能力の遅れだけが知的障害の問題ではなく，それによる二次的な生活障害，社会的な不適応も問題とされる。

(2) 正しい。

(3) 18歳までに明らかになるとされる。知的能力が発達する時期に明らかになるという意味で，老年性の認知症によって知的能力が衰えるのと区別される。

(4) 知能指数は，一般に100を平均とした場合の指標である。

(5) 知的障害の原因は，養育や環境によるものではない。

答　(2)

20 ●選択肢のチェック

(1) 言語障害は知的障害による言語の遅れだけを指すものではない。聴覚障害によって二次的に起こる場合も，他の原因が考えにくい場合もある。発音や話し方だけが年齢にそって発達していない場合は，構音障害と呼ばれる。

(2) 正しい。

(3) 乳幼児期であっても，知的障害に対する医学的治療が必要になる場合がある。多動，てんかん，激しいパニック，他の障害との重複などの場合に，医学的治療は必要となる。

(4) 上に述べたとおり，他の障害と重なったり，自傷行為や習癖などが見られることがある。

(5) 対人的なコミュニケーションや情緒交流には，特に問題が見られない。ただし，知的障害により言語の遅れがみられ，結果としてコミュニケーションに二次的に障害が見られることはある。

答　(2)

子どもの保健

# 予想問題

□ 21 **自閉症スペクトラム障害（自閉スペクトラム症）について述べた次の文のうち，誤っているものはどれか。**

(1) 自閉症スペクトラム障害は，コミュニケーションの障害，相互的な対人関係の障害，興味・関心の限定といった特徴をもつ発達障害である。

(2) 自閉症スペクトラム障害では，知的な発達の遅れが見られないことがある。

(3) アスペルガー症候群とは，自閉症スペクトラム障害のなかでも，言葉の遅れがなく，対人関係以外の不適応が見られない場合に呼ばれる。

(4) 自閉症スペクトラム障害は，一般に３歳以前の乳幼児期に明らかになってくるとされる。

(5) 自閉症スペクトラム障害は，「心の理論」を理解しないといわれるが，これはものごとを認知し，その関係性を理解する能力のことをいう。

□ 22 **注意欠陥多動性障害について述べた次の文のうち，誤っているものはどれか。**

(1) 注意欠陥多動性障害とは，家や保育所など２か所以上の場所で同じような行動を示す場合にみとめられる。

(2) 注意欠陥多動性障害は，学習障害をともなっている場合が見られる。

(3) 多動性障害には，衝動性や興奮性，コミュニケーションの障害が含まれる。

(4) 注意欠陥多動性障害は，愛情不足やしつけなど生活・養育上の問題により起こるものではないとされる。

(5) 注意欠陥障害における注意とは，注意の幅が狭いこと，注意の転導性が見られることを指す。

21 ●選択肢のチェック
(1) 意志を伝え合うコミュニケーションの障害，対人関係の障害はともに，他人に興味を持ち，情緒交流を図る点での障害といえる。
(2) 正しい。ただし，コミュニケーションの障害のため，結果として言語の遅れにつながって，知的遅れがあるように見えることがある。
(3) アスペルガー症候群とは，社会的相互作用や行動・興味の問題があるものの，言葉の遅れがない一群をいう。
(4) 3歳以前の乳幼児期からはっきりしてくるとされている。名前を呼んでも振り向かない，視線が合わないなどの状態などから推測されることになる。
(5) 「心の理論」とは，他の人がどう考えているか，どう感じているかを推測して，自分と同じようにふるまうことを予測する，人の心についての「理論」のことで，自閉症児は，これを理解することが困難であるとされる。ものごとの認知や関係性の理解のことではない。

答（5）

22 ●選択肢のチェック
(1) どんな環境でも，注意欠陥や多動の症状が出る状態のことである。
(2) 注意欠陥多動性障害は，学習障害をともなうことがある。
(3) 誤り。多動の症状は衝動性や興奮性を含むが，コミュニケーションの障害は含まない。ただし，対人関係の困難さが見られることもある。
(4) 愛情不足やしつけの問題ではない。
(5) 注意欠陥障害の注意は，注意の幅の狭さ，注意の転導性があること。注意の転導性とは，注意が次々と移り変わって，集中することが困難なことをいう。

答（3）

子どもの保健

☐ 23 **学習障害**について述べた次の文のうち，**誤っている**ものはどれか。

(1) 学習障害とは，読み書きや運動面における学習能力の障害で，知的障害の1つと考えられている。

(2) 学習障害は，読字障害，書字障害，算数障害，言語障害などに分類される。

(3) 学習障害とは，特定の学習能力がその子どもの知能から予想されるより低い場合にみとめられる障害である。

(4) 学習障害では，二次的に情緒的な問題や注意欠陥・多動性障害をともなうことがある。

(5) 学習障害は，学習能力の障害に加えて，対人的なコミュニケーションの困難さをともなうことがある。

☐ 24 **習癖などの不適応行動**について述べた次の文のうち，**正しい**ものはどれか。

(1) 乳幼児期に見られる爪かみや指しゃぶりは，子どもの内面に緊張や不安が高まっているための癖と考えられ，早期に適切な指導を行い，改善していくことが求められる。

(2) 排泄の自立が成立する3〜4歳以降，夜間や昼間に尿を漏らしてしまう遺尿症（かくせい）は，睡眠覚醒リズムや膀胱（ぼうこう）機能の未成熟さ，養育環境や心理的な問題などが関係しているとされる。

(3) 睡眠のリズム，入眠困難や中途覚醒などの睡眠に関する障害は，乳幼児期の場合，生活リズムや養育環境の問題が大半であり，多くは親のしつけが不適切なために起こるとされる。

(4) 選択性緘黙（かんもく）とは，家族や親しい人といるときは話せるが，見知らぬ人といるときや幼稚園，保育所，学校などにいるときにはまったく話をしなくなってしまう状態のことをいい，言語発達の問題が影響していると考えられている。

(5) 言葉の出だしや同じ音を繰り返したり，言葉の途中で音が止まるなど，発語の流暢（りゅうちょう）さが損なわれる状態を吃音（きつおん）といい，早期に言語療法士などによって対応することが望ましいとされている。

# ・・・・・解説と解答・・・・・

23 ●選択肢のチェック

(1) 誤り。学習障害は、知的障害ではない。つまり、精神遅滞による学習能力の低下ではないということ。

(2) それぞれの学習能力が、他の能力に比べて著しく低い状態のことをいう。

(3) これが学習障害の定義とされる。

(4) 予想問題22（注意欠陥多動性障害）でも出てきたが、学習障害と注意欠陥・多動性障害が重なることがある。

(5) 対人的な困難さや不器用さが見られることがある。

答（1）

24 ●選択肢のチェック

(1) 発達のなかで、爪かみや指しゃぶりが見られるのは正常の範囲内である。早期に指導を行うことがかえって悪化させる場合もある。

(2) 正しい。さまざまな問題が遺尿症に関わっていると考えられている。

(3) 親のしつけが不適切なために睡眠の問題が表れるわけではない。

(4) 選択性緘黙は、言語発達の問題から起こるのではなく、心理的・情緒的な問題の影響が考えられている。

(5) 乳幼児期には、発音や発声に問題が見られることはあり、早期から矯正を行うことはかえって悪化を招く可能性がある。

答（2）

# 予想問題

□ 25 子どもの問題行動や症状について述べた次の文のうち，誤っているものはどれか。

(1) 保育所や幼稚園に行きたがらない，登園をしぶったり，行かないように必死に抵抗したりする状態が何日も続くことを登園拒否と呼んでいるが，これは新しい環境に対する不安や，母親と離れることへの不安が主な原因であると考えられている。

(2) 自分で髪の毛や体毛などを抜くことが癖になり，そのために脱毛が生じる状態を抜毛癖と呼ぶ。養育環境や情緒的な問題があるとされ，乳幼児期に多く発症する。

(3) まばたきや頭振り，首振り，声を出したり咳ばらいなど，自分の意志とは無関係にしてしまう突発的な行動の反復をチックといい，心理的，情緒的な問題が影響した症状と考えられている。

(4) 自分でも不合理だと思いながらも繰り返しある行為を続けてしまう，ある考えが頭から離れずに振り払えないといった強迫性障害は，児童期から見られ，心理療法や薬物療法が必要とされる。

(5) 常同運動障害とは，頭を揺すったり手足をバタバタさせたりするなど，目的のない行動を繰り返す障害で，頭を壁に打ち付けたり，棒を身体につき立てるといった自傷行為に至ることもある。知的障害や小児自閉症などに多く見られる。

□ 26 児童虐待について述べた次の文のうち，誤っているものはどれか。

(1) 児童虐待は，身体的虐待，ネグレクト，性的虐待，心理的虐待の4つに分類されている。

(2) 児童虐待防止法により，虐待の証拠がなかったとしても，身体のあざなどから虐待を受けたと思われる子どもを見つけた場合，国民には通告の義務があるとされる。

(3) ネグレクトとは，衣食住や清潔さについて，子どもの健康状態を損なうような養育の放棄をいう。

(4) 虐待の疑いのある子どもの早期発見と子どもやその家族に対する適切な対応は重要な保育活動であり，子どもの心身の状態や家族の態度などに十分に注意して観察や情報の収集に努めることが求められる。

(5) 虐待が疑われる場合には，保育所単独で対応することが困難なこと

もあり，嘱託医や児童相談所，福祉事務所などと連携を図ることが必要であるが，守秘義務を守るために親の承諾を得ることが必要となる。

# ・・・・・解説と解答・・・・・

25 ●選択肢のチェック
(1) 幼児の分離不安（母親から離れることへの不安）はある程度までは誰にでも見られる。登園拒否は，それが長期化したり，不安が強く身体症状に表れたりする場合をいう。
(2) 誤り。抜毛（ばつもう）は乳幼児期だけではなく，乳幼児期から思春期，青年期にかけて表れる症状である。
(3) 一過性のチックはそれほど問題視する必要はないが，心理的・情緒的問題が背景にあると考えられている。また，繰り返しや汚言（げん）（汚い言葉を口走ってしまう）をともなう重症例では医学的な治療が必要になる。
(4) 一般的には，児童期の10歳前後から成人にかけて見られる症状である。
(5) 体を揺するなど単純な常同運動は，健常児にもみられるが，自傷行為を伴うものや複数の行為が組み合わされた複雑なものは，知的障害や小児自閉症の子どもに多くみられる。　　　　答(2)

26 **Point▶** ネグレクト（養育放棄）や心理的外傷を与えることも児童虐待とされる。

●選択肢のチェック
(1) 正しい。
(2) 改正された児童虐待防止法では，証拠がなくても虐待が疑われた場合，通告することが義務付けられている。
(3) ネグレクトとは養育放棄のことで，子どもの健康を損なう放置や清潔に関する世話を怠った場合に当てはまる。
(4) 子どもの状態に十分注意を払って保育を行う必要がある。
(5) 誤り。虐待の疑いがある場合には，守秘義務違反には問われない。
　　　　　　　　　　　　　　　　　　　　　　　　答　(5)

□ ㉗ **児童虐待について述べた次の文のうち, 誤っているものはどれか。**

(1) 首の座りがしっかりしていない乳児期に, 体をもって揺さぶり続けると重い脳障害を起こす危険があり,「乳児ゆさぶり症候群」と呼ばれる虐待の1つと考えられている。

(2) 子どもの体に傷や怪我(けが)があるとき, 保護者にその様子について尋ねるのは, 虐待の発見にとって必要な手続きになる。

(3) 親がしつけのために自分の子どもを叩いたり殴ったりする場合は, 虐待に当たらないと考えてよい。

(4) 喜怒哀楽の表情を表すことが少なく, 親が迎えに来ても無視して帰りたがらない子どもには, 他の場面や以前の親子関係について検討し, 虐待の可能性も考えることが必要である。

(5) 虐待が疑われる子どもの親に対しては, 場を設けて話し合うことも必要だが, ふだんから声をかけ, 話し合う関係作りが大切である。

□ ㉘ **相談・カウンセリングについて述べた次の文のうち, 誤っているものはどれか。**

(1) 保育者や教師がカウンセリングの基本的な考え方を学び, 保育や教育の場で子どもの理解に努める態度のことをカウンセリング・マインドという。

(2) C.ロジャースはカウンセラーに求められる態度として, 自己一致, 無条件の肯定的関心, 共感的理解を挙げた。

(3) 相談を受けた保育者は, 親など相談に来た人との関係作りを図るため, 1人で相談を受けるのがよい。

(4) 保育における相談では, 保育者による助言・指導が求められるが, 専門家への適切な紹介・連絡も必要である。

(5) 保護者からの相談にいつでも応じられるように, 保育者は日ごろから保護者との間に関係づくりを心がける必要がある。

# ・・・・・解説と解答・・・・・

27 ●選択肢のチェック

(1) 「乳児ゆさぶり症候群」は乳児期の首がすわる前に，不必要に子どもを揺さぶってしまうことで，子どもを泣きやませようと激しく揺さぶったりする場合に当てはまる。虐待の1つとされる。

(2) 子どもの状態について，保護者と情報交換をすることは，虐待の発見だけではなく，日常の保育活動でもある。

(3) 誤り。親がしつけであると主張し，虐待を認めたがらない場合がある。たたいたりなぐったりの程度にもよるが虐待の可能性もあるので，しつけやふだんの生活について親と話し合い，虐待かどうかをよく見極める。虐待があるときには，一方的な指導で終わらないように，関係機関と連絡を取り合った上で，親と一緒に改善に取り組むのが望ましい。

(4) 子どものようすや，送迎の際の親子関係などを観察することも必要である。

(5) 虐待が疑われる場合，他機関と連携して対応を工夫するのはもちろんのこと，ふだんからの関係作りが大切となる。

答 (3)

28 ●選択肢のチェック

(1) 保育者や教師はカウンセリングの専門家ではないものの，カウンセリングの知識や子どもの理解に努める姿勢のことをカウンセリング・マインドと呼んでいる。

(2) C.ロジャースは来談者中心療法において，カウンセラーに必要な条件としてこの3つをあげた。

(3) 誤り。1人で相談を受ける場合もあるかもしれないが，1人で抱え込まず，所員やさまざまな相談機関を活用して支援活動を行うべきである。

(4) 相談機関への適切な紹介も求められている。

(5) 専門機関による継続相談では時間や場所を限って行われることが多いが，保育所での相談活動は，送迎時のちょっとした話や関係づくりが基本となって行われる。

答 (3)

# 子どもの食と栄養

食生活の意義や栄養に関する基本的知識を学び，子どもの発育・発達と食生活の関連について理解を深める。食育の基本とその内容を理解し，家庭や児童福祉施設における食生活の現状と課題について学ぶ。

## Check!!　重要事項

### 1.　子どもの栄養の特徴

(1) 子どもの発育はめざましいため，多くの栄養素が必要である。

(2) 消化機能が未発達なので，食事の回数が多い。

(3) 先天性免疫が生後6か月ぐらいで減少するので，幼児期までは感染に対する抵抗力が非常に弱い。

(4) 発達段階に合わせた食物の形態や，望ましい正しい食習慣を身につけさせることが大切である。

### 2.　栄養に関する基本的知識

#### (1) 炭水化物

1g当たり4kcal。消化されやすい糖質（ブドウ糖，果糖，ガラクトース，麦芽糖，ショ糖，乳糖，でんぷん，デキストリン等）と，難消化性の食物繊維（セルロース，ペクチン等）がある。

#### (2) 脂質

1g当たり9kcal。脂肪酸とグリセリンからなる単純脂質と，リンや糖，タンパクがついた複合脂質，ステロール類がある。

不飽和脂肪酸の中のEPA（エイコサペンタエン酸）やDHA（ドコサヘキサエン酸）は，冠動脈硬化の進行を予防し，抗アレルギー作用を持つ。DHAは脳や目の発達に欠かせない。

#### (3) タンパク質

人の身体の構成成分であり，20種類のアミノ酸からなる。1g当たり4kcal。イソロイシン，ロイシン，リジン，メチオニン等，人体で合成されない9種類（小児では10種類）の必須アミノ酸がある。

#### (4) 無機質（ミネラル）

骨や歯などの硬い組織や，筋肉，臓器，血液などの軟らかい組織を作る成分となる。カルシウム，リン，マグネシウム，カリウム，ナトリウム，鉄，亜鉛などがある。

(5) ビタミン

脂溶性ビタミン (A, D, E, K) と水溶性ビタミン (B₁, B₂, 葉酸, C など) があり, ほかの栄養素を助け, 重要な生理機能を果たしている。

## 3. 栄養素の消化

唾液, 胃液, 膵液, 小腸粘膜の酵素によって消化される。

| 消化液 | 分泌場所 | 消化酵素名 | 作　　用 |
|---|---|---|---|
| 唾液 | 口腔 | 唾液アミラーゼ | でんぷん→デキストリン, 麦芽糖 |
| 胃液 | 胃 | ペプシン | タンパク質→プロテオース, ペプトン |
| 膵液 | 十二指腸（膵臓から十二指腸に分泌） | トリプシン<br>キモトリプシン | プロテオース, ペプトン→ポリペプチド |
| | | カルボキシペプチダーゼ | ポリペプチド→ジペプチド, アミノ酸 |
| | | 膵アミラーゼ | でんぷん→麦芽糖 |
| | | 膵リパーゼ | 脂肪→モノグリセリド, グリセリン, 脂肪酸 |
| | | コレステロールエステラーゼ | コレステロールエステル→コレステロール, 脂肪酸 |
| 腸液 | 小腸粘膜 | マルターゼ | 麦芽糖→ブドウ糖 |
| | | スクラーゼ | ショ糖→ブドウ糖, 果糖 |
| | | ラクターゼ | 乳糖→ブドウ糖, ガラクトース |
| | | アミノペプチターゼ | ペプチド→ジペプチド, アミノ酸 |
| | | ジペプチターゼ | ジペプチド→アミノ酸 |

## 4. 食事摂取基準

国民の健康維持・増進, エネルギー・栄養素欠乏の予防, 生活習慣病の予防を目的とし, エネルギーおよび各栄養素の摂取量の基準を示す。2020 年版の「日本人の食事摂取基準」(厚生労働省) は, 2020 年 4 月から 2025 年 3 月まで用いられる (令和 2 年度～令和 6 年度)。

## 5. 献立のたて方

「日本人の食事摂取基準」を目安として, 「6 つの基礎食品群」から食品を組み合わせ, 対象となる人の体格や運動量などに適した献立をたてる。

**献立作成上の留意点**

①幅広い範囲から食品を選ぶことによって, 必要な栄養素を摂取でき, 味覚を発達させることができる。

②嗜好<sub>しこう</sub>や調理法を考え食事に変化をつける。毎日の食事作りが負担になり過ぎないよう気をつける。

③季節感を持たせ，経済性を考える。

④食品の安全性を考慮する。（食中毒・輸入農作物のポストハーベスト（収穫後）農薬・環境汚染化学物質など）

## 6. 食生活指針

- 食事を楽しみましょう。
- 1日の食事のリズムから，健やかな生活リズムを。
- 適度な運動とバランスのよい食事で，適正体重の維持を。
- 主食，主菜，副菜を基本に，食事のバランスを。
- ごはんなどの穀類をしっかりと。
- 野菜・果物，牛乳・乳製品，豆類，魚なども組み合わせて。
- 食塩は控えめに，脂肪は質と量を考えて。
- 日本の食文化や地域の産物を活かし，郷土の味の継承を。
- 食料資源を大切に，無駄や廃棄の少ない食生活を。
- 「食」に関する理解を深め，食生活を見直してみましょう。

（平成28年6月一部改定　文部科学省，厚生労働省，農林水産省）

## 7. 妊娠期の栄養

　　妊娠中の母体の健康状態や不適切な食生活は，胎児の発育に影響を及ぼす。個人差があるが，つわり・貧血・妊娠中毒症などふだんとは異なる症状が出てくるので，状況に応じて対応する。

　　妊娠期の栄養は，成人女子の食事摂取基準に付加量を加える。エネルギーの場合は，初期＋50kcal／日，中期＋250kcal／日，後期＋450kcal／日。

　　飲酒→胎児性アルコール症候群（発達障害などの先天異常児）の子どもが生まれる可能性がある。

　　喫煙→早産・低出生体重児・胎児発育遅延につながることがある。

　　薬剤・感染症→妊娠中の服薬や感染症で，胎児が影響を受け，奇形など先天異常児が生まれる可能性がある。

## 8. 胎児期の栄養

　　胎児は，成長に必要なすべての栄養素を胎盤を通して母体からもらい，直径0.1mmの受精卵が，妊娠40週で身長は約50cm，体重は約

3,000g に成長する。

## 9. 乳児期の栄養

出生時の体重は 1 年間で約 9 kg と 3 倍ほどになり, 身長は 約 75 cm と 1.5 倍ほどになる。生後 5 か月頃までは乳汁で栄養を摂り, その後離乳食を少しずつ増やしていく。

授乳婦のエネルギー付加量は ＋ 350kcal ／日。

### (1) 母乳栄養

母乳は, 分娩後, 脳下垂体から分泌されるホルモン, プロラクチン (乳汁分泌ホルモン) とオキシトシン (射乳ホルモン) によって分泌されるようになる。分娩後から 5 日程度までの間に分泌される初乳は, 感染抑制作用のある免疫グロブリンや, ラクトフェリン, リゾチームなどの免疫物質が含まれているので新生児にぜひ飲ませたい。

**母乳 (育児) の利点**

① 乳児に最適な成分組成で少ない代謝負担。

② 感染症の発症及び重症度の低下。

③ 小児期の肥満やのちの 2 型糖尿病の発症リスクの低下。

④ 産後の母体の回復の促進。

⑤ 母子関係の良好な形成。

(平成31年3月　厚生労働省「授乳・離乳の支援ガイド2019年改訂版」)

**母乳栄養の問題点**

① ビリルビンが血液中にたまり, 黄疸が通常より長く続くことがある。

② 血液凝固に必要なビタミン K が不足し, 頭がい内出血を起こすことがある。ビタミンK₂のシロップを投与する。

③ AIDS ウイルス, 成人 T 細胞白血病ウイルスなどは, 母乳を介して子へ感染することがある。

④ 薬剤 (服用できるものもある), アルコール, タバコのニコチンなども母乳に移行するので注意が必要である。

### (2) 人工栄養

母乳の代用品として, 育児用ミルクがある。育児用ミルクには乳児用調整粉乳, 乳児用調整液状乳がある。母乳の成分組成に近づけ, 不足しがちな栄養素を添加している。普通の育児用ミルクのほかに, 低出生体重児用・アレルギー疾患用・先天性代謝異常症用などがあり, 乳児に適したものを与えるとよい。

### (3) 混合栄養

　母乳分泌不足や母親の健康上の要因など，母親が何らかの理由で母乳を十分に与えられない場合に，母乳と育児用ミルクを合わせて与えることをいう。仕事の合間に搾乳（さくにゅう）することができれば，長く母乳を与えることができる。

## 10.　離乳期の栄養

　離乳とは，母乳または育児用ミルク等の乳汁栄養から幼児食に移行する過程をいう。離乳開始は生後５，６か月頃が適当である。

### (1)　離乳食の原則

① 乳児は抵抗力が弱いためしっかり加熱するなど，衛生面に注意する。
② 消化器が未発達なため，消化能力に応じた食物を与える。
③ 離乳中期頃から栄養的なバランスを考えて，与える。
④ それぞれの食品のもつ味を生かしながら，薄味を心がける。

### (2)　離乳の進め方

　離乳を開始するときは，乳児の発育をよく見て，首がすわっている，食物に興味を示す，スプーンなどを口に入れても舌で押し出すことが少なくなるなどが見られてから開始する。食後には乳汁を与える。

５〜６か月頃　口に入ったものを舌で前から後ろへ送りこむことができる。なめらかにすりつぶした状態のものを１さじずつ与える。
　　１日１回食。１か月を過ぎた頃から１日２回食。
７〜８か月頃　舌でつぶせる固さにし，いろいろな味や舌ざわりを楽しめるよう食品の種類を増やしていく。１日２回食。
９〜１１か月頃　歯ぐきでつぶせる固さ。１日３回食。
１２〜１８か月頃　歯ぐきで噛める固さ。手づかみ食べを十分にさせる。
　　１日３回食と１〜２回の補食を目安とする。

## 11.　幼児期の栄養

　１歳から就学前までの幼児期は心身ともに発達し，２〜３歳頃には２０本の乳歯も生えそろい噛（か）む力がついてくる。６歳の頃には６歳臼歯（きゅうし）が生え，咀嚼（そしゃく）力がついてくるので虫歯にならないよう大切にしたい。自我の発達とともに食事に関する問題も起こりやすい時期である。

### (1)　幼児の食事行動

　２歳くらいまでにスプーンですくって食べたり，コップで飲めるようになる。また，言語機能の発達にともない好き嫌いを言うよう

になったり，食事中にもよくおしゃべりをするようになる。

　運動機能も発達し動作がしっかりしてくるので，食事の手伝い，後片付けにも積極的に参加させるとよい。5～6歳くらいまでに正しい箸の持ち方や食事のマナーも身につけさせる。

## (2) 幼児の食事摂取基準

　推定エネルギー必要量は，1～2歳児の男子 950 kcal ／日，女子 900kcal ／日，3～5歳児の男子 1,300 kcal ／日，女子 1,250 kcal ／日。

　成長期であるため，脂肪エネルギー比率は 20％以上 30％未満。タンパク質推奨量は，1～2歳で 20g ／日，3～5歳で 25g ／日。脳は 6歳頃までに約 90％まで発達するので，良質の動物性タンパク質が必要である。

## (3) 補食（間食）

　消化機能が未発達のため，3回の食事だけでは十分な栄養がまかなえない。そこで，1日に1～2回の補食が必要となる。食事を補う目的で1日のエネルギー量の 10～20％を摂る。

## (4) 幼児期の栄養の問題点

① 偏食　むし歯やアレルギー疾患などが原因の場合であれば，治療を行う。離乳期にいろいろな種類の食物を経験していなかったり，不快な経験で嫌いになった場合などは時間をかけて，調理法や食事の環境を工夫し，無理のない範囲で少しずつ食べられるようにしていく。栄養的に問題がなければ，食べたくなるような楽しい雰囲気の中で気長に取り組んでいく。

② 食欲不振　元気に活動し，発育が順調であればあまり心配はないが，むし歯や心理的原因があれば治療を行う。安心してゆったりと食事ができる環境を整えることも大切である。

③ 咀嚼機能の未発達　噛まない子，噛めない子など咀嚼がうまくできない子が増えている。離乳期の食事の硬さと発育が合っていなかったり，歯ぐき食べが未熟であったり，軟らかいものばかり食べていることも一因である。

④ 食物アレルギー　食物が原因でアレルギー症状を起こすもので，小児型アレルゲンでは鶏卵・牛乳・小麦が多く，成長とともに減少する。短時間に重篤なアレルギー反応を示すアナフィラキシーは，命にかかわる場合があるので，注意が必要である。医師の指導を受けながら除去食などで対応する。

⑤ むし歯　むし歯は，ミュータンス菌と，ショ糖，歯質の要素が加わって発生する。防ぐためには口ゆすぎや歯磨きを行い，歯科での定

期的なフッ化物（フッ素）の塗布も有効
である。乳歯のときも定期健診をし、む
し歯ができたら速やかに治療をすること
が大切である。

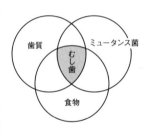

⑥肥満　肥満はエネルギーの過剰摂取や
運動不足によって生じる。遺伝子の影
響も多少あるといわれている。食事療
法や、運動療法で治療を行うが、小児の場合は身長が伸びていく
ので、発育に必要な栄養素をしっかり摂りながら、体重の増加を
緩やかにするとよい。
　　子どもに精神的苦痛の多い食事指導を行うと、思春期になって
摂食障害などの問題が生じることがあるので、注意が必要である。
　　発育の評価はカウプ指数（BMI）や、ローレル指数が用いられる。

**カウプ指数（BMI）**（3か月以降の乳幼児用）

$$\frac{体重 (kg)}{身長 (m)^2}$$
14 以下……やせぎみ
18 以上……太りぎみ

＊カウプ指数は、標準値が年齢とともに多少変動する。判定基準も諸説がある。

**ローレル指数**（学童期から思春期の児童、生徒用）

$$\frac{体重 (kg)}{身長 (m)^3} \times 10$$
100 未満 ……やせすぎ
115 ～ 144……標準
160 以上 ……太りすぎ

## 12.　保育所給食

　　保育所は、児童福祉法に基づき、保育を必要とする子どもの保育
を行い、その健全な心身の発達を図ることを目的とする児童福祉施
設である。乳幼児は日中の大半を保育所で過ごすので、食事は重要
な役割を担っている。
　　2008 年 (平成 20 年) に改訂され、告示された「保育所保育指針」か
ら「食育の推進」の項が設けられた。保育所保育指針では、健康な
生活の基本としての「食を営む力」の育成に向け、その基礎を培う
ことを食育の目標としている。保育所における食育は、次にかかげ
る子ども像の実現を目指して行う。
①お腹がすくリズムのもてる子ども
②食べたいもの、好きなものが増える子ども
③一緒に食べたい人がいる子ども
④食事づくり、準備にかかわる子ども
⑤食べものを話題にする子ども
（厚生労働省：保育所における食育に関する指針、2004）

## 保育所での栄養摂取量 （例示）

|  |  | エネルギー （kcal） | タンパク質 （g） |
|---|---|---|---|
| 1～2歳児 | 10時 | 118 | 3.7 |
|  | 昼食 | 274 | 8.9 |
|  | 3時 | 156 | 4.6 |
|  | 合計 | 548 | 17.2 |
| 3～5歳児 | 昼食 | 414 | 12.8 |
|  | 3時 | 216 | 5.8 |
|  | 合計 | 630 | 18.6 |

## 食育の5項目

| ①食と健康 | 食を通じて，健康な心と体を育て，自らが健康で安全な生活をつくり出す力を養う。 |
|---|---|
| ②食と人間関係 | 食を通じて，他の人々と親しみ支え合うために，自立心を育て，人とかかわる力を養う。 |
| ③食と文化 | 食を通じて，人々が築き，継承してきた様々な文化を理解し，つくり出す力を養う。 |
| ④いのちの育ちと食 | 食を通じて，自らも含めたすべてのいのちを大切にする力を養う。 |
| ⑤料理と食 | 食を通じて，素材に目を向け，素材にかかわり，素材を調理することに関心を持つ力を養う。 |

（厚生労働省：保育所における食育に関する指針，2004）

## 発育・発達過程に応じて育てたい「食べる力」

★授乳期・離乳期
—安心と安らぎの中で食べる意欲の基礎づくり—
・安心と安らぎの中で母乳（ミルク）を飲む心地よさを味わう。
・いろいろな食べ物を見て触って，味わって,自分で進んで食べようとする。

★幼児期
—食べる意欲を大切に，食の体験を広げよう—
・おなかがすくリズムがもてる。
・食べたいもの，好きなものが増える。
・家族や仲間と一緒に食べる楽しさを味わう。

・栽培，収穫，調理を通して，食べ物に触れはじめる。
・食べ物や身体のことを話題にする。

★学童期
—食の体験を深め，食の世界を広げよう—
・1日3回の食事や間食のリズムがもてる。
・食事のバランスや適量がわかる。
・家族や仲間と一緒に食事づくりや準備を楽しむ。
・自然と食べ物との関わり，地域と食べ物との関わりに関心をもつ。
・自分の食生活を振り返り，評価し，改善できる。

（厚生労働省：楽しく食べる子どもに～食からはじまる健やかガイド～2004）

□ ① 次のア〜オは栄養素に関する記述である。正しい組合せを下記の(1)〜(5)の中から選べ。

ア 炭水化物は炭素・水素・酸素からなり，消化酵素で消化されにくい食物繊維も含む。

イ 脳や眼の発達に欠かせないエイコサペンタエン酸(EPA)やドコサヘキサエン酸(DHA)は二重結合を持たない飽和脂肪酸である。

ウ タンパク質は1gにつき4kcalのエネルギーを供給し，20種類の必須アミノ酸からできている。

エ 母乳や人工乳と比べて牛乳は鉄が少なく，カルシウムやリンの含有量が多いため，1歳未満では牛乳貧血を引き起こすおそれがある。

オ ビタミンDはカルシウムの吸収を促進し，不足すると欠乏症として壊血病になることがある。

(1) アとウ　(2) イとエ　(3) イとオ
(4) ウとオ　(5) アとエ

□ ② 次の日本人の食事摂取基準(2020年版)に関する記述のうち，誤っているものはどれか。

(1) 2020年版日本人の食事摂取基準は，2020年4月から2025年3月までのものである。

(2) 妊娠後期のエネルギー付加量は350kcal／日である。

(3) 乳児の推定エネルギー必要量は，男児は女児より多い。

(4) 身体活動レベルは，レベルⅠ(低い)，レベルⅡ(ふつう)，レベルⅢ(高い)の3段階に区分されている。

(5) 栄養素の指標については，推定平均必要量，推奨量，目安量，耐容上限量，目標量の5種類で表されている。

# ・・・・・解説と解答・・・・・

[1] ●選択肢のチェック

ア：正しい。水溶性の食物繊維（ペクチン・アルギン酸・グルコマンナンなど）と不溶性の食物繊維（セルロース・キチンなど）がある。

イ：誤り。二重結合を EPA は 5 か所，DHA は 6 か所もつ不飽和脂肪酸である。

ウ：誤り。人の身体の構成成分となるアミノ酸は 20 種類あるが，必須アミノ酸はイソロイシン・ロイシン・リジン・メチオニン（シスチンと同等）・フェニルアラニン（チロシンと同等）・スレオニン・トリプトファン・バリン，ヒスチジンの 9 種，または，小児はアルギニンを加えて 10 種あるとされている。

エ：正しい。牛乳はカルシウムやリンの含有量が多く，鉄と不溶性の複合物を形成して腸からの鉄吸収を阻害するおそれがある。

オ：誤り。壊血病はビタミン C の欠乏症である。

答 (5)

[2] **Point▶** 日本人の食事摂取基準は，健康人を対象として，国民の健康維持・増進，栄養素欠乏の予防，生活習慣病の予防，過剰摂取による健康障害の予防を目的とし，エネルギーおよび各栄養素の摂取量の基準を示すものである。

●選択肢のチェック

(1) 日本人の食事摂取基準は 5 年ごとに改定され，2020 年版は 2025 年 3 月まで使用される。

(2) 誤り。妊婦は，初期＋50kcal／日，中期＋250kcal／日，後期＋450kcal／日，授乳婦は＋350kcal／日。

(3) 乳児の推定エネルギー必要量は，0～5 か月では男児 550kcal／日，女児 500kcal／日。6～8 か月では男児 650kcal／日，女児 600kcal／日。9～11 か月では男児 700kcal／日，女児 650kcal/ 日。いずれの月齢でも男児のほうが多い。

(4) 75 歳以上においては，Ⅱ（ふつう）の内容は，自立している者，Ⅰは自宅にいてほとんど外出しない者（高齢者施設で自立に近い状態で過ごしている者にも適用できる）に相当する。

(5) 栄養素によって，基準値が示されている指標は異なる。 答 (2)

□ ③ 次は母乳栄養に関する記述である。正しい組合せを下記の(1)～(5) から選べ。

ア　新生児のビタミン B₁ 不足による頭蓋内出血は，母乳栄養児に起こり やすい。

イ　母乳栄養児はビタミン D が不足することがある。

ウ　衛生的に搾乳した母乳を冷凍保存したものを，子どもに与えてもよい。

エ　新生児黄疸は母乳栄養児のほうが早く消失する。

オ　冷凍母乳を電子レンジで解凍してもよい。

(1)　アとイ
(2)　ウとエ
(3)　イとウ
(4)　エとオ
(5)　アとオ

□ ④ 次の文は離乳の進め方について述べたものである。A～E にあては まる語句の正しい組合せを下記の(1)～(5)から選べ。

　　離乳開始後ほぼ1か月間は，離乳食は1日（　A　）与える。（　B　） 固さのものを与え，母乳または育児用ミルクを欲しがるだけ与える。離 乳を開始して1か月を過ぎた頃から，離乳食は1日（　C　）にしていく。 生後7・8か月の頃は（　D　）固さのものを与え，いろいろな味や舌 ざわりを楽しめるように食品の種類を増やしていく。離乳食の （　E　）に母乳または育児用ミルクを与える。

|  | A | B | C | D | E |
|---|---|---|---|---|---|
| (1) | 1回 | すりつぶした | 3回 | 歯ぐきでつぶせる | 前 |
| (2) | 1回 | 舌でつぶせる | 2回 | 歯ぐきでつぶせる | 後 |
| (3) | 2回 | すりつぶした | 3回 | 舌でつぶせる | 前 |
| (4) | 2回 | 舌でつぶせる | 2回 | 舌でつぶせる | 後 |
| (5) | 1回 | すりつぶした | 2回 | 舌でつぶせる | 後 |

# ・・・・・解説と解答・・・・・

3 ●選択肢のチェック

ア：誤り。血液凝固との関連がつよいのはビタミンK。育児用ミルク
には添加してあるため，母乳栄養児のほうがビタミンKの欠乏が
起こりやすい。そのため，出生後にシロップ状のビタミンK₂を投
与する。

イ：正しい。母乳栄養児でビタミンD不足による，くる病，低カルシ
ウム血症が起こることがある。

ウ：正しい。消毒した容器に搾乳し，滅菌したポリエチレンパックな
どで冷凍保存し衛生的に取り扱ったものに限る。

エ：誤り。母乳中にビリルビンの分解を妨げる物質があるため，ビリ
ルビンが血液中にたまり，母乳性黄疸が1か月ぐらい続く時があ
る。

オ：誤り。免疫物質を破壊してしまうので，40℃を超えない温度で
解凍する。

答 (3)

4 **Point▶** 離乳の進行について理解しているかを問う問題であ
り，固さや進め方を把握しておくとよい。

　離乳の開始は5〜6か月頃で1日1回から始める。1か月を過ぎ
たころから1日2回とする。なめらかにすりつぶしたものから与え，
7〜8か月頃からは舌でつぶせる固さのものが食べられるようにな
る。9〜11か月頃には1日3回食となり，歯ぐきでつぶせる固さ
のものが食べられるようになる。12〜18か月頃には歯ぐきで噛め
る固さのものにしていき，手づかみ食べができるものも取り入れて
いく。

　母乳や，育児用ミルクは，離乳食の後に与える。

答 (5)

子どもの食と栄養

193

☐ ⑤ 次の幼児期の食事行動の発達に関する記述のうち，正しくないものはどれか。

(1) 1歳半：茶碗やコップで飲むことはまだできないが，スプーンですくうことが少しできる。

(2) 2歳：スプーンであまりこぼさないで飲む。食べ物をもてあそぶことがある。

(3) 3歳：食事をほとんど手伝ってもらわなくても食べられる。食べ物の好き嫌いが出てくる子どももいる。

(4) 4歳：自分で食物を盛りたがり，食事の用意をよくする。

(5) 5歳：食べかたが早くなり，よくおしゃべりをする。

☐ ⑥ 次は幼児期の食生活や栄養についての記述である。正しい組合せを選べ。

ア 間食は，1日のエネルギー摂取量の5～10％とされる。

イ 幼児期は他者と食卓を囲むことで食事のマナーや食具の使い方などを身につけていくので，孤食にならないようにする。

ウ 平成27年度の乳幼児栄養調査によると，子どもの食事で困っていることは，2～3歳未満では「遊び食べをする」，3～4歳未満では「食べるのに時間がかかる」と回答した者の割合が最も高い。

エ 2～3歳の頃には20本の乳歯が生えそろうので，前歯で噛み砕く力がついてくる。

オ 2歳を超えれば食物による窒息や誤嚥の危険はなくなるので，積極的にもちやピーナッツを与えるとよい。

(1) アとイ　(2) イとウ　(3) アとオ
(4) イとエ　(5) ウとオ

# ・・・・・解説と解答・・・・・

5 ●選択肢のチェック

(1) 正しくない。コップで飲めるようになるのは1歳半頃で，ほとんどの子どもができるようになっている。

(2) 食べるのに手伝いが必要である。

(3) ほとんどこぼさないで飲める。食事の用意をすることを好む。

(4) おしゃべりをしながら食べるようになる。

(5) 社交的になるので，よくおしゃべりをするようになる。

答 (1)

6 ●選択肢のチェック

ア：誤り。間食のエネルギー摂取量は，1日の10〜20％とされている。

イ：正しい。孤食は肥満ややせ，体力低下につながることもある。食事が楽しいと思える環境を整える。

ウ：正しい。4〜5歳未満，5歳以上についても「食べるのに時間がかかる」が最も多い。全体的に，「食べるのに時間がかかる」「偏食する」「むら食い」「遊び食べをする」などの困りごとが多い。

エ：誤り。離乳期の前歯ではまだ噛み砕くことができないので，歯ぐきで噛む練習をし，生えそろったときに奥歯で噛めるようにする。

オ：誤り。食物による窒息や誤嚥は4歳頃まで起きやすい。特にピーナッツは気管支で脂肪酸の刺激により肺炎を起こし，呼吸困難を生じやすいので注意が必要。

答 (2)

## Topic!! 〉〉〉〉〉〉　　　食育基本法

2005年（平成17）年6月食育基本法が成立，7月に施行。

目的は，国民が健全な心身を培い，豊かな人間性を育むことができるように，食育を総合的，計画的に推進することにある。

「食育」とは，①生きる上での基本であって，知育，徳育および体育の基礎となるべきもの，②様々な経験を通じて「食」に関する知識と「食」を選択する力を習得し，健全な食生活を実践することができる人間を育てること，と位置づけられる。

内閣府に食育推進会議を設置し，国民運動として取り組んでいくとし，2006年食育推進基本計画が策定され，2021年には第4次食育推進基本計画が決定した。

# 予想問題

□ ⑦ 次の記述は保育所における**食事計画**である。誤っているものはどれか。

(1) 昼食を提供する場合は，1日の給与栄養量の1／3を目安とする。

(2) 子どもの食に関する嗜好や体験が広がりかつ深まるように，多様な食品や料理の組み合わせに配慮する。

(3) 1～2歳児の昼食とおやつ（午前・午後）は，1日の給与栄養量の50％を供給する。

(4) 食物アレルギーをもつ子どもへの給食の提供については，食べられる量を与える「部分除去」が基本である。

(5) 脂質については，量（脂肪エネルギー比率）とともに，質（n‐6系脂肪酸，n‐3系脂肪酸）にも配慮する。

□ ⑧ 次の**調乳方法**についての記述のうち，正しくないものはどれか。

(1) 調乳方法には，無菌操作法と終末殺菌法がある。

(2) 電子レンジ消毒専用の容器に入れて，哺乳瓶を消毒することができる。

(3) 哺乳瓶を薬剤で消毒するときは1時間以上液に浸しておく。

(4) 育児用ミルクを飲ませるときは，37～40度にする。

(5) 調乳するときは，人肌程度の湯で粉乳を溶かすと，すぐに飲ませられるのでよい。

□ ⑨ 次は**ビタミン類の働き**についての記述である。誤っているものはどれか。

(1) ビタミンAは，皮膚や粘膜を保護する働きがある。

(2) ビタミンDはカルシウムの吸収を促進する。

(3) ビタミンEは不飽和脂肪酸の酸化を防ぐ機能がある。

(4) ビタミン$B_1$は激しい運動のときに消費が高まる。

(5) ビタミンCは骨髄での赤血球の生成に必要。

# ・・・・・解説と解答・・・・・

7 ●選択肢のチェック

(1) 昼食については，およそ１／３でよい。

(2) 正しい。

(3) 昼食が30%，おやつが20%程度で50%になる。

(4) 誤り。安全な給食提供の観点から，原因食品の完全除去が基本である。除去については，医師の診断に基づいた生活管理指導表をもとに行う。

(5) n‐6系はリノール酸・アラキドン酸，n‐3系は EPA・DHA など多価不飽和脂肪酸である。　　　　　　　　　　　　　答（4）

8 ●選択肢のチェック

(1) 家庭など少人数のための調乳（無菌操作法）と，保育所や乳児院など多人数のところで行われる調乳（終末殺菌法）がある。

(2) 電子レンジの場合は熱むらがあるので，温度管理に注意する。

(3) 薬剤は，常に新しいものを使用すること。液体の希釈濃度を守って使用する。

(4) 人肌に温める。

(5) 正しくない。サカザキ菌などへの感染を防ぐため，一度沸騰させた70℃以上のお湯を使う。殺菌していない水を入れてはいけない。
　　　　　　　　　　　　　　　　　　　　　　　　　　　答（5）

9 **Point** ▶ ビタミン類は，それぞれの働きと欠乏症を理解しておく。

●選択肢のチェック

(1) ビタミンＡ→細胞の保護。目・気管・消化管の粘膜の形成など。欠乏症は夜盲症，成長障害など。

(2) ビタミンＤ→小腸でカルシウムの吸収促進，腎臓で再吸収増加の働きがある。欠乏症はくる病，骨軟化症。

(3) ビタミンＥ→脂質の過酸化防止，動脈硬化の予防。欠乏症は溶血性貧血など。

(4) ビタミン $B_1$ →糖質の代謝に関与する。欠乏症は脚気，神経炎など。

(5) 誤り。ビタミンＣ→コラーゲンの合成，鉄の吸収利用率向上，発がん物質の生成抑制，免疫機能強化など。欠乏症は壊血病など。赤血球の生成は $B_{12}$。　　　　　　　　　　　　　　答（5）

子どもの食と栄養

☐ 10 次の文は，摂食や嚥下が困難な子どもの食事に関する記述である。誤っているものはどれか。

(1) 嚥下機能に障害がある場合，食物が気管に入り，肺炎や窒息を起こしやすい。

(2) 食物の形態は，ミキサーやフードプロセッサーなどの調理器具を用いて小さくし，とろみをつけて飲み込みやすくするとよい。

(3) 口腔に入れる1回の量は，多すぎるとむせてしまうので子どもの適量を決め，口腔の奥のほうに入れる。

(4) とろみをつける場合は，かたくり粉や，市販の増粘剤を使用するとよい。

(5) 子どもの食べる速さに合わせた支援をする。

☐ 11 次の消化についての記述のうち，誤っているものはどれか。

(1) でんぷんの消化に必要な酵素は，アミラーゼである。

(2) タンパク質の消化に必要な酵素はペプシンである。

(3) 脂質の消化に必要な酵素は，リパーゼである。

(4) 麦芽糖の消化に必要な酵素は，スクラーゼである。

(5) 乳糖の消化に必要な酵素は，ラクターゼである。

☐ 12 次の食物繊維についての記述のうち，誤っているものはどれか。

(1) 食物繊維には水溶性のものと不溶性のものがあり，野菜に含まれるセルロースは不溶性である。

(2) 食物繊維は，排便を促し，糖尿病などの生活習慣病の予防に役立つ。

(3) 食物繊維は，肉や魚などの動物性食品に多く含まれる。

(4) 3〜5歳の1日の摂取量は8gがよい。

(5) 多量に食物繊維を摂取すると，下痢や軟便になる場合がある。

# ・・・・・解説と解答・・・・・

10 ●選択肢のチェック

(1) 食事の際の姿勢にも気を配る。

(2) 対象の子どもに合った大きさ・硬さ・とろみのものを提供する。

(3) 誤り。奥のほうに入れるとむせてしまうので，手前か中央に入れ嚥下機能を引き出す。

(4) ゼラチンやコーンスターチなども使われる。

(5) 子どもの口の中が空になったことを確認してから次の一口を与える。

答（3）

11 **Point▶** 「栄養素の消化」の項を参照。

(4) 誤り。麦芽糖の消化に必要な酵素はマルターゼ。スクラーゼはショ糖の消化に必要な酵素。

答（4）

12 ●選択肢のチェック

(1) 不溶性の食物繊維はセルロースとペクチン。水溶性はペクチン，アルギン酸，イヌリン，ガラクタン，グルコマンナン。

(2) 生活習慣病（高血圧，心筋梗塞，糖尿病など）の予防に役立つ。

(3) 誤り。りんご，いちごなどの果物類，野菜類，昆布，わかめ，寒天などの海藻類，こんにゃくに多く含まれる。

(4) 目標量は男女とも 8g 以上。ただし，乳児及び幼児における食物繊維の健康影響は，日本人ではまだ十分に明らかではないとされている。

(5) 努力して摂らないと不足しがちとなるが，多量に摂取すると下痢をする。

答（3）

子どもの食と栄養

□ ⑬ 次の文は，保育所保育指針の中の「食育の推進」の記述である。
誤っているものはどれか。

(1) 健康な生活の基本としての「食を営む力」の育成に向け，その基礎
を培うことを目標とすること。

(2) 子どもが生活と遊びの中で，意欲をもって食に関わる体験を積み重
ね，食べることを楽しみ，食事を楽しみ合う子どもに成長していく
ことを期待するものであること。

(3) 乳幼児期にふさわしい食生活が展開され，適切な援助が行われるよ
う，食事の提供を含む食育計画を全体的な計画に基づいて作成し，
その評価及び改善に努めること。

(4) 子どもが自らの感覚や体験を通して，自然の恵みとしての食材や食
の循環・環境への意識，調理する人への感謝の気持ちが育つように，
子どもと調理員等との関わりや，調理室など食に関わる保育環境に
配慮すること。

(5) 体調不良，食物アレルギー，障害のある子どもなど，一人一人の子
どもの心身の状態等に応じ，保護者の指示や協力の下に適切に対応
すること。栄養士が配置されている場合は，専門性を生かした対応
を図ること。

□ ⑭ 次の文は，小児の健康管理についての記述である。誤っているもの
はどれか。

(1) 不規則な間食は，食欲不振の原因となることがある。

(2) 卵，牛乳，乳製品など，食物アレルギーを起こす頻度が高いものや，
そば，ピーナッツなど重い症状を誘発する食品について，食品衛生法
に基づく原材料表示が義務付けられている。

(3) 学童期の肥満は，成人期の肥満に移行することがある。

(4) 体調不良で食欲がないときは，香辛料を使ったり味が濃いものを与
え，食欲をわかせるとよい。

(5) 虫歯の予防は，砂糖の摂取量を控えることや，摂取回数を減らすこ
とが重要である。

# ・・・・・解説と解答・・・・・

**13 Point** 保育所保育指針では，「第3章　健康及び安全」の「2　食育の推進」の項目で食育について記載されている。

●**選択肢のチェック**
(1) 食育基本法を踏まえ，食に関する取組を積極的に進めていくことが求められる。
(2) 家庭や地域社会と連携を図り，それぞれの職員の専門性を生かしながら，創意工夫して進めることが求められる。
(3) 食育計画が柔軟で発展的なものとなるように留意し，各年齢を通して一貫性のあるものにすることが大切である。
(4) 食に関する人的及び物的な保育環境の構成に配慮することが大切である。
(5) 誤り。保護者ではなく，嘱託医，かかりつけ医等の指示や協力の下に適切に対応すること。

答（5）

**14** ●**選択肢のチェック**
(1) 間食をだらだらと食べることは，むし歯の原因にもなる。
(2) 食品衛生法施行規則によって，えび，かに，小麦，そば，卵，乳，落花生，くるみの8品目の表示が義務づけられている。
　　食物摂取後1〜2時間以内に症状が現れる場合を即時型食物アレルギーと分類し，特に短時間に激しい症状を示し，2臓器以上のアレルギー反応等が出現したものをアナフィラキシーという。さらに血圧の低下や意識の消失にまでいたった状態をアナフィラキシーショックという。
(3) 学童期の肥満は成人肥満に移行する確率が高く，中性脂肪の増加などの血中脂質異常，高血圧などにかかりやすくなる。
(4) 誤り。体調不良時は，食べやすく消化しやすいものを食べさせるとよい。
(5) 歯みがきやうがいのほか，乳幼児では定期的なフッ化物の塗布によってむし歯を予防する効果がある。

答（4）

子どもの食と栄養

# 子育て家庭支援論

## 内　容

ケースワークなどの個別的援助論に対して，社会的問題を持つ者への支援を，家族という単位で保育者として関わっていくのが家庭支援論である。保護者との関わりは保育の中心的課題であり，保育者は，「子育て支援」「家庭支援」を抜きにして保育活動の問題を語ることはできない。

## Check!!　重要事項

### 1．家族とはなにか

#### (1) 家　族

社会構成の基本単位。

夫婦とその血縁関係者を中心に構成され，共同生活（社会）の基礎単位となる集団。産業革命以後の近代家族では，夫婦とその未婚の子からなる核家族が一般的形態。

・核家族…夫婦（親）と子どもで形成される家族
・二世帯家族（多世帯家族）…夫婦とその親及び子どもなどによって形成される家族

#### (2) 日本の伝統的な家族制度としての「家（イエ）制度」

家父長制（男子・長男）による直系家族の継承と家族内での権力構造が特色（第二次大戦まで法的にも維持された制度）。直系家族による二世帯家族以上の形態を持つ形が多かった。

#### (3) 家制度から近代家族（核家族化）への変ぼう

第二次大戦を契機に日本国憲法が制定され，男女の選択による婚姻（夫婦の平等化），産業構造の変化に伴う都市化（過疎と過密問題）等から核家族化が加速。少子家族と高齢者だけの家族など核家族化にともなう家族問題として，子育て・高齢化が近代家族の問題となる。

### 2．家族機能の変ぼう

家の継承（家制度）から精神的安らぎの場へと変ぼう（核家族化）するなかで，家族の機能としての子育ても，家の継承を前提とした祖父母等の支援型の養育から，養育機能の社会化（核家族・共働き家庭の増加等で保育等を社会に依存する傾向）が高まる。

核家族化や人口の都市集中化などにより，地縁・家族関係の世代間の交流が希薄になり，母親などが孤立することによって子育て不安が社会的問題となる。また，女性の社会進出・経済自立やDV（ドメ

スティックバイオレンス）の増加など，家族をとりまく環境変化によって離婚も増加する。

　現在，子育てが家族機能の重要な部分にあることには変わりないが，子育てへの負担感等により，子どもを生まない・子どもの少ない家族が増え，少子化が問題となっている。

## 3.　少子高齢社会における家庭支援の意味
### (1)　なぜ子育て支援が必要か

　出生率の低下による少子化社会，団塊の世代[*1]による急激な高齢化社会により，社会保障制度（世代間の不平等）が社会問題化している。

　少子化社会は，社会保障の破綻や社会の経済活動への影響などが指摘されており，国は，社会防衛としての少子社会対策（次世代育成）を展開している。

　男女共同参画社会の出現により女性の社会進出が一般化するなかで，これまでの就業援助だけでは少子化社会の解決にはならず，地域社会全体で子育て支援を行っていく必要性が生じている。

　現在，パートタイム労働の急増やニート[*2]問題などから子育て環境はますます悪化しており，総合的な子育て支援対策（少子化対策）が求められている。

### (2)　国の対策

○エンゼルプラン「**今後の子育て支援のための施策の基本的方向について（1995〜1999年度）**」(1994年)＝緊急保育対策等5か年計画等含めての少子化対策10年計画

　子育て支援のため，①仕事の両立支援，②家庭における子育て支援，③住宅及び生活環境の整備，④ゆとりある教育の実現と健全育成の推進，⑤子育てコストの軽減，の数値目標を定め，都道府県・市町村に「児童育成計画—地方版エンゼルプラン」策定を求める施策。

○新エンゼルプラン「**重点的に推進すべき少子化対策の具体的実施計画について（2000〜2004年度）**」(1999年)少子化対策推進基本方針をうけ新エンゼルプランの策定が行われた。保育サービスなど子育て支援サービスの充実，雇用環境の整備，地域で子どもを育てる教育環境の整備等，8項目の数値目標を設定。その背景には，

---

＊1　団塊の世代　第1次ベビーブーム（1947〜49年）に生まれた世代。
＊2　ニート（NEET：not in education, employment, or training）「学校に通わず，職探しもせず，職業訓練も受けない」若者。

1998 年の合計特殊出生率1.38 ショックがある。

○**少子化対策プラスワン**（2002 年）晩婚化と出生率の低下（2002 年「日本の将来推計人口について」）から出された少子化対策の推進策。支援対象を子育て家族全体に拡大。

○**次世代育成支援対策推進法**（2003 年）わが国の少子化対策として国や地方公共団体および事業主に具体的な対策（計画）の策定をもとめる法律。

○**少子化社会対策基本法**（2003 年）次世代育成支援対策の総合的な推進を目的。雇用環境の整備・保育サービスの充実・地域における子育て支援体制整備・母子保健医療体制の充実等。

○**子ども・子育て応援プラン**（2005 ～ 2009 年度）（2004 年）

　　共働き家庭の子育て支援だけでなく「子育て中の専業主婦家庭の負担感の緩和に役立つ施策を充実」することが目標。地域社会における子育て支援をいっそう進めるために，一方的なサービスとしての保育所や子育て支援センター等の見直しや，育児中の保護者と専門職（機関）との連携などによる育児支援策などを求めた。

○**子ども・子育てビジョン**（少子化社会対策大綱：2010 年1 月 ～ '15 年3 月）（2010 年）少子化社会対策基本法に基づき，子どもと子育てを応援する社会を実現するために次の4 つの柱に基づき策定。

　　①子どもの育ちを支え，若者が安心して成長できる社会へ
　　②妊娠，出産，子育ての希望が実現できる社会へ
　　③多様なネットワークで子育て力のある地域社会へ
　　④男性も女性も仕事と生活が調和する社会へ（ワーク・ライフ・バランスの実現）

○**子ども・子育て支援法**　2012 年に公布され，少子化対策の新たな取り組み「子ども・子育て支援新制度」として2015 年4 月から施行された。自治体は，幼保一元化などの保育対策等や小学校6 年生までの保育の実施などによる新たな放課後子ども対策などを含めた子ども・子育て支援計画を策定して新たな少子化対策に取り組み始めた。

　　子ども・子育て支援法の大きなポイントは，①質の高い幼児期の学校教育（認定こども園）・保育の総合的な提供（学童保育の延長等）②保育の量的拡大・確保（待機児童対策の拡充）③地域の子ども・子育て支援の充実（児童手当等給付の見直し・保育給付等）の3 点である。

　　新制度は，子ども・子育て関連3 法（子ども・子育て支援法，認定こども園法の一部改正，関係法の整備等に関する法律）に基づき，子ども・子育て会議などによる子ども・子育て支援計画を都道府

県・市町村に策定を求めている。消費税増税分の一部がその財源としてあてられることも決まっており，保育の質の問題や量的拡充，幼保一体型幼児教育（認定こども園）の導入，地域型保育などを地域の実情に即し，実施計画をもって少子化対策とする内容である。

○少子化危機突破のための緊急対策（2013年）内閣府に「少子化危機突破タスクフォース」を発足。「子育て支援」「働き方改革」に「結婚・妊娠・出産支援」を加えた「3本の矢」で「切れ目ない支援」の総合的な政策の充実・強化を目指す。

○新たな少子化社会対策大綱（2015年）従来の少子化対策の枠組みを越え新たに結婚の支援を加えた子育て支援策の一層の充実，若い年齢での結婚・出産の希望の実現，多子世帯への一層の配慮，男女の働き方改革，地域の実情に即した取組強化の5つの重点課題を設け，長期的視点に立つきめ細かな少子化対策の総合的推進が示された。

○新しい経済政策パッケージ（2017年）「人づくり革命」と「生産性革命」。前者では，幼児教育の無償化，待機児童の解消，高等学校の無償化など2兆円規模の政策を盛り込み，子育て世代や子どもたちに政策資源を投入することで，全世代型の社会保障制度へと改革するとした。

## 4. ひとり親家庭への支援

ひとり親家庭とは，母子家庭及び父子家庭を指す。相談事業や経済的支援は，児童福祉法や生活保護法により行われている。

**4本柱の施策**　「子育て・生活支援」「就業支援」「養育費確保支援」「経済的支援」

**経済的支援**　子どものいる世帯については児童扶養手当（児童扶養手当法）が，子どもが18歳になるまで支給。

**就業支援**　ハローワーク等において資格修得事業や就業援助。

**在宅支援**　母子生活支援施設において，就業から自立にむけての総合的な支援（母子生活支援施設への入所は，2001年に措置制度から契約制度に変更された）。

○**母子保護法**（1937年）13歳以下の子がいる母子家庭対象（戦争未亡人対策）として展開され，1946年生活保護法に吸収される。

○**母子福祉法**（1964年）母子家庭対象に保護法として成立，その後，母子家庭でなくなった後，寡婦の生活困難が問題視される。

○**母子及び父子並びに寡婦福祉法**（1981年）2002年「母子及び寡婦

福祉法」が改正され，対象が母子家庭及び父子家庭となり，2003年に「母子家庭の母の就業の支援に関する特別措置法」が成立して，ひとり親家庭支援が就業や自立支援を柱として行われるようになった。2014年に「母子及び寡婦福祉法」から改称された。

○ DV防止法（**配偶者からの暴力の防止及び被害者の保護に関する法律**）（2001年）2004年の改正では，離婚後の元配偶者の暴力からの保護も規定され，子どもへの接近禁止規定も設けられた。さらに2007年の改正（2008年から施行）では，保護命令制度の拡充（脅迫も保護の対象，電話・メール等の禁止，親族等への接近の禁止など）や，市町村がDV防止のための基本計画を策定する努力義務を定め，強化された。

**シェルター** DVから避難するところとして婦人保護施設や婦人相談所（女性相談センター）などが運用されている。NPOなどの運営によるシェルターもある。

**母子・父子自立支援員**（母子相談員→母子自立支援員から名称変更）…母子・父子家庭への支援や相談にあたる専門職。

**課題** 父子家庭への支援が現行制度では十分でない。母子家庭の経済的問題では，離婚後に養育費の支払いを受ける世帯が少ない。

厚生労働省「令和3年度母子家庭の母及び父子家庭の父の自立支援施策の実施状況」によると，母子世帯は約62万世帯，父子世帯は約6万世帯であると示されている。ひとり親世帯になった理由は，母子世帯で離婚79.5％，死別5.3％，父子世帯で離婚69.7％，死別21.3％である。

また，就業状況では，母子世帯の86.3％が就業しているが，正規雇用は48.8％に過ぎない。父子家庭では88.1％が就業，69.9％が正規雇用である。母子家庭の母自身の平均年収は272万円（うち就労収入は236万円），父自身の平均年収は518万円（うち就労収入は496万円）で，その差異が際立つ。

わが国のひとり親世帯の貧困率は，先進国では非常に高い数値となっている（P.212参照）。このような状況に対応するために，「母子家庭の母及び父子家庭の父の就業の支援に関する特別措置法」（2012年成立）が2013年3月に施行され，母子家庭の母及び父子家庭の父の就業の支援に関する施策の充実が打ち出されている。

**母子家庭等就業・自立支援センター事業，ひとり親家庭等日常生活支援事業，ひとり親家庭等生活向上事業，母子・父子自立支援プ**

ログラム策定事業，養育費相談支援センター

## 5. 子ども・子育て支援制度の概要

　社会福祉制度としての保育活動は，少子社会においては地域社会における子育て支援の一環としての役割が求められ，子育て支援の専門機関としての役割が期待されている。

(1) **保育所関連**　待機児童ゼロ対策，一時保育，地域活動事業・園庭の開放・相談事業等，幼保一元化問題

(2) **幼稚園**　施設開放（園庭の開放等），預かり保育事業，幼児教育相談

(3) **地域子育て支援拠点事業**

　2008 年の児童福祉法改正により，2009 年から子育て支援センター事業とつどいの広場事業を「地域子育て支援拠点事業」として第二種社会福祉事業に位置づけた。乳幼児とその保護者が相互の交流を行う場所を開設し，子育てについての相談，情報の提供，助言その他の援助を行う。

(4) **乳児家庭全戸訪問事業**（こんにちは赤ちゃん事業）

　2008 年の児童福祉法改正により法律上位置づけられ，市町村は生後 4 か月までの乳児を持つ家庭について実施するように努めなければならないとされた。自治体によっては，保健師のみにとどまらず保育士も訪問しているところもある。

(5) **養育支援訪問事業**（育児家庭訪問事業）

　養育（子育て）に問題のある保護者宅を訪問して支援するための市町村事業も，2008 年の児童福祉法改正により位置づけられた。保育士や保健師を派遣してサポートしている自治体が多い。

(6) **ファミリー・サポート・センター**

　乳幼児や小学生等の児童を有する子育て中の労働者や主婦等を会員とし，児童の預かり希望者と支援希望者との相互支援活動に関する連絡，調整を行う。

(7) **家庭的（地域型）保育事業**（保育ママ）

　保育を必要とする乳幼児を家庭的保育者（保育士などの有資格者）が居宅等で保育を行う，いわゆる保育ママ制度も 2008 年の児童福祉法改正で事業として位置づけられた。2010 年度から市町村の保育の実施責任のなかで明確化（指導監督）され行われている。

○**児童福祉法 2016 年の改正**　全ての児童が子どもの権利条約の理念に基づき健全に育成されるよう，児童虐待の予防から自立支援まで一連の対策が強化され「母子健康包括支援センター」が制度化。市町村及び

児童相談所の子育て支援における相談体制の強化が示された。

○**子育て支援員**　保育士の資格がなくても 20 〜 25 時間の研修を受けることにより「子育て支援員」として保育などの補助員となることが可能に。領域として，小規模保育，家庭的保育，ファミリー・サポート・センター，一時預かり，放課後児童クラブ，地域子育て支援拠点等の事業や家庭的な養育環境が必要とされる社会的養護など。

# 予想問題

□ ① 次の家族の変遷に関する記述のうち，正しいものはどれか。

(1) わが国の家族制度は，家父長制を特色とし，直系家族により長男を長とする家族制度を維持しており，今日においても法的に補強され，社会保障においても相互扶助などの機能が家族に期待されている。

(2) 1960 年以降のわが国の産業構造の急激な変化は，家族構造にも大きく影響し，離婚件数の増加，少子化が問題となり，家族の形態も複合家族化した。介護保険の負担感の重さなどから高齢者の家族における位置づけが弱くなるなどの問題が生じている。

(3) 近代の家族は子どもの養育機能を強化し，ほとんどの子どもが学校教育だけに依存することなく学外活動に参加するなどして教育機能の社会化が進んでいる。一方，子育てはすべて家族の責任で行われ，専業主婦を中心とする家族が子育てを担う傾向が顕著になってきている。

(4) 合計特殊出生率が 2005 年に 1.26 となり少子化社会（人口の急減）が進む一方で，団塊の世代が 75 歳を迎える時期となり，少子高齢社会が顕著となり，社会保障制度や経済活動等への影響が懸念されている。その結果，国や地方自治体では，次世代育成（少子化対策）が緊急を要する施策課題となっている。

(5) 少子高齢社会に対応するために，国は平成 27 年度から新たな計画の施行をするために児童福祉法を大幅に改正した。子どもの権利擁護を新たに設け，自治体には子ども・子育て支援法に基づき新たな子ども・子育て支援計画の策定を求め，企業にはイクメンの養成などの具体的な計画の策定を義務付けている。

# ・・・・・解説と解答・・・・・

1 **Point▶** 次世代育成支援対策推進法では，企業にも行動
計画の策定が求められている。

●選択肢のチェック

(1) 誤り。わが国の家（イエ）制度は，第二次世界大戦までであり，現在は日本国憲法でも男女の平等が明記され，婚姻も両性の合意が条件となっている。

(2) 誤り。急激な産業構造の変化は，人口の都市集中などにより家族の形態を「核家族化」させ，親と子だけの家族形態となっている。高齢者においても核家族化が進み，高齢者の孤立化が問題となっている。

(3) 誤り。教育機能の一部が学校以外に依存している傾向は指摘されているが，そのことが家族の養育機能の強化ではない。むしろ家族機能の縮小が指摘されており，地域社会において，保護者への子育て支援の必要性が高まっている。

(4) 正しい。

(5) 誤り。子どもの権利擁護を新たに設けてはいない。企業にはイクメン養成などの義務づけは行っていないが，ワークライフバランスなどを示し新たな課題提起は行っている。

答 (4)

## One Point !! 〉〉〉〉〉〉 新・放課後子ども総合プラン

　新・放課後子ども総合プランは，放課後子ども総合プラン（2015年度からの4年間）を1年前倒しして導入された。「放課後児童クラブ」と「放課後子ども教室」両事業の計画的な整備等を推進するためのプラン。前者は量的拡大を図り，'18〜'23年度末までの5年間で約30万人分の受け皿整備を目標に掲げている。子どもの主体性を尊重し，子どもの自主性・社会性等のより一層の向上を図る。'07年度の「放課後子どもプラン」が基となっており，文部科学省「放課後子ども教室推進事業」と厚生労働省「放課後児童健全育成事業」の連携対策事業。

# 予想問題

□ 2 次の記述のうち，誤っているものはどれか。

(1) 児童虐待防止法（児童虐待の防止等に関する法律）では，虐待が疑われるとき（事実の確認をしなくても），保育士は，所属職場を通じあるいは個人でも，自治体や児童相談所に通報しなければならない。

(2) ひとり親家庭とは，母子家庭だけでなく父子家庭も含まれる。しかし，実際のひとり親家庭支援対策は母子家庭に関わるものが多い。母子生活支援施設への入所は，行政の措置により母子のみが入所できるなどにその例を見ることができる。

(3) 子どもの前でDV行為などが行われることも児童虐待防止法により虐待とされている。また，保護者や同居する者の子どもへの暴言や無視，放任など，身体的な虐待以外の心理的な影響を子どもに及ぼす行為なども虐待である。

(4) 男女共同参画社会基本法（1999年）により，家族の構成員は，男女問わず相互の協力や社会的支援によって育児や介護などの活動を担うことが求められている。そのため次世代育成支援対策推進法（2003年）などでは，自治体では保育所待機児童をなくすなどして，子育てを男性でも担えるような環境整備をすることなどが期待されている。

(5) 保育所保育指針では，保育所を次世代育成支援における子育て支援を行う専門機関として位置づけている。保育士は子育て支援に関する知識や経験，技術を有していることから，保育所は地域社会の子育て支援・次世代育成への役割が求められており，相談などを行うことによって子育て支援を行うように示している。

□ 3 次の組合せで正しいものはどれか。

(1) 配偶者からの暴力の防止及び被害者の保護に関する法律――
児童への虐待防止を目的にした法律
(2) 児童相談所――保育所入所措置
(3) 核家族――三世代同居家族
(4) 少子高齢化社会――少子化対策――次世代育成支援対策推進法
(5) 男女共同参画社会基本法――男女雇用機会均等を定めた法律

# ・・・・・解説と解答・・・・・

② **Point▶** 母子生活支援施設などのひとり親支援の根拠法が，平成 26 年度から「母子及び父子並びに寡婦福祉法」となり，父子家庭への福祉的措置が規定されるなど父子家庭への支援なども盛り込まれている。法律の名称変更に伴い，母子自立支援員も，母子・父子自立支援員に名称が変更されるなどしている。

　母子生活支援施設への入所は，実際は自治体の福祉事務所などによる相談を通じて行われることが多い。また，近年は DV のシェルターとしての役割も担っており，母子自立支援の総合的援助のあり方などが課題とされている。

答（2）

③ **Point▶** 男女共同参画社会基本法と男女雇用機会均等法を混同しないこと。

●選択肢のチェック

(1) 誤り。「配偶者からの暴力の防止及び被害者の保護に関する法律」は，DV 防止法といわれているものである。児童への虐待防止を目的とした法律は，「児童虐待の防止等に関する法律（児童虐待防止法）」である。

(2) 誤り。保育所入所の窓口は市町村であり，児童相談所ではない。また，保育所入所は，措置制度ではなく契約制度（利用制度）である。

(3) 誤り。核家族は，二世代家族（親と子）あるいは夫婦のみの家族である。

(4) 正しい。

(5) 誤り。男女共同参画社会基本法は，男女の権利としての平等性を定めたもので，男女雇用機会均等を定めた法律は，男女雇用機会均等法である。

答（4）

□ 4 家庭支援に関する次の記述のうち，正しいものはどれか。

(1) 児童手当は，障がいを持つ子どもや一人親の家庭に支給されるもので義務教育修了まで支給される。

(2) 児童扶養手当は，児童を育てるすべての保護者に支給されるもので，少子化対策の要になる次世代育成支援施策として 2006 年 4 月から小学校 6 年生以下の児童を対象に支給される制度である。

(3) 特別児童扶養手当は，一人親家庭の子どもを対象に，20 歳未満の児童の福祉増進を図ることを目的に，その児童の保護者に支給される。

(4) 子育て支援拠点事業は，児童虐待の防止等に関する法律に基づき，地域の虐待等相談機関として位置づけられ，虐待調査・一時保護などを担う専門機関として第二種社会福祉事業に属する児童福祉施設として設けられている。

(5) 子ども・子育て支援法（平成 24 年 8 月公布）は，少子化対策として保育対策の拡充（認定こども園・子ども・子育て支援給付・地域子ども・子育て支援事業・子ども・子育て支援計画等）を実施するために，子ども・子育て会議の設置などを規定している。

## Topic!! 〉〉〉〉〉〉 子どもの貧困とひとり親世帯

　令和 4 年厚生労働省「国民生活基礎調査」によると，令和 3 年の貧困線（等価可処分所得の中央値の半分）は 127 万円であり，相対的貧困率（貧困線以下の世帯）は 15.4％となっている。子どもの貧困率（17 歳以下）は，11.5％であり，子どものいる現役世帯（世帯主が 18 歳以上 65 歳未満で子どものいる世帯）は 10.6％。大人が二人以上いる世帯が 8.6％であるのに対して，ひとり親世帯では 44.5％となっている。

　わが国の貧困率は，OECD（経済協力開発機構）加盟国のうち先進国の中では，極めて高い数値であり，ジニ係数（社会における所得分配の不平等さを測る指標）でも先進国ではトップクラスであり，特に子育て世帯への税制の優遇などによる所得の再配分が進まず，教育にかかる経費の大きさなどから子育て世帯が貧困化する傾向になりやすく，ひとり親世帯を直撃しているといえよう。

# ・・・・・解説と解答・・・・・

4 ●選択肢のチェック

(1) 誤り。平成22年度から実施されていた子ども手当が廃止され，24年度から新たに児童手当の支給が始まった。児童手当は一定の所得制限が設けられているが，義務教育修了までの児童が対象である。支給額は，3歳未満 月額1万5,000円，3歳～小学校修了前 月額1万円（第3子以降 月額1万5,000円），中学生 月額1万円。

(2) 誤り。児童扶養手当は，離婚などの理由により父親の養育を受けられないひとり親家庭（母子家庭など）に支給される手当である。

(3) 誤り。特別児童扶養手当は，精神または身体障害のある20歳未満の児童をもつ保護者に支給される手当であり，児童の福祉増進が目的とされる。児童扶養手当とは別個の制度で，それぞれの要件を満たすことにより併給も可能である。

(4) 誤り。子育て支援拠点事業は，2008年の児童福祉法改正で地域における乳児や幼児およびその保護者の相互交流の場を提供する事業となり，子育てに関する知識や経験を有する者が配置され，子育てについての相談，情報の提供，助言その他の援助を行うとされている。

(5) 正しい。

答 (5)

子育て家庭支援論

---

## One Point !! 〉〉〉〉〉〉　児童虐待防止法と保育士

　2004年10月児童虐待防止法（児童虐待の防止等に関する法律）改正施行及び2005年4月児童福祉法改正施行によって，虐待通報への責務が強化され，地域社会が虐待通報の窓口（自治体）になった。保育所等の専門機関に対し，虐待発見や予防防止への期待が高まっている。また，虐待防止ネットワークや要保護児童地域協議会の一員として，児童相談所等からの虐待家族への支援を，地域の身近な機関として求められるようになった。

　保育所保育指針では，保育所において子育て相談等について行うことが明記されている。保育機能として，子どもの保育だけでなく保護者の子育て相談等に応じることで地域の子育て専門機関として期待されるようになってきている。

# 保育内容

「保育」とは，保育所において，「乳・幼児」の育成のために行われる営みであり，内容的には「教育」と「養護(生活支援)」の2つの要素から成り立つ。この「保育」実施の具体的内容が「保育内容」である。

## Check!!　重要事項

　　保育所の保育内容を具体的に示すのが，内閣総理大臣(現行のものは厚生労働大臣)が公示する「保育所保育指針」(以下「指針」と略)である。おおよそ10年ごとに改訂されるものであり，新しい「指針」は平成29年3月に公示されている。

　　指針に示された基本原則に従って，各保育所では保育がおこなわれているので，「指針」を熟読するとともに，『保育所保育指針解説書』(厚生労働省)なども参照し，保育所の保育内容の基本についてしっかり学習しておく必要がある。

## 1. 保育所保育の基本 (「指針」の第1章「総則」の理解)

　　「指針」の「総則」では，保育所の役割，保育所保育の目標などの保育の基本原則が書かれているので，十分に理解し，暗記しておこう。

### (1) 保育の役割
・保育所保育は，環境を通して，養護と教育を一体的に行うことを特性としている。
・保育士は，倫理観に裏付けられた専門的な知識，技術及び判断をもって，子どもを保育するとともに，子どもの保護者に対する指導をおこなう。

### (2) 保育の方法 (幼稚園における教育方法と共通)
・一人ひとりの生育環境や発達の個人差をふまえた保育。
・子どもの主体的な活動の重視。
・遊びを通した総合的な保育。

### (3) 環境を通して行う保育
　　子どもの生活が豊かなものとなるよう，計画的に環境を構成し，工夫して保育をおこなう。
＊環境→人的環境(保育士，同年齢の子ども，異年齢の子ども…)・物的環境(施設，遊具など)・自然や社会の事象。

## 2. 養護に関する基本的事項

保育における養護とは，子どもの生命の保持及び情緒の安定を図るために保育士等が行う援助や関わりである。「総則」に養護に関わるねらいと内容が示されている。

### (1) 生命の保持

① 一人一人の子どもの平常の健康状態や発育及び発達状態を的確に把握し，異常を感じる場合は，速やかに適切に対応する。

② 家庭との連携を密にし，嘱託医等との連携を図りながら，子どもの疾病や事故防止に関する認識を深め，保健的で安全な保育環境の維持及び向上に努める。

③ 清潔で安全な環境を整え，適切な援助や応答的な関わりを通して子どもの生理的欲求を満たしていく。また，家庭と協力しながら，子どもの発達過程等に応じた適切な生活のリズムがつくられていくようにする。

④ 子どもの発達過程等に応じて，適度な運動と休息を取ることができるようにする。また，食事，排泄，衣類の着脱，身の回りを清潔にすることなどについて，子どもが意欲的に生活できるよう適切に援助する。

### (2) 情緒の安定

① 一人一人の子どもの置かれている状態や発達過程などを的確に把握し，子どもの欲求を適切に満たしながら，応答的な触れ合いや言葉がけを行う。

② 一人一人の子どもの気持ちを受容し，共感しながら，子どもとの継続的な信頼関係を築いていく。

③ 保育士等との信頼関係を基盤に，一人一人の子どもが主体的に活動し，自発性や探索意欲などを高めるとともに，自分への自信をもつことができるよう成長の過程を見守り，適切に働きかける。

④ 一人一人の子どもの生活のリズム，発達過程，保育時間などに応じて，活動内容のバランスや調和を図りながら，適切な食事や休息が取れるようにする。

なお，実際の保育は養護と教育が一体となって展開されるが，主として教育に関する側面については第2章保育の内容で扱われている。

## 3. 保育の計画及び評価

旧「指針」では「保育の計画及び評価」は第4章として独立の章が設けられていたが，平成29年3月改定の「指針」では，第1章総則の第

3項で規定されている。計画については，「全体的な計画」と「指導計画」について次のように記述されている。

(1) **全体的な計画の作成**

　　ア　保育所は，保育の目標を達成するために，各保育所の保育の方針や目標に基づき，子どもの発達過程を踏まえて，保育の内容が組織的・計画的に構成され，保育所の生活の全体を通して，総合的に展開されるよう，全体的な計画を作成しなければならない。

　　イ　全体的な計画は，子どもや家庭の状況，地域の実態，保育時間などを考慮し，子どもの育ちに関する長期的見通しをもって適切に作成されなければならない。

　　ウ　全体的な計画は，保育所保育の全体像を包括的に示すものとし，これに基づく指導計画，保健計画，食育計画等を通じて，各保育所が創意工夫して保育できるよう，作成されなければならない。

(2) **指導計画の作成**

　　ア　保育所は，全体的な計画に基づき，具体的な保育が適切に展開されるよう，子どもの生活や発達を見通した長期的な指導計画と，それに関連しながら，より具体的な子どもの日々の生活に即した短期的な指導計画を作成しなければならない。

　　イ　指導計画の作成に当たっては，保育の内容及びその他の関連する章に示された事項のほか，子ども一人一人の発達過程や状況を十分に踏まえるとともに，次の事項に留意しなければならない。

　　(ア)　3歳未満児については，一人一人の子どもの生育歴，心身の発達，活動の実態等に即して，個別的な計画を作成すること。

　　(イ)　3歳以上児については，個の成長と，子ども相互の関係や協同的な活動が促されるよう配慮すること。

　　(ウ)　異年齢で構成される組やグループでの保育においては，一人一人の子どもの生活や経験，発達過程などを把握し，適切な援助や環境構成ができるよう配慮すること。

(3) **指導計画の展開**

　　ア　施設長，保育士など，全職員による適切な役割分担と協力体制を整えること。

　　イ　子どもが行う具体的な活動は，生活の中で様々に変化することに留意して，子どもが望ましい方向に向かって自ら活動を展開できるよう必要な援助を行うこと。

　　ウ　子どもの主体的な活動を促すためには，保育士等が多様な関わりをもつことが重要であることを踏まえ，子どもの情緒の安定や

発達に必要な豊かな体験が得られるよう援助すること。

　エ　保育士等は，子どもの実態や子どもを取り巻く状況の変化など
　　に即して保育の過程を記録するとともに，これらを踏まえ，指導
　　計画に基づく保育の内容の見直しを行い，改善を図ること。

**(4) 保育内容等の評価**

　保育士等の自己評価として「保育の計画や保育の記録を通して，自
らの保育実践を振り返り，自己評価することを通して，その専門性の
向上や保育実践の改善に努めなければならない」と述べ，また保育所
の自己評価として「保育の質の向上を図るため，保育の計画の展開や
保育士等の自己評価を踏まえ，当該保育所の保育の内容等について，
自ら評価を行い，その結果を公表するよう努めなければならない」と
している。

　それらの評価の結果を踏まえ，保育の内容等の改善を図らなければ
ならない。

# 4. 幼児教育を行う施設として共有すべき事項

① 「育みたい資質・能力」

　保育所，幼稚園，認定こども園が保育を通じて共通につちかう「資
質・能力」を示した。これは高等学校の教育までつながっているもので
ある。

　　＊知識及び技能の基礎
　　＊思考力，判断力，表現力等の基礎
　　＊学びに向かう力，人間性等

② 「幼児期の終わりまでに育ってほしい姿」（10 の姿）

　保育所保育を通じて資質・能力が育まれるなかでの小学校就学前
時の具体的な姿。到達目標としてとらえるのではなく，方向目標で
あることに注意。

# 5. 保育の内容（ねらいと内容）

　「指針」第 2 章では，保育内容として，「ねらい」及び「内容」さら
に「内容の取扱い」が，乳児保育，1 歳以上 3 歳未満児の保育，3 歳
以上児の保育の 3 つに分けて示されている。ねらいと内容は主として
教育に関わる側面から示されたものだが，実際の保育は養護と教育が
一体となって展開される。

　また旧指針では「第 2 章子どもの発達」のなかで，おおむね 6 か月
未満からおおむね 6 歳まで，8 区分で発達過程が示されていたが，こ

保育内容

の区分はなく，発達過程は乳児，1歳以上3歳未満児，3歳以上児の保育内容と併せて記述されている。（各時期の発達の特徴はp.262参照）

〈「ねらい」と「内容」〉

・「ねらい」…保育の目標をより具体化したもので，子どもが保育所において，安定した生活を送り，充実した活動ができるように，保育を通じて育みたい資質・能力を，子どもの生活する姿から捉えたもの。

・「内容」…「ねらい」を達成するために，子どもの生活やその状況に応じて保育士等が適切に行う事項と，保育士等が援助して子どもが環境に関わって経験する事項を示したもの。

〈「養護」と「教育」〉

・「養護」…子どもの生命の保持及び情緒の安定を図るために保育士等が行う援助や関わり。

・「教育」…子どもが健やかに成長し，その活動がより豊かに展開されるための発達の援助。

(1) 乳児保育に関わるねらい及び内容

　　乳児保育の「ねらい」及び「内容」については，身体的発達に関する視点「健やかに伸び伸びと育つ」，社会的発達に関する視点「身近な人と気持ちが通じ合う」及び精神的発達に関する視点「身近なものと関わり感性が育つ」としてまとめ，示している。

　ア　健やかに伸び伸びと育つ　健康な心と体を育て，自ら健康で安全な生活をつくり出す力の基盤を培う。

　イ　身近な人と気持ちが通じ合う　受容的・応答的な関わりの下で，何かを伝えようとする意欲や身近な大人との信頼関係を育て，人と関わる力の基盤を培う。

　ウ　身近なものと関わり感性が育つ　身近な環境に興味や好奇心をもって関わり，感じたことや考えたことを表現する力の基盤を培う。

(2) 1歳以上3歳未満児の保育に関わるねらい及び内容

(3) 3歳以上児の保育に関するねらい及び内容

　　この時期の発達の特徴を踏まえ，保育の「ねらい」及び「内容」について，心身の健康に関する領域「健康」，人との関わりに関する領域「人間関係」，身近な環境との関わりに関する領域「環境」，言葉の獲得に関する領域「言葉」及び感性と表現に関する領域「表現」としてまとめ，示している。

　ア　健康　健康な心と体を育て，自ら健康で安全な生活をつくり出す力を養う。

イ　人間関係　他の人々と親しみ，支え合って生活するために，自立心を育て，人と関わる力を養う。

ウ　環境　周囲の様々な環境に好奇心や探究心をもって関わり，それらを生活に取り入れていこうとする力を養う。

エ　言葉　経験したことや考えたことなどを自分なりの言葉で表現し，相手の話す言葉を聞こうとする意欲や態度を育て，言葉に対する感覚や言葉で表現する力を養う。

オ　表現　感じたことや考えたことを自分なりに表現することを通して，豊かな感性や表現する力を養い，創造性を豊かにする。

　　領域についての記述は1歳以上3歳未満児の場合も3歳以上児の場合も同じであるが，「ねらい」「内容」「内容の取扱い」は異なっているので，実際の指針で確認する。

## 6.　保育の実施に関して留意すべき事項

　「指針」第2章保育の内容では，保育の実施に関し留意すべき事項として，保育全般に関わる配慮事項，小学校との連携，家庭及び地域社会との連携について述べている。

### (1)　保育全般に関わる配慮事項

ア　子どもの心身の発達及び活動の実態などの個人差を踏まえるとともに，一人一人の子どもの気持ちを受け止め，援助すること。

イ　子どもの健康は，生理的・身体的な育ちとともに，自主性や社会性，豊かな感性の育ちとがあいまってもたらされることに留意すること。

ウ　子どもが自ら周囲に働きかけ，試行錯誤しつつ自分の力で行う活動を見守りながら，適切に援助すること。

エ　子どもの入所時の保育に当たっては，できるだけ個別的に対応し，子どもが安定感を得て，次第に保育所の生活になじんでいくようにするとともに，既に入所している子どもに不安や動揺を与えないようにすること。

オ　子どもの国籍や文化の違いを認め，互いに尊重する心を育てるようにすること。

カ　子どもの性差や個人差にも留意しつつ，性別などによる固定的な意識を植え付けることがないようにすること。

### (2)　小学校との連携

ア　保育所においては，保育所保育が，小学校以降の生活や学習の基盤の育成につながることに配慮し，幼児期にふさわしい生活を通じて，創造的な思考や主体的な生活態度などの基礎を培うようにする

こと。

　イ　保育所保育において育まれた資質・能力を踏まえ，小学校教育が円滑に行われるよう，小学校教師との意見交換や合同の研究の機会などを設け，「幼児期の終わりまでに育って欲しい姿」を共有するなど連携を図り，保育所保育と小学校教育との円滑な接続を図るよう努めること。

　ウ　子どもに関する情報共有に関して，保育所に入所している子どもの就学に際し，市町村の支援の下に，子どもの育ちを支えるための資料が保育所から小学校へ送付されるようにすること。

**(3) 家庭及び地域社会との連携**

　子どもの生活の連続性を踏まえ，家庭及び地域社会と連携して保育が展開されるよう配慮すること。その際，家庭や地域の機関及び団体の協力を得て，地域の自然，高齢者や異年齢の子ども等を含む人材，行事，施設等の地域の資源を積極的に活用し，豊かな生活体験をはじめ保育内容の充実が図られるよう配慮すること。


## 7.　健康及び安全に関する事項

　「指針」第3章では「健康及び安全」に関する事項について定め，冒頭で次のように述べている。

　「保育所保育において，子どもの健康及び安全の確保は，子どもの生命の保持と健やかな生活の基本であり，一人一人の子どもの健康の保持及び増進並びに安全の確保とともに，保育所全体における健康及び安全の確保に努めることが重要となる。

　また，子どもが，自らの体や健康に関心をもち，心身の機能を高めていくことが大切である。

　このため，第1章（総則）及び第2章（保育の内容）等の関連する事項に留意し，次に示す事項を踏まえ，保育を行うこととする」

　「次に示す事項」として記載されている項目は次のとおりである。

　「1　子どもの健康支援」として，(1) 子どもの健康状態並びに発育及び発達状態の把握，(2) 健康増進，(3) 疾病等への対応

　「2　食育の推進」として，(1) 保育所の特性を生かした食育，(2) 食育の環境の整備等

　「3　環境及び衛生管理並びに安全管理」として，(1) 環境及び衛生管理，(2) 事故防止及び安全対策

　「4　災害への備え」。この項目は現「指針」で新たに加えられたものである。次の内容となっている。

(1) 施設・設備等の安全確保

　ア　防火設備，避難経路等の安全性が確保されるよう，定期的にこれらの安全点検を行うこと。

　イ　備品，遊具等の配置，保管を適切に行い，日頃から，安全環境の整備に努めること。

(2) 災害発生時の対応体制及び避難への備え

　ア　火災や地震などの災害の発生に備え，緊急時の対応の具体的内容及び手順，職員の役割分担，避難訓練計画等に関するマニュアルを作成すること。

　イ　定期的に避難訓練を実施するなど，必要な対応を図ること。

　ウ　災害の発生時に，保護者等への連絡及び子どもの引渡しを円滑に行うため，日頃から保護者との密接な連携に努め，連絡体制や引渡し方法等について確認をしておくこと。

(3) 地域の関係機関等との連携

　ア　市町村の支援の下に，地域の関係機関との日常的な連携を図り，必要な協力が得られるよう努めること。

　イ　避難訓練については，地域の関係機関や保護者との連携の下に行うなど工夫すること。

## 8.　子育て支援

　保育所は，「保育を必要とする乳児・幼児を日々保護者の下から通わせて保育を行うことを目的とする施設」（児童福祉法第39条第1項）である。この条項を見る限りでは，保育所とは「乳児・幼児を保育」することのみがその目的のように読めるが，核家族社会，少子化社会の現代社会では，「保育所」に新たな役割を求めている。その1つが子育てに対する支援である。平成20年3月の改定指針で「保護者に対する支援」が新たに章として設けられたが，さらに保護者支援の必要性が高まっている社会状況等も踏まえ，平成29年3月改定の現「指針」では「子育て支援」としてより積極的な保護者支援について記載されることとなった。冒頭文も次のように改められている。

　「…保育所に入所する子どもの保護者に対する支援及び地域の子育て家庭への支援について，職員間の連携を図りながら，次の事項に留意して，積極的に取り組むことが求められる」→「保育所における保護者に対する子育て支援は，全ての子どもの健やかな育ちを実現することができるよう，第1章及び第2章等の関連する事項を踏まえ，子どもの育ちを家庭と連携して支援していくとともに，保護者及び地域が

有する子育てを自ら実践する力の向上に資するよう，次の事項に留意するものとする」。

　以下，内容を省略し項目だけ示しておく。内容は「指針」本文で確認しておくこと。

1　保育所における子育て支援に関する基本的事項
2　保育所を利用している保護者に対する子育て支援
3　地域の保護者等に対する子育て支援

## 9.　職員の資質向上

　「指針」第5章では，「職員の資質向上」について規定している。冒頭部分は次のとおりである。

　「第1章から前章までに示された事項を踏まえ，保育所は，質の高い保育を展開するため，絶えず，一人一人の職員についての資質向上及び職員全体の専門性の向上を図るよう努めなければならない」

　以下，内容を省略し項目だけ示しておく。内容は「指針」本文で確認しておくこと。

1　職員の資質向上に関する基本的事項
2　施設長の責務
3　職員の研修等
4　研修の実施体制等

　※幼保連携型認定こども園

　平成27年4月から幼稚園と保育所が完全に一体化した「幼保連携型認定こども園」（以下，こども園）の制度がスタートした。採用試験を受ける市区町村においても，既存の保育所をこども園に移行していくことになる。そのため，採用試験受験者は，こども園の保育内容の基準として新たに公示された「幼保連携型認定こども園教育・保育要領」についても確認しておく必要がある。

　こども園では，短時間と長時間の利用児とが過ごす時間（4時間前後）の働きかけを「教育」，それを超える時間の働きかけなどを「保育」と区別しているが，子どもの視点から見れば両者とも保育であるので注意すること。保育内容（5領域及び養護）に関する記述は「保育所保育指針」とほぼ同様となっている。

## 保育内容の実技試験について

　保育内容に関しては，理論的な部分は筆記試験でもある程度の能力判定は可能である。しかし，表現活動に関わる部分については実践力が問題となる。採用試験では，2次試験の段階で実技試験を行う場合が多い。

　実技試験で多いのはピアノの試験である。予め指定された曲を演奏する場合と，譜面を与えられて初見で弾く場合がある。音楽の試験では，弾き歌いが課せられる場合もある。幼児の保育にあたっての音楽的表現活動への援助の能力が試される。

　次に行われる頻度の高いのは，紙芝居の実演，絵本の読み聞かせである。与えられた素材の解釈力とことばと身体による表現力が問われる。

　音楽を聴きながら，そのイメージを身体で表現する，与えられたことばを身体で表現するなどの試験も例がないわけではない。

　描画や折り紙制作の試験も例がある。造形に関連しては，与えられた素材（たとえば，画用紙，折り紙，ダンボール，クレヨン，のり，はさみ，カッターなど）を用いて，特定の主題にあった製作を行うなどという，創造力，想像力を駆使することを要求する試験もある。

　いずれにせよ，短い準備で対応できるものではない。しかし，自己の持てる力を最大限に発揮できるような心構えだけは必要である。また，これらの技能は，子どもたちを保育するときの道具であって，それ自体が目的ではない。子どもたちが喜んで，保育の場で活動してくれるための方策であることを理解しておきたい。

　また受験にあたっては，子どもたちの姿をイメージして，演奏や制作にあたることが必要である。採点するのは試験官だが，その演奏や制作が子どもたちにどのようにアピールできるかを念頭に置きながら表現するように心がけることが大切である。

# 予想問題

◆保育所保育に関する総括的事項

□ ① 次の5項目のうち，保育所保育のあり方として適当ではないものはどれか。

(1) 保育所における保育においては，「子どもの最善の利益」が重視されなければならない。

(2) 保育所における保育においても，小学校における教育の基礎となる学習に配慮しなければならない。

(3) 保育所において生活する子どもにとって，この時期は「生涯にわたる人間形成の基礎を培う」最も重要なときである。

(4) 保育所においては，様々な個性を持つ子どもについて，一人一人の子どもに適合した保育が行われなければならない。

(5) 保育所における保育においては，子どもをとりまく人的，物的環境が重視されなければならない。

□ ② 次の記述のうち，保育所保育指針の「総則」に示す「保育の目標」ではないものはどれか。

(1) 健康，安全など生活に必要な基本的な習慣や態度を養い，心身の健康の基礎を培うこと。

(2) 人との関わりの中で，人に対する愛情と信頼感，そして人権を大切にする心を育てるとともに，自主，自立及び協調の態度を養い，道徳性の芽生えを培うこと。

(3) 自然や社会の事象について，基礎的な知識を教授し，思考力の基礎を培うこと。

(4) 生活の中で，言葉への興味や関心を育て，話したり，聞いたり，相手の話を理解しようとするなど，言葉の豊かさを養うこと。

(5) 様々な体験を通して，豊かな感性や表現力を育み，創造性の芽生えを培うこと。

# ・・・・・解説と解答・・・・・

① **Point▶** 保育所の目的には，小学校教育の準備はない。

　保育所保育に関する総括的事項に関しては，保育原理，保育内容総論で学習した内容が出題される。

　幼稚園教育について，学校教育法第22条では「幼稚園は，義務教育及びその後の教育の基礎を培うものとして，幼児を保育し，幼児の健やかな成長のために適当な環境を与えて，その心身の発達を助長することを目的とする」ものとされる。保育所における3歳児から6歳児の保育においても，教育の面に関してはこの原則によるものとされる。

　したがって，(2) の小学校の準備教育とする考え方は否定される。

答 (2)

② **Point▶** 保育では，幼児の関心を高め，自ら学ぶ姿勢を培う。

　「指針」第1章1の(2)で規定する「保育の目標」では，「養護に関する原則」のほか，幼稚園教育要領と同じように，保育の目標として，「健康」「人間関係」「環境」「言葉」および「表現」の5領域に関わる規定が置かれている。

　(3) は「生命，自然及び社会の事象についての興味や関心を育て，それらに対する豊かな心情や思考力の芽生えを培う。」が正しい。保育所保育では，一方的に教授するのではなく，幼児の関心を高め，自ら学ぶ姿勢を培うことを原則とする。

答 (3)

保育内容

☐ ③ 保育所保育指針に規定されている「保育の方法」について，（　　）に入る語句の正しい組合せはどれか。

    A　子どもの発達について理解し，一人一人の発達過程に応じて保育すること。その際，子どもの（　　）に十分配慮すること。

    B　子どもが自発的，意欲的に関われるような（　　）を構成し，子どもの主体的な活動や子ども相互の関わりを大切にすること。

    C　一人一人の（　　）の状況やその意向を理解，受容し，それぞれの親子関係や家庭生活等に配慮しながら，様々な機会をとらえ，適切に援助すること。

| | A | B | C |
|---|---|---|---|
| (1) | 背景 | 社会 | 地域 |
| (2) | 性格 | 近隣社会 | 育ち |
| (3) | 個人差 | 環境 | 保護者 |
| (4) | 家庭 | 自然 | 内容 |
| (5) | 性格 | 環境 | 周辺 |

☐ ④ 保育所保育指針における「保育の環境」に関する記述について，A〜Dに入る語句の正しい組合せはどれか。

    保育所保育指針の第1章では，「保育の環境」について規定している。保育の環境には，保育士等や子どもなどの（　A　），施設や遊具などの（　B　），四季の変化や飼育動物，植栽植物などの（　C　）事象，地域社会の行事，地域を形成する物的な条件などの（　D　）事象などがある。保育所においてはこれらの環境を計画的に構成し，工夫して保育しなければならない。

| | A | B | C | D |
|---|---|---|---|---|
| (1) | 教育的環境 | 構造的環境 | 天然 | 地域 |
| (2) | 人的環境 | 物的環境 | 自然 | 社会 |
| (3) | 対人関係 | 自然環境 | 物的 | 大人社会 |
| (4) | 社会集団 | 構造物 | 生物的 | 社会現象 |
| (5) | 家族 | 物質社会 | 科学現象 | 人間社会 |

# ・・・・・解説と解答・・・・・

③ **Point** 「指針」の趣旨を理解すること。

　「指針」第1章1の (3) からの出題であり，この部分を読んでいればわかる問題である。暗記していなくても，「指針」の趣旨を理解してさえいれば，正解は導けるはずである。

答 (3)

④ **Point** 「環境を通しての保育」が重要である。

●選択肢のチェック
A：人的環境
B：物的環境
C：自然
D：社会

　保育の実践に関しては，「環境を通しての保育」が重視される。
　保育所自体の人的，物的環境も重要であるが，子どもたちをとりまくさまざまな人や事柄が「環境」と考えられる。保育士，友だち，保護者，友だちの保護者，近隣社会の人たちなどは，子どもにとって「人的環境」である。園舎，遊具，送迎の車などは「物的環境」といえる。
　これに対して，保育所をとりまく自然事象が保育に関わりを持つ。地方の自然に恵まれたところも，どちらかといえば都会の中の自然に恵まれていない場所もそれぞれが「保育の環境」となる。活性化している地域社会だけでなく，子ども，保護者，保育士だけに限定されているような状況でも，変化のある社会事象に遭遇しない場合でも，子どもにとっては，それが「社会事象」であるものと理解したい。子どもをとりまくさまざまな「環境」をイメージして考えることが望ましい。

答 (2)

保育内容

# 予想問題

◆保育所保育の「ねらい」と「内容」

☐ 5 〈「保育の内容」の視点〉保育所保育指針では，保育の内容を具体的に把握するための視点として「養護」と「教育」の視点を示している。それに関わる指針についての以下の文章のA～Cに入る適当な語句の組合せとして正しいのはどれか。

「養護」とは，子どもの生命の保持及び情緒の安定を図るために保育士等が行う援助や関わりである。また，「教育」とは，子どもが健やかに成長し，その活動がより豊かに展開されるための（　A　）の援助であり，乳児保育の場合，「健やかに伸び伸びと育つ」，「身近な人と気持ちが通じ合う」，「身近なものと関わり感性が育つ」の3つの視点，1歳以上3歳未満児保育及び3歳以上児保育の場合，「健康」，「人間関係」，「環境」，「言葉」及び「表現」の5領域から構成される。この視点・領域並びに「生命の保持」及び「情緒の安定」に関わる保育における養護の内容は，子どもの生活や（　B　）を通して相互に関連を持ちながら，（　C　）に展開されるものである。

|  | A | B | C |
|---|---|---|---|
| (1) | 発達 | 遊び | 総合的 |
| (2) | 学習 | 環境 | 断片的 |
| (3) | 発達 | 環境 | 個別的 |
| (4) | 学習 | 遊び | 積極的 |
| (5) | 学習 | 他者 | 消極的 |

☐ 6 〈養護に関わるねらい及び内容〉「養護に関わるねらい及び内容」において，その内容として含まれていないものはどれか。

(1) 一人一人の子どもの平常の健康状態や発育及び発達状態を的確に把握し，異常を感じる場合は，速やかに適切に対応する。

(2) 子どもの発達過程等に応じて，適度な運動と休息を取ることができるようにする。また，食事，排泄，衣類の着脱，身の回りを清潔にすることなどについて，子どもが意欲的に生活できるよう適切に援助する。

(3) 一人一人の子どもの気持ちを受容し，共感しながら，子どもとの

継続的な信頼関係を築いていく。

(4) 一人一人の子どもの生活リズム，発達過程，保育時間などに応じて，活動内容のバランスや調和を図りながら，適切な食事や休息が取れるようにする。

(5) 子どもたちの安全に配慮し，施設設備の不備による傷害事故の防止や，不審な外来者による危害の防止に配慮する。

# ・・・・・解説と解答・・・・・

⑤ **Point** 養護的側面と教育的側面は切り離せるものではない。

　養護的な内容，教育的な内容は個別なものではなく，それぞれが関連をもち，実際の保育では，それらが総合的に展開されていくのである。

答（1）

⑥ **Point** 児童の安全は，「養護に関わるねらい及び内容」には規定されていない。

　子どもたちの安全に関わる問題については，「保育の内容」としては定めていない。しかし，「指針」の第3章「健康及び安全」において，次のようには規定されている。

　「保育中の事故の発生に備え，施設内外の危険箇所の点検や訓練を実施するとともに，外部からの不審者等の侵入防止のための措置や訓練など不測の事態に備えて必要な対応を行うこと。また，子どもの精神保健面における対応に留意すること。」

　児童の安全に関わる問題については，平成13年に大阪府で起こった小学校における児童殺傷事件をきっかけに，大きな社会問題となった。保育所は地域社会と共存する施設であり，あまり敷居を高くすることは問題であるが，反社会的行動を行う者の増加にどう対応するかも課題である。保育者の心がまえを問う意味では，面接試験の設問としては好適といえる。

答（5）

保育内容

229

# 予想問題

◆乳児保育

□ ⑦ 〈3つの視点〉乳児保育に関する次の文のうち，保育所保育指針が社会的発達に関する視点から示す保育の内容の組合せとして，正しいものはどれか。

A　身近な生活用具，玩具や絵本などが用意された中で，身の回りのものに対する興味や好奇心をもつ。

B　子どもからの働きかけを踏まえた，応答的な触れ合いや言葉がけによって，欲求が満たされ，安定感をもって過ごす。

C　保育士等の愛情豊かな受容の下で，生理的・心理的欲求を満たし，心地よく生活をする。

D　保育士等による語りかけや歌いかけ，発声や喃語等への応答を通じて，言葉の理解や発語の意欲が育つ。

E　保育士等のあやし遊びに機嫌よく応じたり，歌やリズムに合わせて手足や体を動かして楽しんだりする。

(1)　A，B，C
(2)　B，D，E
(3)　B，C
(4)　B，D
(5)　D，E


◆1～3歳未満児，3歳以上児保育

□ ⑧ 〈領域「健康」〉「健康」の領域における内容の文章としてふさわしくないものはどれか。

(1)　いろいろな遊びの中で十分に体を動かす。
(2)　保育士の呼びかけに応じて，積極的に戸外で遊ぶ。
(3)　様々な活動に親しみ，楽しんで取り組む。
(4)　食事や午睡，遊びと休息など，保育所における生活のリズムが形成される。
(5)　自分の健康に関心をもち，病気の予防などに必要な活動を進んで行う。

# ・・・・・解説と解答・・・・・

⑦ **Point▶** 乳児期に特定の保育士等との間に芽生えた愛情や信頼感が，子どもが周囲の大人や他の子どもへと関心を抱き，人との関わりの世界を次第に広げていく上での基盤となる（『保育所保育指針解説』）。

　乳児保育に関する「ねらい及び内容」は，3つの視点から構成されている。ア．身体的発達に関する視点「健やかにのびのびと育つ」：健康な心と体を育て，自ら健康で安全な生活をつくり出す力の基盤を培う。イ．社会的発達に関する視点「身近な人と気持ちが通じ合う」：受容的・応答的な関わりの下で，何かを伝えようとする意欲や身近な大人との信頼関係を育て，人と関わる力の基盤を培う。ウ．精神的発達に関する視点「身近なものと関わり感性が育つ」：身近な環境に興味や好奇心をもって関わり，感じたことや考えたことを表現する力の基盤を培う。

●選択肢のチェック
　A・E：精神的発達に関する視点「身近なものと関わり感性が育つ」
　C：身体的発達に関する視点「健やかにのびのびと育つ」　　答（4）

⑧ **Point▶** 保育士が一方的に働きかけるのではなく，子どもが「進んで」「楽しんで」行うことが重要。

●選択肢のチェック
(1)・(3)・(5)：3歳以上児保育の内容
(4)：1〜3歳未満児保育の内容

　1〜3歳未満児，3歳以上児保育のねらい及び内容については，幼稚園教育要領と同じく「健康」「人間関係」「環境」「言葉」「表現」の5領域が設定されている。
　保育所の保育は，保育士が一方的に働きかけるものではなく，子どもの自発的な活動（「進んで」「楽しんで」行う活動）としての遊びなどを通して行われることを重視する。子どもはこれらを通じてさまざまなものを育んでいくのである。　　　　　　答（2）

保育内容

# 予想問題

□ ⑨ 〈領域「人間関係」〉「人間関係」の領域におけるねらいや内容を示した以下の文章の（　）に入る適当な語句の組合せはどれか。

A　保育所生活を楽しみ，自分の力で行動することの（　）を味わう。

B　保育士等の受容的・応答的な関わりの中で，欲求を適切に満たし，（　）をもって過ごす。

C　社会生活における望ましい（　）を身に付ける。

|  | A | B | C |
|---|---|---|---|
| (1) | 充実感 | 安定感 | 習慣や態度 |
| (2) | 信頼感 | 充実感 | 人間観 |
| (3) | 充実感 | 達成感 | 意欲や態度 |
| (4) | 信頼感 | 安定感 | 習慣や態度 |
| (5) | 解放感 | 信頼感 | 人間観 |

□ ⑩ 〈領域「環境」〉「環境」の領域には，「自然」環境に関わるもの，「社会」環境に関わるもの，その双方に関わるものがある。次の記述のうち，「社会」環境に関わるものだけの組合せはどれか。

A　身近な動植物に親しみをもって接し，生命の尊さに気付き，いたわったり，大切にしたりする。

B　近隣の生活や季節の行事などに興味や関心をもつ。

C　身近な物を大切にする。

D　季節により自然や人間の生活に変化のあることに気付く。

E　日常生活の中で簡単な標識や文字などに関心をもつ。

F　身の回りの物に触れる中で，形，色，大きさ，量などの物の性質や仕組みに気付く。

(1) A，B，C，D
(2) A，B，E，F
(3) B，C，D，E
(4) B，C，E，F
(5) C，D，E，F

# ・・・・・解説と解答・・・・・

⑨ **Point▶** 人との関わりを通じて人への基本的信頼感を養う。

●選択肢のチェック
A・C：３歳以上児保育のねらい
B：１〜３歳未満児保育の内容

　健康な子どもを育てるということは，他者との信頼関係の下で情緒が安定し，その子どもなりに伸び伸びと自分のやりたいことに向かって取り組めるようにすることである。一人一人の子どもが保育士等や他の子どもなどとの温かい触れ合いの中で楽しい生活を展開することや自己を十分に発揮して伸び伸びと行動することを通して充実感や満足感を味わうようにすることが大切であるとされている。

答（1）

⑩ ●選択肢のチェック
A：自然環境
B・C・E・F：社会環境
D：双方
A・C〜E：３歳以上児保育の内容
B・F：１〜３歳未満児保育の内容

　保育内容「環境」は，保育所保育指針「総則」において，「生命，自然及び社会の事象についての興味や関心を育て，それらに対する豊かな心情や思考力の芽生えを培うこと」として記載される目標を具体化したものである。「環境」領域のねらいや内容に示される事項が何を示しているのか，きちんと理解しておきたい。

答（4）

保育内容

□ ⑪ 〈領域「言葉」〉領域「言葉」の内容としてふさわしくないものは
どれか。

(1) 保育士等の応答的な関わりや話しかけにより，自ら言葉を使おうとする。
(2) 保育士等とごっこ遊びをする中で，言葉のやり取りを楽しむ。
(3) したり，見たり，聞いたり，感じたり，考えたりなどしたことを自
分なりに言葉で表現する。
(4) 人の話を注意して聞き，相手に分かるように話す。
(5) 基本的な文字が読めて，書けるようにする。

□ ⑫ 〈領域「表現」〉次の文のうち，領域「表現」に関するものはどれか。

(1) 絵本や物語等に親しむとともに，言葉のやり取りを通じて身近な人
と気持ちを通わせる。
(2) 友達のよさに気付き，一緒に活動する楽しさを味わう。
(3) 様々な出来事の中で，感動したことを伝え合う楽しさを味わう。
(4) 自分の体を十分に動かし，様々な動きをしようとする。
(5) 身近な物や遊具に興味をもって関わり，自分なりに比べたり，関連
付けたりしながら考えたり，試したりして工夫して遊ぶ。

□ ⑬ 〈領域「表現」〉幼児の合奏に適した楽器として，妥当な組合せは
どれか。

(1) タンバリン―シンバル―木琴
(2) ハーモニカ―大太鼓―トライアングル
(3) 鍵盤ハーモニカ―ウッドブロック―カスタネット
(4) 小太鼓―オカリナ―鈴
(5) 鉄琴―たて笛―木魚

# ・・・・・解説と解答・・・・・

**11** **Point▶** 言葉に対する感覚を豊かにし，言葉を交わすことの楽しさを味わうことが大切。

●**選択肢のチェック**

(1)・(2)：1～3歳未満児保育の内容

(3)・(4)：3歳以上児保育の内容

　「指針」では，保育の目標として「生活の中で，言葉への興味や関心を育て，話したり，聞いたり，相手の話を理解しようとするなど，言葉の豊かさを養うこと」と記述している。教科としておこなわれる小学校以上の国語とは異なり，保育の中では，言葉への感覚を豊かにし，言葉を交わすことの楽しさを十分に味わうことから，話す・聞く意欲や態度を身につけていくことを主眼においている。　　　　　　　　　　　　答　(5)

**12** ●**選択肢のチェック**

(1)　領域「言葉」。（1～3歳未満児保育のねらい）

(2)　領域「人間関係」。（3歳以上児保育の内容）

(3)　領域「表現」。（3歳以上児保育の内容）

(4)　領域「健康」。（1～3歳未満児保育のねらい）

(5)　領域「環境」。（3歳以上児保育の内容）

　一読するとどれも「表現」に結び付くような文である。領域は子どもの発達と保育をとらえる視点として頭に入れておくことが必要である。「指針」を熟読し，各領域の理念をよく確認しておくこと。　　　　答　(3)

**13** **Point▶**　幼児の表現活動に適した楽器は何か。

　「指針」においては，リズム楽器を用いた活動が明確にうたわれている。これは，幼児の表現活動が手（拍子）をたたく，メロディーに合わせて体を動かす，歩くなど身体発達過程と密接に関係したかたちで表れること。次に，楽器が小さく軽量で，幼児でも簡単に音が出せること。以上の2点の理由によるものと考えられる。

　したがって(1)が正解。ただし，鍵盤ハーモニカやたて笛など吹奏楽器をすべて否定しているわけではない。導入する際には幼児の身体機能に十分配慮することが必要である。　　　　　　答　(1)

保育内容

# 乳児保育

乳児保育の制度や現状とともに，保育所保育指針の「ねらい」「内容」「留意事項」その他についてよく理解しておくことが重要。

---

## Check!! 重要事項

### 1. 乳児保育とは？

　　乳児とは1歳未満を指す（児童福祉法，母子保健法）が，保育所保育の場合，「乳児保育」は「3歳未満児の保育」と広義にとらえるのが一般的である。ただし，「指針」の第2章「保育の内容」においては，「乳児保育」「1歳以上3歳未満児の保育」「3歳以上児の保育」に分けて，規定がある。乳児院での保育も乳児保育である。

### 2. 乳児保育の制度と現状

#### (1) 保育7原則

　　1963（昭和38）年　中央児童福祉審議会の中間報告。家庭外での保育についても言及しているが，「2～3歳以下の乳幼児期においては，まず家庭において保育されることが原則」とし，これが乳児保育の制度を遅らせた一因といわれている。

#### (2) 乳児保育の条件整備

　　1969（昭和44）年「保育所における乳児保育対策の強化について」
　　1977（昭和52）年「保育所における乳児保育特別対策について」
　　1989（平成元）年「乳児保育の実施について」
などの通知により，乳児保育の制度は少しずつ進展する。

#### (3) 乳児保育の一般化

　　1998（平成10）年4月，それまで一部の保育所だけで実施されていた乳児保育が，すべての保育所で乳児の受け入れができるようになった。これを乳児保育の一般化という。

#### (4) 厚生労働省の子ども・子育て支援の制度

　　子ども・保護者のおかれている環境に応じ，保護者の選択に基づき，多様な施設・事業者から良質かつ適切な教育・保育，子育て支援を総合的に提供する体制の確保を図っている。
　　・地域子育て支援拠点事業

・利用者支援事業：基本型，特定型（保育コンシェルジュ），母子保健型
・乳児家庭全戸訪問事業（こんにちは赤ちゃん事業）
・養育支援訪問事業　など。

## (5) 少子化と乳児保育

少子化が進むなかで，保育所への入所児童総数は漸増，一方で3歳未満児の入所数は急増しており，乳児保育の重要性は増している。少子化の最大の原因は結婚観の変化（未婚率の上昇，晩婚化）にある。また，最近では出産後に元の職場に戻れないなど労働環境の悪化や収入の減少，子育て支援の不備なども出産をためらわせ，少子化の大きな要因になっているといわれている。

## (6) 待機児童

保育所数が増加し，入所児童数も増加しているものの，入所を申し込んでも入所できない待機児童の問題は継続した対策が急務である。

| 年（4月1日） | 平成23年 | 24年 | 25年 | 26年 | 27年 | 28年 |
|---|---|---|---|---|---|---|
| 待機児童数 | 25,556 | 24,825 | 22,741 | 21,371 | 23,167 | 23,553 |
| 年（4月1日） | 29年 | 30年 | 31年 | 令和2年 | 3年 | 4年 |
| 待機児童数 | 26,081 | 19,895 | 16,772 | 12,439 | 5,634 | 2,944 |

# 3. 乳児保育の計画と記録

## (1) 保育の計画

保育目標の達成のために作成され，「全体的な計画」と具体的な「指導計画」から成る。（保育指針第1章）

## (2) 全体的な計画

保育所保育指針が第1章1の（2）で示した保育の目標を達成するため，地域の実態，子どもの発達，家庭状況や保護者の意向，保育時間などを考慮して作成する。

## (3) 指導計画

全体的な計画に基づき，一人一人の子どもに必要な体験が得られる保育が展開されるように具体的に作成する。長期指導計画（年，期，月），短期指導計画（週，日，デイリープログラム）がある。

## (4) デイリープログラム

日課表ともいわれ，食事，排泄，睡眠，休息などの生理的な周期を軸にして，一日の生活の流れの中で子どもの活動を調和的に組み込んだもの。

## (5) 記録

保育の計画を踏まえて保育が適切に進められているかどうかを把握し（評価），次の保育の資料とするため，保育の経過や結果を記録する。

# 予想問題

□ ① 乳幼児突然死症候群に関する次の記述のうち，誤っているのはどれか。

(1) 母乳栄養児より人工栄養児の方が発生率が高く，また，両親が習慣的に喫煙する場合もそうでない場合に比べ発生率が高い。

(2) 厚生労働省の調査によれば，令和３年の乳児の死亡原因の約５％が乳幼児突然死症候群である。

(3) うつ伏せに寝かすことがリスク要因とされているので，午睡時にうつ伏せで放置することは好ましくない。

(4) 突然死の原因はまだ解明されていないので，保育中の突然死は不可抗力であり，具体的な予防策はない。

(5) 厚生労働省はこの疾患の予防のために取り組みを進めているが，この疾患による死亡者数は減少傾向にある。

□ ② 次の記述のうち，１歳未満の乳児期の発達について述べたものではないのはどれか。

(1) 周囲の人やものをじっと見つめたり，声や音がする方に顔を向けたりするなど，感覚を通して外界を認知し始める。

(2) 自分の意思で体を動かし，移動したり自由に手が使えるようになったりしていくことで，身近なものに興味をもって関わり，探索活動が始まる。

(3) 指差し，身振り，片言などを盛んに使い，応答的な大人とのやり取りを重ねる中で，この時期の終わり頃には，自分のしたいこと，してほしいことを言葉で表出できるようになる。

(4) 表情や体の動き，泣き，喃語などで自分の欲求を表現し，これに応答的に関わる特定の大人との間に情緒的な絆が形成される。

(5) 主体として受け止められ，その欲求が受容される経験を積み重ねることによって育まれる特定の大人との信頼関係を基盤に，世界を広げ言葉を獲得し始める。

# ・・・・・解説と解答・・・・・

① **Point** 乳幼児突然死症候群（SIDS：sudden infant death syndrome）は，それまで元気であった乳幼児（主に1歳未満児）が睡眠中に何の前ぶれもなく死亡してしまうもの。

原因は不明であるが，次の3点によってこの病気を減らせることがわかっている。
①乳幼児を寝かせるときは，仰向け寝にする。
②妊娠中や乳幼児の周囲で，たばこを吸わない。
③母乳が出る場合には，できるだけ母乳で育てる。
なお，この問題は大阪市公表の保育士専門試験問題例をもとに作成したものである。

●選択肢のチェック
(2) 令和3年のSIDSによる死亡は0歳で3位である。なお，1位は先天奇形・変形及び染色体異常（35％），2位は呼吸障害等（15％）である（厚生労働省「令和3（2021）年人口動態統計月報年計（概数）の概況より）。
(3) 仰向け寝ではなく，うつ伏せ寝がリスク要因。厚生労働省の調査では3倍ぐらい危険であるという。
(4) 原因はまだよくわかっていないが，上記の3点を守ること。また，睡眠中の子どもの顔色，呼吸の状態をよく観察することにより，SIDSによる死亡を減らすことができる。
(5) 表のようにSIDSの死亡者数はおおむね減少している。

| 年 | 平成23 | 25 | 26 | 27 | 28 | 29 | 30 | 31 | 令和2 | 3 | 4 |
|---|---|---|---|---|---|---|---|---|---|---|---|
| 死亡者数 | 148 | 125 | 145 | 96 | 109 | 77 | 60 | 78 | 95 | 81 | 47 |

答 (4)

② **Point** 乳児期の発達の特徴について確認しておくこと。

保育所保育指針解説より，「保育の内容」の「乳児保育に関わるねらい及び内容」と「1歳以上3歳未満児保育に関わるねらい及び内容」の記述の一部を抜すいしたものである。
(3)は1歳以上3歳未満児の特徴である。

答 (3)

# 予想問題

□ ③ 次の保育実施上の注意に関する記述のうち，正しいものはどれか。

(1) 乳児の脈は上腕動脈や大腿動脈ではなく，頸動脈で触知する。

(2) 乳児の股関節は，できるだけ早い時期から伸ばすようにすると，歩行の発達がよりスムーズに進む。

(3) 異物がのどにつまって呼吸困難になっている場合，乳児に対してハイムリック法を行うのは危険であるため，背部叩打法を行う。

(4) 一人一人の子どもの生育歴の違いに配慮しつつ，欲求を適切に満たす一方で，特定の保育士が応答的に関わるのは避ける。

(5) 一人一人の発育及び発育状態や健康状態について適切な判断は，保育士のみで行う。

□ ④ 地域における子育て支援に関する次の記述で，誤っているのはどれか。

(1) 保育所における乳幼児の保育に関する相談・助言は，必要に応じて嘱託医の意見を求める。

(2) 乳幼児の保育に関する相談・助言の内容は，秘密を保持するために，一切記録に残さないようにする。

(3) 一時保育は保護者の労働や病気などを理由として実施されるにとどまらず，私的理由によるものも認められている。

(4) 保育所における一時保育は，専用の部屋で実施することを原則とする。

(5) 保育所における地域活動事業は，通常業務に支障を及ぼさない範囲で積極的に行う。

# ・・・・・解説と解答・・・・・

③ **Point▶** まちがった方法が子どもの生命や健康に悪影響を及ぼすおそれがある，保育実施上の注意点を確認すること。指針解説書 374 ページ（3）を確認しよう。

●選択肢のチェック

（1）意識不明時に呼吸とともに脈の確認をしたり，平時でも脈の測定をするが，乳児は首が短く皮下脂肪が厚いために，頸動脈では脈を触知しにくい。

（2）誤り。股関節脱臼の危険があるため，伸ばしてはいけない。オムツ交換や抱く時など，できるだけ伸ばさないように気をつける。

（3）ハイムリック（ハイムリッヒ）法（みぞおちを強く押し上げて喉頭異物を取り除く方法・腹部突き上げ法）を乳児に施すのは内臓を損傷させるおそれがあり，すべきでない。背部叩打法を行う。

（4）乳児は身近な人との情緒的なつながりが大切であるため，特定の保育士が応答的に関わるよう努める。

（5）保護者との信頼関係を築きながら，保育を進めるとともに，職員間で協力して対応するのが大切である。

答（3）

④ ●選択肢のチェック

（1）保育所内部の職員だけでは限界があり，必要に応じて嘱託医やさらに保健所の医師，保健師などにも意見を求める。

（2）誤り。保育所内部での検討や，外部の専門機関の助言を得るために，記録は必ず残さなければならない。

（3）私的理由による一時保育とは，育児疲れを解消するためのいわゆるリフレッシュ保育等である。

（4）一時保育は断続的であったり，緊急一時的であったりする。子どもの心の安定のため，一時保育，通常保育双方の部屋を別にする。

（5）保育所において蓄積された子育ての知識，経験，技術を活用するものであり，乳児保育に関連するものとしては，育児講座，子育て相談などがあげられる。

答（2）

□ ⑤ 児童虐待に関する次のA～Dについて，正しいものには○を，誤っているものには×をつけた場合，その組合せとして正しいのは下記のうちどれか。

A 平成12年度に制定された「児童虐待の防止等に関する法律」は，児童虐待とは，身体的虐待と性的虐待の2種類であると定義している。

B 児童虐待の件数は急激に増加しており，平成27年度には児童相談所における相談件数は10万件を超え，実母が主たる虐待者である場合が最も多い。

C 「児童虐待の防止等に関する法律」は，学校の教職員，児童福祉施設の職員など児童虐待を発見しやすい立場にある者について，児童虐待の早期発見に努めなければならないと規定している。

D 「児童虐待の防止等に関する法律」は，児童の親権を行う者がしつけに際し，その適切な行使に配慮しなければならないと規定している。

|     | A | B | C | D |
|-----|---|---|---|---|
| (1) | ○ | ○ | ○ | × |
| (2) | ○ | × | ○ | ○ |
| (3) | ○ | × | × | ○ |
| (4) | × | ○ | × | × |
| (5) | × | ○ | ○ | ○ |

# ・・・・・解説と解答・・・・・

5 ●選択肢のチェック

A：誤り。児童虐待の防止等に関する法律第2条では，児童虐待を，①身体的虐待，②性的虐待，③ネグレクト（放置，養育の怠惰），④心理的虐待，の4種類であると定義している。

B：正しい。児童相談所における相談件数は表のように急増し，平成27年度には10万件を超えた。しかし，主たる虐待者は実母の割合が最も多い。ただし実父の構成割合は上昇している。

　なお，令和3年度には20万7,660件で前年度より2,616件増加している。

| 年度 | 平成19 | 20 | 21 | 22 | 23 | 24 | 25 | 26 |
|---|---|---|---|---|---|---|---|---|
| 相談件数 | 40,639 | 42,664 | 44,211 | 56,384 | 59,919 | 66,701 | 73,802 | 88,931 |
| 年度 | 27 | 28 | 29 | 30 | 31 | 令和2 | 3 | 4 |
| 相談件数 | 103,286 | 122,575 | 133,778 | 159,838 | 193,780 | 205,044 | 207,660 | 219,170 |

（注）平成22年度の件数は，東日本大震災の影響により，福島県を除いて集計した数値である。令和4年度は速報値。

C：正しい。法第5条に述べられている。

D：正しい。法第14条に述べられている。

　この問題は大阪市公表の保育士専門試験問題例をもとに作成したものである。

　なお，平成16(2004)年10月に施行された改正法では，次の場合にも児童虐待とされるようになった。

1. 保護者が直接虐待しなくても，他の同居人が児童を虐待することを放置した場合
2. 児童の保護者が他の同居人から暴力を受け，それが児童の心理に著しく悪影響を及ぼす場合

　また，「虐待を受けた児童を発見した者に通告の義務がある」が，「虐待を受けたと思われる児童を発見した者に通告の義務がある」と改正され，児童の安全の確認や保護の機会が広がった。

答　(5)

□ 6 保育の計画に関する次のA～Dの文について、正しいものには○を、誤っているものには×をつけた場合、その組合せとして正しいのは下記のうちどれか。

A 保育の計画は参考書や雑誌にすぐれたものが紹介されているので、そのまま利用するのがよい。

B 乳児保育(3歳未満児の保育)における指導計画は、3歳以上児の指導計画と比べて、より個別的に計画を立てる必要がある。

C 乳児院の保育の計画は24時間乳児を保育する施設であるため、感染症予防などの保健衛生面を重視しなければならない。そのために、乳児院では保育所と違って各種行事は制限されなければならない。

D デイリープログラムは短期指導計画のひとつであり、乳幼児の生理的欲求を充足させるためのタイムテーブル(時間割)である。食事、睡眠、排泄など、基本的な生活習慣を確立させるためにも、生活リズムをくずさずに、きめられた時間どおりに進めていかなければならない。

|     | A | B | C | D |
|-----|---|---|---|---|
| (1) | ○ | × | ○ | × |
| (2) | × | ○ | × | ○ |
| (3) | × | ○ | × | × |
| (4) | ○ | × | × | ○ |
| (5) | × | ○ | ○ | × |

# ・・・・・解説と解答・・・・・

6 ●選択肢のチェック

A：誤り。保育の計画は参考書や雑誌にすぐれたものが紹介されているが，それをそのまま利用せず，あくまで参考資料として，さらに地域や施設の実情，乳幼児の状況を考慮して作成しなければならない。

B：正しい。指導計画は，すべての発達段階で個人差に即して作成しなければならないが，3歳以上児については，一人一人が自己を発揮できるように配慮しながらも集団生活での計画が中心になる。3歳未満児については一人一人の子どもの生育歴，心身の発達及び活動の実態などに即して，個別的な計画を立てる（保育指針第1章1保育の計画及び評価（2）指導計画の作成　イ）。

C：誤り。保育技術の進んだ現在では，保育所と同様に各種行事を実施することができる。ただし，年齢構成の相違（発達段階の相違）による差異や施設の性格による差異は生じてくる。

D：誤り。デイリープログラムは時間割ではなく，幅をもたせためやすと考えるべきである。無理に適応させようとすると，子どもは不安定になる。日々変化する子どもの実態に合わせて，弾力的に対応していかなければならない。必要があればプログラムを修正する。また，変化の度が過ぎる場合は，原因を探り，解決していかなければならない。

　計画性のない，その場限りの保育では，一人一人の発達段階を理解・把握し，発達過程のポイントをおさえて保育を組み立てていくことはできない。また一貫性を欠いてしまいやすい。計画の重要性を改めて確認しておくこと。

答　(3)

# 障害児保育

## 内　容

「参加と平等」という考え方は，障害を持つ子どもにとっても重要であり，保育活動への参加の促進が，社会における障害理解の推進となる。そのためには，インクルージョンの時代における障害児保育のあり方を考えていくことが大切である。

## Check!!　重要事項

### 1.　障害児保育の歴史

1916（大正 5）　京都市盲唖（もうあ）院聾唖（ろうあ）部幼稚科に障害のある幼児の教育保育の場が提供される。

*知的障害や肢体不自由児の学齢児童への教育や知的障害児の施設としては，石井亮一らの孤女学院（後の滝乃川学園 1891（明治 24）年）や，肢体不自由児施設として柏倉松蔵が創設した柏学園（1921（大正 10）年）がある。

1947（昭和 22）　児童福祉法施行により，知的障害児施設・療育施設が設置される。その後の法改正で盲児施設，聾唖児施設，虚弱児施設，肢体不自由児施設などの制度化が進むが，その対象は学齢児童中心。

*障害児施設の本格的な登場は，昭和 30 年代の森永ヒ素ミルク事件や水俣病，サリドマイド薬害事件など社会問題としての障害児問題が生じてからのことである。

1957（昭和 32）6 歳児からを対象として知的障害児通園施設が作られる。

1963（昭和 38）　肢体不自由児施設通園児療育部門が設けられる。重症心身障害児施設「びわこ学園」誕生。
*びわこ学園設立者糸賀一雄が提唱した「この子らを世の光に」は，わが国の重症心身障害児福祉の始まりとして知られる。

*障害児をめぐる運動として，障害を持つ子どもの保護者を中心とした運動が展開。
「手をつなぐ親の会（精神薄弱児育成会）」1952（昭和 27）
「全国肢体不自由児父母の会連合会」1961（昭和 36）
「全国重症心身障害児を守る会」1964（昭和 39）

…学齢児ですら施設入所を理由に就学猶予や免除となっていたなかで，乳幼児の保育のほとんどは家庭に依存し，進まなかった。

1972（昭和47）心身障害児通園事業が始まる。在宅の障害児の障害区分に関係しない通園事業（定員20名）が市町村で行われる。
…今日の障害児通園事業（デイサービス）の始まり

1973（昭和48）中央児童福祉審議会は「当面推進すべき児童福祉施策について」で保育所における障害のある子どもへの保育について答申。その結果，翌年障害のある子どもの保育所での保育が認められる。（補助事業化）

1979（昭和54）養護学校教育の義務化。

1981（昭和56）国連国際障害者年（テーマ「完全参加と平等」）
…バリアフリー，ノーマライゼーションの考え方が普及。

1995（平成7）障害者プラン「ノーマライゼーション7か年戦略」が策定され，社会全体で障害児（者）を支えていくことが示される。

1996（平成8）障害児（者）地域療育等支援事業開始。在宅の障害のある子どもたちにもサービスが提供されるようになる。

1998（平成10）保育所の措置制度が廃止され，知的障害児通園施設や肢体不自由児施設などの児童福祉施設との相互利用が可能となる（二重措置の制限が撤廃される）。

2003（平成15）障害児保育事業の補助金が一般財源に移行。障害児保育が市町村の事業として移行することになる。

2005（平成17）発達障害者支援法が施行される。
障害児保育については，「保育の実施に当たっては，発達障害児の健全な発達が他の児童と共に生活することを通じて図られるよう適切な配慮をするものとする。（第7条）」と規定された。

2012（平成24）年10月　障害者虐待防止法が施行される。障害者への虐

待の禁止や防止が法制化され，保護や防止に関する国や自治体の責務，養育者への支援などが目的化された。（Topic!! 参照）

2013（平成25）年4月　障害者自立支援法が改正され，「障害者総合支援法」が施行される。障害者の地域社会での共生の実現に向けて，障害者福祉サービスの充実や日常生活・社会生活への支援を総合的に行うために改正された。（Topic!! 参照）

## 2. 障害の理解
### (1) はじめに
　保育士はさまざまな子どもたちと生活をともにする保育活動を通じて，障害児とも共同し育ちあうこと，そして子どもどうしが理解しあう保育活動の意味について理解を深める。障害を持つ子どもの理解と生活の支援という保育士の専門性とは何かについて学んでおくこと。
### (2) 障害児保育のポイント
　発達に伴う障害は，乳幼児期には，家族・親子関係などの対人関係や環境・発達の個人差により差異が生じる。その時期に障害の認定をすることは難しいので，保育士としていたずらに障害を示唆し，保護者の不安や不信を招くようなことがないようにしなければならない。
　また，障害認定を受けた子どもの保育においても，その子どもを障

---

### Topic!! 〉〉〉〉〉〉　　障害者虐待防止法

　平成24年10月1日から，国や地方公共団体，障害者福祉施設従事者等，使用者などに障害者虐待の防止等のための責務を課すとともに，障害者虐待を受けたと思われる障害者を発見した者に対する通報義務が課せられた。
　就学する障害者，保育所等に通う障害児及び医療機関を利用する障害者に対する虐待への対応について，その防止等のための措置の実施が学校の長，保育所等の長及び医療機関の管理者に義務づけられた。その窓口として，市町村障害者虐待防止センター，都道府県障害者虐待防止センターとして，都道府県・市町村の部局や施設が機能する仕組みとなっている。
　なお児童については，在宅の場合は児童虐待防止法，入所中の児童については児童福祉法が適用される。

害児であると決めつけることは避けたい（ラベリング…障害の先入観や障害による差別）。その子どもの個性として障害（ハンディキャップ）を受け入れ（受容），理解し，ハンディキャップの解消に向かって支援し，ハンディキャップを持つ子どもの立場に立つ（アドボケイト）保育士としての保育実践が重要となる。そして，関係機関と連携・協働して保育計画を作成し，保護者の理解と協力を得て保育活動を進める必要がある。

### (3) 障害の理解を進めるために

身体的障害や先天的障害以外に，近年，子どもの障害として取り上げられている行為障害*など。

**発達障害（児）**

発達障害とは，自閉症，アスペルガー症候群その他の広汎性発達障害，学習障害，注意欠陥多動性障害その他これに類する脳機能の障害であって，その症状が通常低年齢において発現するもので，18歳未満の年齢の児童。（発達障害者支援法）

**自閉症**

特定のものやことにこだわり，同じような行動を反復する，対人関係の成立が難しい，言語発達の遅れなどの症状が見られる。

**アスペルガー症候群（asperger syndrome）**

言語発達に遅れはないが，他者との感情交流に乏しい（コミュニケーションがとれない）などの行動上の特徴を持ち，自閉症の一類型であるとも言われている。

**高機能広汎性発達障害**

（HFPDD ＝ high-functioning pervasive developmental disorder）

知能的には正常範囲と認められるが，自閉性障害，アスペルガー症候群，レット症候群，非定型自閉症（特定不能の広汎性発達障害＝PDDNOS）などが認められるもので，行為障害を伴うことが多い。

**LD（Learning Disabilities ＝学習障害）**

基本的には全般的な知的発達に遅れはないが，聞く，話す，読む，書く，計算する又は推論する能力のうち，特定のものの習得と使用に著しい困難を示すさまざまな状態を指すものである。

学習障害は，その原因として，中枢神経系に何らかの機能障害が

*行為障害とは，WHOの基準によると「反復し持続する反社会的，攻撃的あるいは反抗的な行動パターン」。「過度のけんかやいじめ」「動物や他人への残虐行為」「破壊行為」「放火」「盗み」「うその繰り返し」などが6か月以上持続することと定められている。

あると推定されるが，視覚障害，聴覚障害，知的障害，情緒障害などの障害や，環境的な要因が直接の原因となるものではない。（文科省LD協力者会議における定義）

学習遅滞

　一般には，通常の学習進度に適応できない状況をさすが，発達障害や学習障害の1つの型として，精神発達遅滞などが原因で，学習に支障をきたすことばとして使われることもある。その場合は，単なる学業不振（学力が水準に達しない等，学業がふるわない状態）とは区別される。

ADHD（attention deficit hyperactivity disorder ＝注意欠陥多動性障害）

　精神年齢に比して不適当な注意力障害，衝動性，多動性を示す行動障害（行為障害）。落ち着いて座っていられず行動に落ち着きがない，集中力が維持できないなどの行動の特徴があげられ，子どもの3％から5％程度に見られるとも言われている。

PTSD（post-traumatic stress disorder）

　心的外傷後ストレス精神障害。虐待体験などによる強いストレスの後に起きる精神障害。虐待体験から接触障害を伴うパニック障害をも伴うこともあり，スキンシップ（ボディタッチ）など注意が必要。
（「子どもの保健　4．発達の障害と不適応行動」も参照のこと）


## 3.　障害のある子どもに対する保育

　保育所等における障害のある子どもの受入れは年々増加しており，発達障害の早期発見など，保育所等における支援の一層の充実が求められている。

### (1)　「保育所保育指針」に示されている趣旨

①　適切な環境の下で障害のある子どもが他の子どもとの生活を通してともに成長できるよう，一人一人の実態を的確に把握した上で，障害のある子どもの保育を指導計画の中に位置付け，見通しを持って保育すること。

②　子どもの状況に応じた保育を実施する観点から，家庭や関係機関と連携した支援のための計画を個別に作成するなど適切な対応を図るとともに，市町村や関係機関と連携及び協力を図りつつ，保護者に対する個別の支援に努めること。

③　子どもに関する情報共有に関して，保育所に入所している子どもの就学に際し，市町村の支援の下に，子どもの育ちを支えるための資料が保育所から小学校へ送付されるようにすること。

(2) 障害児保育に係る施策例

　保育士等キャリアアップ研修……保育現場のリーダー育成研修に「障害児保育」を導入。

　巡回支援専門員整備事業……発達障害支援に関するアセスメントの知識と技術を持った専門員が保育所等の子どもやその保護者が集まる施設等に巡回相談支援。

## 4. 関係機関との連携の必要性

　情報の共有・専門的支援（診断・助言等）などの連携（ネットワーク）
・協働体制の確立

○児童相談所　　　発達診断（療育手帳）　行動診断　相談・カウンセリング等

○保健所　　　　　発達診断　言語治療　相談・カウンセリング等

○児童福祉施設（通園施設等）

○特別支援学校

○医療機関

○福祉事務所　相談・緊急一時保護　（支援費）対応等生活支援

---

**Topic!! ＞＞＞＞＞＞　　　障害者自立支援法の改正**

　障害者自立支援法が「障害者の日常生活及び社会生活を総合的に支援するための法律（障害者総合支援法）」として 2013 年 4 月施行された。

　改正された内容の特徴は、「自立」にかわり「基本的人権を享有する個人としての尊厳」が、地域生活支援事業が障害者福祉サービスの給付による支援に加えて明記された。障害者範囲も見直され、障害者の範囲に難病が加えられた。また、障害区分程度が、障害の多様な特性や心身の状態に応じた支援必要性から「障害支援区分」に改められた。他に、重度訪問介護の対象の拡大、共同生活介護（ケアホーム）の共同生活援助（グループホーム）への一元化、地域移行支援の対象の拡大、地域生活支援事業の追加など。自治体は、障害福祉計画を策定し障害福祉サービスの提供体制整備や地域生活支援事業の実施計画策定のためのニーズ調査や計画の定期的な検証とそれに基づく見直し、当事者参加（家族も含む）について求められた。

□ ① 次の記述のうち正しいものはどれか。

(1) 国際障害者年 (1981 年) は，おとなの障害者のバリアフリーの必要性を国際的に提唱し，わが国でも駅や公共施設などの設備の改善が義務付けられるなどした。

(2) ノーマライゼーションとは，障害者が社会福祉施設に当たり前に入ることができ，安心して暮らせるように，施設における権利擁護運動として提唱されたものである。障害のある子どもは，障害児施設だけでなく児童福祉施設である保育所にも受け入れが認められた。

(3) わが国の障害児保育は，石井亮一の滝乃川学園 (1891 年) から始まり，明治期から今日までの長い歴史があり，統合保育としてその制度は確立されてきた。

(4) 2005 年 4 月に施行された発達障害者支援法では，「保育の実施に当たっては，発達障害児の健全な発達が他の児童と共に生活することを通じて図られるよう適切な配慮をする」と規定された。

(5) 1998 年の児童福祉法改正により，障害児の統合保育ではインクルージョンの考え方に基づき，保育所に障害児のための施設が用意された。特別の保育実施の訓練を受けた保育士が，通常保育の子どもとは分離し，子どもの社会参加を支援する特別支援保育として実施している。

# ・・・・・解説と解答・・・・・

① **Point▶** 統合保育とは，障害を持つ子どもを分離する保育
ではない。

●選択肢のチェック

(1) 誤り。国際障害者年は「完全参加と平等」をテーマに，すべての
障害のある人（おとなも子どもも）を対象にしている。

(2) 誤り。ノーマライゼーションは，社会で当たり前に障害の有無に
関係なく生活できる社会を目指す運動のことであり，むしろ脱施
設化の方向を指すものである。

(3) 誤り。滝乃川学園は障害児施設として作られたもので，障害児保
育のための施設ではない。わが国の障害児保育の実施の制度は，
1973 年の中央児童福祉審議会答申により 1974 年から行われてい
る。

(4) 正しい。

(5) 誤り。1998 年の児童福祉法改正施行は，保育所の利用制度への移
行（措置制度の廃止）である。インクルージョンに基づく統合保育
は，子どもどうしの共生を基本とする相互理解を前提としており，
分離保育の実施は明らかなまちがいである。

答 (4)

## One Point !! ⟩⟩⟩⟩⟩⟩　　　バリアフリー

barrier free 「障壁のない」という意味。建物設備などにおける段差
や仕切りをなくすなどし，高齢者や障害者などが利用しやすい設備や
環境を作っていくことで，社会生活における障害者のハンディキャッ
プを取り除くことを実現させようとすること。

□ ② 次の記述のうち正しいものはどれか。

(1) 保育活動において障害が疑われる子どもに出会った場合は，保護者に対して早期受診や通告を，できるだけ早急に行わなければならない。

(2) 障害児保育では，保護者が子どもの障害について認知し，安心して安定した子育てができるように支援していくことが大切である。そのためには，保育所全体で障害についての理解と知識を高める必要がある。

(3) 保育所における障害児の受け入れについては，児童相談所による判定に基づく療育手帳の交付が条件となる。

(4) 保育所における障害児の受け入れについては，特別支援教育による受け入れが義務付けられており，教育委員会による認定が必要である。

(5) 障害児の保護者は，精神的に不安定であることが多いので，保育所への受け入れにあたり，保育所は義務として必ず保健所への通報と保健所における保護者の相談の確認を実施しなければならない。

# ・・・・・解説と解答・・・・・

2 **Point** 特別支援教育は学校教育における制度。

●選択肢のチェック

(1) 誤り。保育士として，まず，保護者の不安解消（受容等）や子ども
への対応がなされなければならない。障害について保護者との相
談関係が成立してから，専門機関の紹介などをしていくこと。発
達遅滞などは年齢的な問題や家族環境による影響もあり，障害の
認定は難しい。

(2) 正しい。

(3) 誤り。療育手帳は児童相談所等で知的障害と判定された者に対し
て交付されるものだが，療育手帳の交付が障害児保育の要件では
ない。年齢的な問題等や保護者の意向により，発達障害や発達遅
延など，必ずしも障害が認定を要さない場合も考えられる。

(4) 誤り。特別支援教育は学校教育における制度であり，保育所は，
障害児保育事業として市町村がその制度を設けている。

(5) 誤り。保護者への対応は義務規定ではない。保育所が保護者の理
解や受け入れを進める上で，専門機関との連携は障害児保育を進
めるうえでも大切なことではある。

答（2）

## One Point !! 〉〉〉〉〉〉 ノーマライゼーション

normalization　本来の意味は正常化ということ。社会福祉において
は，高齢者や障害者などを保護隔離して施設に入所させるのではなく，
地域社会のなかで一般市民と一緒に助け合いながら暮らしていくこと
が望ましいとする考え方。また，それに基づく社会福祉政策や社会制
度などをさす。ノーマリゼーションともいう。

# 予想問題

□ ③ 次の記述のうち正しいものはどれか。

(1) 障害児保育の対象となる子どもは，国特別保育事業実施規定によって，運動機能障害を除く障害を持つ子どもが対象となると定められている。

(2) 言語発達に遅れのある子どもは，自閉症であることが疑われるので，保健所が行っている言語治療を必ず受けるように指導をしなければならない。

(3) ダウン症児は，障害児保育の対象ではなく，療育施設の対象である。

(4) ADHDと診断されたら，分離保育が実施できる特別保育を行える保育所への措置を行わなければならない。

(5) 障害児保育においても，子どもが豊かに伸び行く可能性を信じて，生活体験や学習の機会を確保し，1人ひとりの個性に応じた保育計画を立てなければならない。

# ・・・・・解説と解答・・・・・

③ **Point▶** 行為障害であっても，程度によっては普通保育の
なかでの対応は可能。

●選択肢のチェック

(1) 誤り。特別保育事業における障害児受け入れについては，区市町村
がそれぞれ規定している。また，その際，保育条件等による受け入
れの条件は設定されるが，国の規定等による障害区分の制限はない。

(2) 誤り。言語の遅れは原因がさまざまであり，必ずしもすべてが言語
治療の対象とはならない。親子関係や子どものようすの観察により，
保育士として，保護者との相談やアドバイスが行えるようにするこ
とが大切。

(3) 誤り。ダウン症であることで障害児保育から排除されることはない。
ダウン症児で普通保育・普通教育に参加している例もある。

(4) 誤り。ADHD（注意欠陥多動性障害）であっても，行為障害の程度に
よっては普通保育の実施は可能である。むしろ近年は，このような
軽度の行為障害の子どもが増えているといわれ，普通保育のなかで
の対応が求められている。

(5) 正しい。

答 (5)

## One Point !! 〉〉〉〉〉〉 インクルージョン

inclusion　社会における「包摂（ほうせつ）」であり，障害児（者）も健常児（者）
も区別なく，ともに生活し共同しあう環境を作っていくことを意味す
る。ノーマライゼーションをさらに一歩進めた考え方。脱施設化など
により，障害児（者）が地域社会で当たり前に生活できるように地域で
の生活を支える運動や障害児と健常児がともに学びあえる教育（統合教
育・保育）の実践などであり，今日の障害児福祉の基本的考え方になっ
てきている。

□ ④ 次の記述のうち正しいものはどれか。

(1) 分離保育とは，障害のある子どもを対象とする集団保育の形態であり，障害児のみで行われている。

(2) 統合保育とは，幼稚園と保育所が一緒になった形態の特別保育であり，障害児の保育活動も特別支援教育として実施される形態のことである。

(3) 統合保育における保育活動では，障害児担当の保育士は集団活動とは別のプログラムを作成し，障害児が他の保育活動を妨げないようにしなければならない。

(4) 障害児保育で一番大切なことは障害児受け入れである。受け入れにあたっては，通常のプログラムで受け入れ対応ができないときには放置することも生じるが，受け入れを優先させるためには仕方がない。

(5) 虐待を受けた子どもへの対応では，特別に障害について配慮をしなくてもよく，障害児として考えることは求められない。

＝

# ・・・・・解説と解答・・・・・

4 **Point** 虐待を受けた子どもにも特別の配慮が必要。

●選択肢のチェック

(1) 正しい。分離保育は，障害児施設などで行われている障害児のための集団保育活動として，療育活動との連携で行われている。

(2) 誤り。前半は，幼保一元化の説明であり，特別支援教育は学校制度における障害児教育制度である。

(3) 誤り。統合保育は，障害児が通常の保育活動に参加し，共同生活や活動を通じて相互理解を進めていくことが目的とされる。排除するのではなく参加できる支援をしていくことが大切である。

(4) 誤り。保育活動への参加と平等の原則に反するものであり，ノーマライゼーションの考え方に基づく統合保育の趣旨に反する。

(5) 誤り。虐待を受けた子どもは，PTSD（心的外傷後ストレス障害）などの心的外傷を受けていることから，対応には特別の配慮が必要である。PTSDによる後遺症である接触障害や行為障害などに，保育者は理解と慎重な対応が求められる。

答（1）

# 保育実習理論

## 内　容

保育の実際の場面を念頭に置きながら，保育の計画，保育形態，子どもの心身の発達特徴や保育士としての関わり方，児童福祉施設の概要等を理解すること。

## Check!!　重要事項

1．保育所保育
　(1) 保育の計画
　　◆全体的な計画―子ども，家庭，地域の実態を把握し，保護者の意向を考慮しながら，子どもの最善の利益を保障する保育を実現するためのもの。幼稚園や学校における教育課程（カリキュラム）に相当する。
　　◆指導計画(具体的)―子どもの主体性の尊重，環境による保育の実現，保育士の適切な支援をおこなうための計画。保育課程を具体化したもの。
　　　・長期的指導計画(年間，期間，月間)
　　　・短期的指導計画(週，日等)
　　○計画作成上の留意事項―子どもの個人差・生活の連続性への配慮（3歳未満児），集団生活における主体的活動の促進（3歳以上児），職員の協力体制，家庭や地域社会との連携，小学校との連携
　　※障害のある子どもの保育――一人一人の子どもの発達や障害の状態の把握，家族との連携，親の思いの受け止め，必要に応じた専門機関からの助言，ノーマライゼーション

　(2) 保育形態
　　一斉保育　設定保育　自由保育　混合保育　クラス別保育
　　縦割り保育　解体保育　統合保育　延長保育

　　　それぞれの保育形態の特徴と注意事項の把握に努めること

　(3) デイリープログラム（日課）―保育所の一日の流れを表にしたもの
　　〈内容〉・登園時の活動，遊び，授乳や給食，外気浴，午睡などの活動
　　　　　　・保育士の関わり，援助
　　　　　　・環境の整備

　　　実習日誌等を読みかえし，1日の流れを再確認すること

## (4) 保育内容　保育所保育指針から見た「保育内容」と「子どもの発達」

　　保育士の仕事場所の90パーセントは保育所であり，約8割の者が常勤勤務。採用試験も保育所で仕事を行う保育士の採用に関するものが中心になる。したがって，保育所保育指針（以下，「指針」と略）の内容が問題の中心となる。ここでの「保育内容」は，保育所保育の解説である。

　　保育士の働く場所としては，保育所以外の児童福祉施設もある。児童養護施設，乳児院などは，児童虐待や家庭崩壊の増大にともない，入所する子どもが増大し，そこで働く保育士の採用も増えている。このような施設の試験対策として，社会福祉，児童家庭福祉，相談援助，社会的養護等の学習が必修となる。

### ◆幼児教育の一翼としての保育所保育

　　平成29年3月告示の改定保育所保育指針では，保育所保育における幼児教育の積極的な位置づけを行っている。従来からも，いわゆる5領域に沿って幼稚園教育要領の教育内容との整合性が図られてきているが，幼稚園教育要領の改訂（平成29年3月告示）において整理された，幼児教育において育みたい資質・能力の3つの柱（「知識や技能の基礎」「思考力・判断力・表現力の基礎」「学びに向かう力，人間性等」）を改定保育所保育指針においても示すとともに，「幼児期の終わりまでに育ってほしい姿」を明確化している（指針第1章4「幼児教育を行う施設として共有すべき事項」(1)(2)）。保育所保育指針解説は次のように説明している。

　　「保育所保育においては，子どもが現在を最も良く生き，望ましい未来をつくり出す力の基礎を培うために，環境を通して養護及び教育を一体的に行っている。幼保連携型認定こども園や幼稚園と共に，幼児教育の一翼を担う施設として，教育に関わる側面のねらい及び内容に関して，幼保連携型認定こども園教育・保育要領及び幼稚園教育要領との更なる整合性を図った。

　　また，幼児教育において育みたい子どもたちの資質・能力として，「知識及び技能の基礎」「思考力，判断力，表現力等の基礎」「学びに向かう力，人間性等」を示した。そして，これらの資質・能力が，第2章に示す健康・人間関係・環境・言葉・表現の各領域におけるねらい及び内容に基づいて展開される保育活動全体を通じて育まれていった時，幼児期の終わり頃には具体的にどのような姿として現れるかを，「幼児期の終わりまでに育ってほしい姿」として明確化した。

　　保育に当たっては，これらを考慮しながら，子どもの実態に即して

計画を作成し，実践することが求められる。さらに，計画とそれに基づく実践を振り返って評価し，その結果を踏まえた改善を次の計画へ反映させていくことが，保育の質をより高めていく上で重要である。」

「幼児期の終わりまでに育ってほしい姿」は，具体的に以下の事項で整理されている。ア　健康な心と体　イ　自立心　ウ　協同性　エ　道徳性・規範意識の芽生え　オ　社会生活との関わり　カ　思考力の芽生え　キ　自然との関わり・生命尊重　ク　数量や図形，標識や文字などへの関心・感覚　ケ　言葉による伝え合い　コ　豊かな感性と表現

## ◆子どもの発達

「子どもの発達」については，指針では，「第2章　保育の内容」で発達の道筋や順序と保育内容を併せて記載し，改定（平成29年）前のような独立した章は置かれていない。発達過程についても細かい区分（改定前はおおむね6か月未満～おおむね6歳の8区分）はなく，「乳児保育」「1歳以上3歳未満児の保育」「3歳以上児の保育」に関わるねらい及び内容の3つに分け，次のように記載している。

| | 発達の特徴と保育 |
|---|---|
| 乳児 | ・視覚，聴覚などの感覚や，座る，はう，歩くなどの運動機能が著しく発達する。<br>・特定の大人との応答的な関わりを通じて，情緒的な絆が形成。<br>→乳児保育は愛情豊かに，応答的に行われることが特に必要。 |
| 1歳以上3歳未満児 | ・歩き始めから，歩く，走る，跳ぶなどへと基本的な運動機能が次第に発達し，排泄の自立のための身体的機能も整うようになる。<br>・つまむ，めくるなどの指先の機能も発達し，食事，衣類の着脱なども，保育士等の援助の下で自分で行うようになる。<br>・発声も明瞭になり，語彙も増加し，自分の意思や欲求を言葉で表出できるようになる。<br>→自分でできることが増えてくる時期であり，子どもの生活の安定を図りながら，自分でしようとする気持ちを尊重し，温かく見守るとともに，愛情豊かに，応答的に関わる。 |
| 3歳以上児 | ・運動機能の発達により，基本的な動作が一通りできるようになる<br>・基本的な生活習慣もほぼ自立できるようになる。<br>・理解する語彙数が急激に増加し，知的興味や関心も高まる。<br>・仲間と遊び，仲間の中の一人という自覚が生じ，集団的な遊びや協同的な活動も見られるようになる。<br>→個の成長と集団としての活動の充実が図られるようにする。 |

（指針第2章1～3の各「（1）基本的事項」をもとに作成）

受験対策としては，「指針」第2章の規定を学習し，指針に規定する子どもの発達について暗記することが望まれる。「指針」に規定される子どもの発達を学習するためには，保育の心理学の学習が前提である。ただし，保育の心理学の教材と「指針」の記述とに違いがあった場合には，「指針」の記述が正しいものとすること。

保育実践の具体的内容に関しては，第1章の「3　保育の計画及び評価」を参照し，保育実習にのぞみ，さらに採用試験では，実習で得られた「保育士としての専門性」を十分アピールできるよう心がけること。

## (5) 生活支援

◇**基本的生活習慣**　朝の支度，食事，排泄，睡眠，衣類の着脱など生活に必要な基本的な習慣

＊一人一人の子どもの発育・発達状態，健康状態への配慮

＊自主性を大事にする。

◇**安全教育**

＊安全な環境づくり（各部屋の温度・湿度・換気・採光等に十分注意する。用具や遊具などを扱う際に配慮する。園庭や砂場を安全な状態に保つ。）

＊子どもの発達に合わせた安全指導の必要性を認識し，適宜その実施に努める。

－日常生活の直接的な体験の中で安全など生活に必要な基本的習慣や態度を身につける。

－徐々に，自分でできることの範囲を広げていく。

◇**社会性の涵養**

＊　遊びの中で，他の子どもと触れ合うことによって発達を促す。

－これが後のより豊かな人間理解へと発展する。

## (6) 子育て支援

**多様な保育ニーズへの対応**：障害児保育，延長保育，夜間保育，特別な配慮を必要とする子ども・保護者への対応

**地域における子育て支援**：一時保育，地域活動事業，乳幼児保育に関する相談・助言

## (7) 専門職としての保育士の役割と職業倫理

◇**保育士の業務内容**

子どもの保育だけではなく，保護者への支援および地域の子育て支援がある。それに応じた専門性が求められる。

◇保育士同士の役割分担や連携

・保育所では保育内容等について職員間で共通理解をはかることが必要であり，協働性が求められる。

・子どもを保育するにあたり，家庭，地域社会，他機関との連携が求められている。

◇保育士に求められる倫理

「指針」では，「子どもの最善の利益を考慮し，人権に配慮した保育を行うためには，職員一人一人の倫理観，人間性並びに保育所職員としての職務及び責任の理解と自覚が基盤となること」と，専門職としての倫理等の必要性について述べている。保育士としての倫理については，「全国保育士会倫理綱領」が定められているので必ず目を通して理解しておくこと。

## 2. 入所施設の処遇

### (1) 養育環境上問題があり保護を要する場合

乳児院，母子生活支援施設，児童養護施設

### (2) 心身に障害がある場合

障害児入所施設，児童発達支援センター

### (3) 情緒，行動に問題がある場合

情緒障害児短期治療施設，児童自立支援施設

### ■入所型（居住型）施設

家庭との関係を大切にしながらも，子どもの生活そのものを家庭から社会福祉施設に移し，福祉的ニーズの充足を図る。子どもの24時間の生活を保障し，家庭における養育・保護の代替機能を果たす。

> 各々の施設について，児童福祉法・児童福祉施設の設備及び運営に関する基準等を参照し，施設の目的，養育・指導内容を表にまとめておくとよい。

## 3. 保育実習実技

### (1) 音楽表現

◇楽典用語

【速さに関する用語】

**Largo**（ラルゴ・ゆっくり）　**Lento**（レント・ゆるやかに）

**Adagio**（アダージョ・ゆるやかに）

**Andante**（アンダンテ・ゆっくりと歩く速さ）

**Moderato**（モデラート・中ぐらいの速さ）

**Allegretto**（アレグレット・やや速く）

**Allegro**（アレグロ・快速に）

**Vivace**（ビバーチェ・活発に速く）　**Presto**（プレスト・急速に）

【速度の変化に関する用語】

*ritardando*（*rit.*）（リタルダンド・だんだん遅く）

*meno mosso*（メノモッソ・今までより遅く）

*accelerando*（*accel.*）（アッチェレランド・だんだん速く）

*piu` mosso*（ピウモッソ・今までより速く）

*a tempo*（アテンポ・元の速さで）

*tempo primo*（Ⅰ）（テンポプリモ・最初の速さで）

【曲想に関する用語】

*agitato*（アジタート・激しく）

*appassionato*（アパッショナート・熱情的に）

*brillante*（ブリランテ・華やかに）

*cantabile*（カンタービレ・歌うように）

*comodo*（コモド・気楽に）　*dolce*（ドルチェ・甘く，やさしく）

*espressivo*（エスプレッシーボ・表情豊かに）

*grave*（グラーベ・重々しく）　*legato*（レガート・なめらかに）

*leggero*（*leggiero*）（レジェーロ・軽く）

*risoluto*（リゾルート・決然と）

*pastorale*（パストラーレ・牧歌的に）

【強弱に関する記号】

*cresc.*（クレッシェンド・だんだん強く）

*decresc.*（デクレッシェンド・だんだん弱く）

*dim.*（ディミヌエンド・だんだん弱く）

*ff*（フォルティッシモ・とても強く）　*f*（フォルテ・強く）

*mf*（メッゾフォルテ・少し強く）　*mp*（メッゾピアノ・少し弱く）

*p*（ピアノ・弱く）　*pp*（ピアニッシモ・とても弱く）

*fz*（フォルツァンド・特に強く）　*sf*（スフォルツァンド・特に強く）

【反復に関する記号】

*D.C.*（ダカーポ・はじめに戻る）

*D.S.*（ダルセーニョ・記号 𝄋 のところから演奏せよ）

*Fine*（フィーネ・楽曲の終わり）※フィーネと一緒に「フェルマータ」記号（𝄐）を小節線上や音符に付加することも多い

To Coda $\oplus$・$\oplus$ Coda（コーダ・D.C. や D.S. とともに用いられ，2回目の演奏時に「To Coda $\oplus$」（あるいは$\oplus$のみ）の指定のある小節から，「$\oplus$ Coda」（あるいは$\oplus$のみ）にジャンプして演奏する）

◇移調

　　個々の音程関係を変えずに，音の高さを上または下に移すこと。保育者は，子どもたちの発達に即した音域で歌えるよう，移調して演奏する。

◇音程

　　2つの音の高さのへだたり。全音階の7つの音階を基準とし，「度」で表す。（同じ高さの音は1度，ドとミの間隔は3度）

　　その音程に含まれる半音の数により，完全・長・短・増・減などの種類に分けられる。

(2) 造形表現

◇子どもの描画活動の発達段階と表現

　　※子どもの描画活動の発達段階の名称・年齢・表現の特徴を正しく理解すること

| なぐり描き期（錯画期，乱画期）【1歳〜2歳半】 | らくがきのはじまり。点・往復線からうずまき線へ。スクリブル―なぐり描きの線描のこと。なぐり描きを繰り返すうちに動きを制御できるようになっていく。 |
|---|---|
| 象徴期（意味づけ期・命名期）【2歳半〜3歳】 | 形（主として円形）が描けるようになる。偶然にできたスクリブルに「これは○○」と言ったり，名前をつけたりする時期。意味づけを行えるようになる時期。 |
| 前図式期（カタログ期・羅列期・並列期）【3歳〜5歳】 | 言うことと描くことが次第に一致してくる時期。描きたいものを大小・上下・遠近に関係なく，並列的にバラバラに描く。頭足人―頭から直接手や足を描く前図式期の初期に表れる人物表現。 |
| 図式期【5歳〜9歳】 | 徐々に目的をもって記憶をもとに覚え描きのような図式表現をするようになる。表現が図式化・パターン化する時期。画面下方に地面を表す基底線があらわれる。画面に上下が表現される。 |

◇色彩
・色の三属性（三要素）：すべての有彩色にはこの３つの要素がある。
明度（明るさの度合い）・彩度（色の鮮やかさの度合い）・色相（色あい）　※無彩色（白・黒・灰色）は明度のみ。
・色立体：色の三属性（三要素）を三次元立体で表したもの。
明度—中心軸（縦軸）　一番上が一番明るい白，一番下が一番暗い黒，中間が灰色。
彩度—中心軸からの距離　中心から離れるほど彩度は高くなり，中心に近くなるほど彩度は低くなる。
色相—中心軸（縦軸）に沿って360度回転する中に標準12色を配置。
・色の三原色（赤・青・黄）※混合すると黒になる
・光の三原色（赤・青・緑）※混合すると白になる
・補色：12色環で向かいあった位置関係にある色（例　赤と青緑）
※混合すると灰色になる
・清色，濁色
・色の対比（明度対比，色相対比，彩度対比）

【標準12色環】

◇構成
・構成の種類—リズム・リピテーション・グラデーション・ハーモニー・コントラスト・アクセント・バランス・シンメトリー・プロポーション（cf. 黄金比（黄金分割））
・表現技法——デカルコマニー・マーブリング・フロッタージュ（こすりだし）・スタンピング・スクラッチ・コラージュ・モンタージュ・スパッタリング・ドリッピング・ストリングデザイン
◇**幼児画の表現の特徴**
展開表現・視点移動表現・並列表現・レントゲン表現・集中表現・正面表現
◇**造形活動の３領域（形態領域・機能領域・状況領域）**

# 予想問題

□ ① 保育所保育指針が示す幼児教育を行う施設として共有すべき「育みたい資質・能力」のうち，次の文は，どの資質・能力についてのものか。

心情，意欲，態度が育つ中で，よりよい生活を営もうとする。

(1) 思考力，判断力，表現力等の基礎
(2) 自然との関わり・生命尊重
(3) 言葉による伝え合い
(4) 知識及び技能の基礎
(5) 学びに向かう力，人間性等

□ ② 保育所保育指針が示す「幼児期の終わりまでに育ってほしい姿」に関する次の記述のうち，適切でないのはどれか。

(1) 各保育所で，乳幼児期にふさわしい生活や遊びを積み重ねることにより，保育所保育において育みたい資質・能力が育まれている子どもの具体的な姿を示すものである。
(2) こどもが幼児期の終わりまでに到達すべき姿としての目標を示したものではない。
(3) 小学校がイメージする子どもの姿と同じであり，保育士等と小学校職員との話し合いなどは不要である。
(4) 示す姿は，子どもの自発的な活動としての遊びを通して，一人一人の発達の特性に応じて育っていくものである。
(5) 「幼児期の終わりまでに育ってほしい姿」の一つとして，数量や図形，標識や文字などへの関心・感覚があげられている。

# ・・・・・解説と解答・・・・・

[1] **Point▶** 指針は「育みたい資質・能力」として「知識及び技能の基礎」「思考力，判断力，表現力等の基礎」「学びに向かう力，人間性等」の3つを示している。

**●選択肢のチェック**

(1)「思考力，判断力，表現力等の基礎」は気付いたことや，できるようになったことなどを使い，考えたり，試したり，工夫したり，表現したりする資質・能力。

(2)「自然との関わり・生命尊重」は「幼児期の終わりまでに育ってほしい姿」の1つ。

(3)「言葉による伝え合い」は「幼児期の終わりまでに育ってほしい姿」の1つ。

(4)「知識及び技能の基礎」は豊かな体験を通じて，感じたり，気付いたり，分かったり，できるようになったりする資質・能力。

(5)「学びに向かう力，人間性等」は心情，意欲，態度が育つ中で，よりよい生活を営もうとする資質・能力。 答（5）

[2] **●選択肢のチェック**

(1) 適切である。特に卒園を迎える年度（小学校就学の始期に達する直前の年度）の後半に見られるようになる姿である。

(2) 適切である。到達すべき目標ではなく，また個別に取り出されて指導されるものではない。

(3) 適切でない。指針が示す「幼児期の終わりまでに育ってほしい姿」は特に保育所の生活の中で見られるようになる子どもの姿である。子どもの生活や教育の方法が異なっているため，小学校がイメージする子どもの姿にも違いが生じることがある。保育士等と小学校教師が話し合いながら，子どもの姿を共有できるようにすることが大切である。

(4) 適切である。「幼児期の終わりまでに育ってほしい姿」は全ての子どもに同じように見られるものではない。

(5) 適切である。具体的には「遊びや生活の中で，数量や図形，標識や文字などに親しむ体験を重ねたり，標識や文字の役割に気付いたりし，自らの必要感に基づきこれらを活用し，興味や関心，感覚をもつようになる」という姿である。 答（3）

保育実習理論

# 予想問題

□ ③ 発達の時期と発達の特徴や保育士等の対応の組合せが正しいのはどれか。

A 乳児——運動機能が著しく発達し，特定の大人との応答的な関わりを通じて，情緒的な絆が形成される。

B 1歳以上3歳未満児——基本的な動作が一通りできるようになるとともに，基本的な生活習慣もほぼ自立できるようになる。

C 1歳以上3歳未満児——子どもの生活の安定を図りながら，自分でしようとする気持ちを尊重し，温かく見守り，応答的に関わる。

D 3歳以上児——基本的な運動機能が次第に発達し，排泄の自立のための身体的機能も整うようになる。

E 3歳以上児——集団的な学びや協同的な活動も見られ，個の成長と集団としての活動の充実が図られるようにする。

(1) A，B，C　　　(2) A，C，E

(3) A，D　　　　(4) B，C

(5) D，E

□ ④ 次の記述について，適切なものには○，適切でないものに×をつけた正しい組合せはどれか。

A 保育士は，一人一人のプライバシーを保護することも大切であるが，時に応じて，保育を通して知り得た個人の情報を共有することが必要である。

B 保育士は，保護者の仕事が忙しいときには，どんなに遅くなろうとも保育時間を延長するなど子育てをサポートする必要がある。

C 保育士は，研修や自己研鑽を通して，常に自らの人間性と専門性の向上に努め，専門職としての責務を果たす必要がある。

D 保育士は，地域の人々や関係機関とともに子育てを支援し，そのネットワークにより，地域で子どもを育てる環境づくりに努める必要がある。

|  | A | B | C | D |  |  | A | B | C | D |
|---|---|---|---|---|---|---|---|---|---|---|
| (1) | ○ | ○ | ○ | × | | (2) | ○ | × | ○ | ○ |
| (3) | ○ | ○ | × | × | | (4) | × | × | ○ | ○ |
| (5) | × | ○ | × | ○ | | | | | | |

# ・・・・・解説と解答・・・・・

③ **Point▶** 発達の特徴に合わせて保育の内容を理解する。

●選択肢のチェック

A：正しい。このことから，乳児保育では愛情豊かに，応答的に行われることが特に必要となる。

B：誤り。記述は3歳以上児の発達の特徴。1歳以上3歳未満児では，歩き始めから，歩く，走る，跳ぶなどへと基本的な運動機能，排泄の自立のための身体的機能，つまむ，めくるなどの指先の機能などが発達する。食事，衣類の着脱なども，保育士等の援助の下で自分で行うようになる。発声も明瞭になり，語彙も増加し，自分の意思や欲求を言葉で表出できるようになる。

C：正しい。1歳以上3歳未満児では，自分でできることが増えてくる時期であり，子どもの生活の安定を図りながら，自分でしようとする気持ちを尊重し，温かく見守り，愛情豊かに，応答的に関わる。

D：誤り。記述は1歳以上3歳未満児の発達の特徴。3歳以上児は，運動機能の発達により，基本的な動作が一通りできるようになり，基本的な生活習慣もほぼ自立する。理解する語彙数が急激に増加し，知的興味や関心も高まってくる。仲間と遊び，仲間の中の一人という自覚が生じる。

E：正しい。　　　　　　　　　　　　　　　　　　　　答（2）

④ **Point▶** 保育所は，子育ての代わりをするのではなく，パートナーとして保護者のもつ子育ての力を引き出すことにある。あくまでも子どもの育ちの第一義的責任は保護者にある。

●選択肢のチェック

A：×　守秘義務。専門職として必須の倫理。

B：×

C：○　専門職として研修や自己研鑽は生涯求められる。

D：○　保育士にはよりよい子育て環境を創造していくことが求められている。　　　　　　　　　　　　　　　　　答（4）

保育実習理論

271

# 予想問題

□ 5 次の用語の意味について，正しい組合せはどれか。

(A) *cantabile* (B) *grave* (C) *legato* (D) *leggiero* (E) *dolce*

| ①なめらかに ②甘く，やさしく ③重々しく ④歌うように ⑤軽く |
| --- |

|     | (A) | (B) | (C) | (D) | (E) |
| --- | --- | --- | --- | --- | --- |
| (1) | ① | ③ | ② | ④ | ⑤ |
| (2) | ② | ⑤ | ④ | ① | ③ |
| (3) | ④ | ③ | ① | ⑤ | ② |
| (4) | ⑤ | ④ | ③ | ② | ① |
| (5) | ③ | ④ | ⑤ | ① | ② |

□ 6 次の曲を長2度上に移調したときの調名はどれか。

(1) ハ長調 (2) ニ長調 (3) ホ長調
(4) ヘ長調 (5) ト長調

□ 7 次の楽譜を省略することなく演奏すると何小節になるか。

(1) 14 小節 (2) 15 小節 (3) 16 小節
(4) 17 小節 (5) 19 小節

# ・・・・・解説と解答・・・・・

⑤ ●選択肢のチェック

A：*cantabile*　歌うように
B：*grave*　重々しく
C：*legato*　なめらかに
D：*leggiero*　軽く
E：*dolce*　甘く，やさしく

答（3）

⑥ 曲名は「山の音楽家」。楽譜はヘ長調。

答（5）

⑦ 演奏順序は，「1 2 3 4 5 6 7 8 5 6 9 5 10 11 12」である。

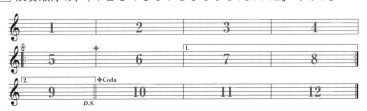

答（2）

# 予想問題

□ 8 次の記述について，適切なものに○，適切でないものに×をつけた
正しい組合せはどれか。

A　絵の具のついたブラシで網をこすり絵の具を飛び散らせる技法を，
フロッタージュという。

B　二つ折りにした紙の半分に絵の具を置き，折ってできたシンメトリ
ー（左右対称）の絵の具のにじみの形からイメージし，加筆したり
名前をつけたりする技法のことをドリッピングという。

C　色や形の構成において，ある形の全体と部分，あるいは長さや面積
の関係を数量的なとらえ方で表現したものをプロポーションとい
う。

D　造形活動の発達段階において，図式期といわれる時期には，頭から
直接手や足を描く頭足人を表現するようになる。

E　色の三属性（三要素）とは，赤・青・黄のことをさす。

|  | A | B | C | D | E |
|---|---|---|---|---|---|
| (1) | ○ | × | × | ○ | × |
| (2) | × | × | ○ | × | ○ |
| (3) | ○ | ○ | × | ○ | ○ |
| (4) | × | × | ○ | × | × |
| (5) | ○ | ○ | ○ | ○ | × |

# ・・・・・解説と解答・・・・・

8 ●選択肢のチェック

A：×　フロッタージュではなく，スパッタリングを説明したもの。
　　　　フロッタージュは，木目などの凹凸のあるものに紙をあて，
　　　　その上から色鉛筆やクレヨンでこすり，凹凸を写し出す技法。

B：×　ドリッピングではなく，デカルコマニーを説明したもの。ド
　　　　リッピングは，絵の具を紙の上にたらしたり，それを吹きつ
　　　　けたりする技法。

C：○　とくに，安定した美しい比の1つとして，1：1.618であらわ
　　　　される分割を，黄金比（または黄金分割）という。

D：×　頭足人は，前図式期（カタログ期・羅列期・並列期）の初期に
　　　　見られる表現である。

E：×　色の三属性（三要素）とは，明度・彩度・色相のことである。
　　　　赤・青・黄は，色の三原色。

答（4）

保育実習理論

275

# Ⅲ 模擬試験

実際の試験は五肢択一（5つの中から1つの答えを選ぶ）の問題を課す自治体が多いようですが，記述式の問題を課す自治体もあります。模擬試験では，五肢択一と記述式の両方の問題を併せて掲載しています。

合格最低ラインは6割5分と考え，合格圏を20点以上とします。

ポイントは，試験終了後，まちがった箇所をチェックし，正しい知識を身につけることです。たまたま正解の選択肢を選んだ場合も同様です。解説をよく読み，さらに理解を深めてください。

**1.** 次の人物と著作や事柄の組合せについて正しいものはどれか。

(1) モンテッソーリ（Montessori,M.）――――　子どもの家

(2) エレン・ケイ（Key,E.）――――――――　『エミール』

(3) フレーベル（Frobel,F.W.）――――――　愛着

(4) シュタイナー（Steiner,R.）――――――　恩物

(5) オーベルラン（Oberlin,J.F.）――――――　『児童の世紀』

(1) ┠――┨ (2) ┠――┨ (3) ┠――┨ (4) ┠――┨ (5) ┠――┨

**2.** 保育所保育指針に示された「保育の方法」に関する記述のうち，適切でないものはどれか。

(1) 一人一人の子どもの状況や家庭及び地域社会での生活の実態を把握するとともに，子どもが安心感と信頼感をもって活動できるよう，子どもの主体としての思いや願いを受け止めること。

(2) 子どもの生活リズムを大切にし，健康，安全で情緒の安定した生活ができる環境や，自己を十分に発揮できる環境を整えること。

(3) 子どもの発達について理解し，一人一人の発達過程に応じて保育すること。その際，子どもの個人差に十分配慮すること。

(4) 子ども相互の関係づくりや互いに尊重する心を大切にし，集団における活動を効果あるものにするよう援助すること。

(5) 一人一人の保護者の状況やその意向を理解しつつも，どの家庭にも不公平のないよう画一的に援助すること。

(1) ┠――┨ (2) ┠――┨ (3) ┠――┨ (4) ┠――┨ (5) ┠――┨

**3.** 養護と教育の一体性について 200 字以内で説明しなさい。

4. 次のA〜Eの記述と下記のア〜オの教育方法について，正しい組合せはどれか。

A キルパトリックが提案。子どもの興味を重視した目的達成プロセス。
B 明瞭−連合−系統−方法
C 『教育の過程』。科学的思考パターン。
D 子どもと教師をいくつかのグループに分ける。
E 学力の高い生徒をモニターとして教師の補佐にする。

ア 発見学習
イ 助教法
ウ プロジェクト・メソッド
エ チーム・ティーチング
オ 四段階教授法

```
     A  B  C  D  E
(1)  ア オ ウ イ エ
(2)  ウ オ ア イ エ
(3)  ア ウ オ イ エ
(4)  ウ オ ア エ イ
(5)  ア ウ オ エ イ
```

(1) ⊢――┤ (2) ⊢――┤ (3) ⊢――┤ (4) ⊢――┤ (5) ⊢――┤

**5.** 正しい組合せをすべて挙げているものは，次のうちどれか。

A　子どもの最善の利益を実現するための施策などを国や自治体に求め，子どもの参加の権利や子どもの意見表明の権利などを定めている。――子どもの権利条約

B　児童の心身に著しい重大な被害を受けるような虐待から護られ，なおかつ虐待を防止することを目的とすることを定めている。――児童虐待の防止等に関する法律

C　満20歳未満の少年を対象として，健全な育成を期し，非行のある少年に対して性格の矯正及び環境の調整に関する保護処分を行うことなどを目的としている。――子ども・子育て支援法

D　配偶者からの暴力を受けた者を保護することを目的として，いわゆるストーカー行為も禁止することができることを目的としている。――母子及び父子並びに寡婦福祉法

(1)　A，B
(2)　B，C
(3)　A，C
(4)　B，D
(5)　C，D

(1) 〔　　〕　(2) 〔　　〕　(3) 〔　　〕　(4) 〔　　〕　(5) 〔　　〕

**6.** 次の記述について，正誤の組合せとして正しいものはどれか。

A　児童福祉施設では，保護者に代わってしつけの再構築を行うための専門職として認められているのは保育士のみであり，その名称を他の者が用いることは認められていない。

B　児童自立支援施設では代替的家族環境を提供することが目的とされており，児童福祉施設の設備及び運営に関する基準により，職員は保育士の資格を有する夫婦が，住み込みで24時間対応することが必要とされている。

C　児童養護施設・乳児院などでは被虐待児童が入所児童の8割を超えるような状態となっており，保育士は社会福祉士（ソーシャルワーカー）の資格を持ち，専門的な対応が必要とされている。

D　心理療法が必要な児童10人以上に心理療法を行う場合には心理療

法担当職員が必置とされている。

```
       A   B   C   D
(1)   ○   ×   ×   ×
(2)   ○   ×   ×   ○
(3)   ×   ○   ○   ×
(4)   ×   ×   ×   ○
(5)   ×   ○   ○   ○
```

(1) ├──┤ (2) ├──┤ (3) ├──┤ (4) ├──┤ (5) ├──┤


**7.** 要保護児童施策の内容に関する記述のうち，適切なものはどれか。

(1) 里親制度の中で，養育里親とは養子縁組を前提とする里親をいう。

(2) 児童養護施設の最近の傾向として，より家庭的な養護を目指し，小規模化および家庭養護への移行が進められている。

(3) 児童相談所における児童虐待相談対応件数の中で，最も多い虐待の種類は身体的虐待である。

(4) 地域の要保護児童の早期発見や適切な保護のため，社会福祉協議会が設置されている。

(5) 児童福祉法では，罪を犯した満14歳以上の少年も要保護児童として，児童相談所もしくは福祉事務所，または児童委員を通じてそれらの機関に通告しなければならない，とされている。

(1) ├──┤ (2) ├──┤ (3) ├──┤ (4) ├──┤ (5) ├──┤


**8.** 児童養護施設に関する記述のうち，適切なものはどれか。

(1) 児童養護施設には，乳幼児や18歳をこえた者は入所できない。

(2) 児童養護施設には，看護師を置かなければならない。

(3) 児童養護施設には，家庭支援専門相談員を置かなければならない。

(4) 児童養護施設には，心理療法担当職員を置かなければならない。

(5) 介護福祉士の資格を有する者は，児童養護施設の長になることができる。

(1) ├──┤ (2) ├──┤ (3) ├──┤ (4) ├──┤ (5) ├──┤

**9.** 児童相談所の機能と役割，最近の相談内容の傾向を 200 字以内で述べなさい。

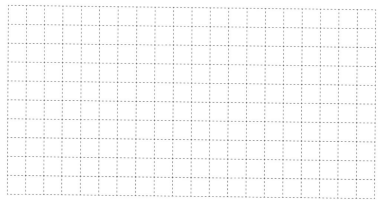

**10.** 諸外国の社会福祉の歴史に関する記述のうち，適切でないものはどれか。

(1) P.タウンゼントは，報告書「社会保険及び関連サービス」により，「ゆりかごから墓場まで」の社会保障理念をうちだし，その三つの指導原理は多くの国々の指針ともされた。

(2) イギリスの改正救貧法（1834 年）は，T.R.マルサスの『人口の原理』をその思想的根拠とし，劣等処遇を政策原理としている。

(3) アメリカのセツルメント運動は，ネイバーフッド・ギルドに始まり，J.アダムスによるハル・ハウスなどが開始された。セツルメント運動は，後にグループワークなどに発展した。

(4) 19 世紀末から 20 世紀初頭にかけてイギリスで行われた C.ブースや B.S.ラウントリーらの貧困調査は，後に救貧法廃止の契機ともなった。

(5) ケースワークは，慈善組織化運動の友愛訪問に始まり，特にアメリカにおいて，M.リッチモンドにより理論的な体系化がなされた。

(1) ├─┤ (2) ├─┤ (3) ├─┤ (4) ├─┤ (5) ├─┤

**11.** 日本の少子高齢社会に関する記述のうち，適切でないものはどれか。

(1) 生産年齢人口（15〜64歳）は1995年にピークを迎え，その後，減少しつづけており，2018年には初めて全体の6割を切った。

(2) 平均寿命の伸長は，乳児死亡率の低下がその要因の一つとされるが，諸外国に比べ日本の乳児死亡率は世界最低水準グループに位置する。

(3) 75歳以上人口は，2054年まで増加傾向が続くものと見られている。

(4) 2022年現在の高齢化率は29％を超えており，将来推計人口によると，高齢化はますます進み，65歳以上の高齢者人口は2042年にピークを迎え，その後は減少に転じると予測されている。

(5) 高齢化の進行により，65歳以上の者の一人暮らしの割合が増加しており，女性の一人暮らしの人数は男性を大きく上回り3倍を超えている。

(1) ├─┼─┤　(2) ├─┼─┤　(3) ├─┼─┤　(4) ├─┼─┤　(5) ├─┼─┤

**12.** 社会福祉の理念における「エンパワメント」について，下記の語句を用いて200字以内で説明しなさい。（使用する順番は問わない）
〈使用する語句〉　自己決定　　課題解決能力　　利用者主体

**13.** 乳幼児期の発達に関する次の記述について，空欄A〜Dに入れる言葉の組合せで正しいものはどれか。

　ピアジェによる思考の発達段階で，最初の段階は（　A　）と呼ばれる。乳幼児はこの時期，自らの（　B　）を使って外界やものごとを理解していく。次の段階を（　C　）と言い，この時期には，象徴機能が発達するとともに（　D　）が盛んに見られるようになる。

| | A | B | C | D |
|---|---|---|---|---|
| (1) | 感覚運動期 | ことばやイメージ | 具体的操作期 | ごっこ遊び |
| (2) | 前操作期 | 感覚や運動 | 感覚運動期 | ひとり遊び |
| (3) | 感覚運動期 | 感覚や運動 | 前操作期 | ごっこ遊び |
| (4) | 前操作期 | ことばやイメージ | 感覚運動期 | 見立て遊び |
| (5) | 感覚運動期 | 知覚や身体 | 形式的操作期 | ひとり遊び |

(1) ├──┤ (2) ├──┤ (3) ├──┤ (4) ├──┤ (5) ├──┤

**14.** 次のA〜Dの人物と関係のある用語ア〜エの組合せで，正しいものはどれか。

A　ジェンセン
B　シュテルン
C　J. B. ワトソン
D　ゲゼル

ア　輻輳説
イ　成熟説
ウ　環境閾値説
エ　学習説

| | A | B | C | D |
|---|---|---|---|---|
| (1) | ア | エ | ウ | イ |
| (2) | ア | イ | エ | ウ |
| (3) | ウ | エ | イ | ア |
| (4) | ウ | ア | エ | イ |

(1) ├──┤ (2) ├──┤ (3) ├──┤ (4) ├──┤ (5) ├──┤

**15.** 次に挙げる人名と用語の組合せで，適切なものはどれか。

(1) バンデューラ————観察学習

(2) ハーロウ————視覚的選好

(3) ヴィゴツキー————刷り込み

(4) ローレンツ————発達の再近接領域

(5) ファンツ————初期経験

(1) ├──┤ (2) ├──┤ (3) ├──┤ (4) ├──┤ (5) ├──┤

**16.** 次の熱中症についての記述のうち，正しいものはどれか。

(1) 熱中症は夏に起こるものなので，冬は特に心配しなくてよい。

(2) 熱中症になってしまったとき，意識があって水などが飲める場合はできるだけ冷たいものを与え，体を冷やしたほうがよい。

(3) 熱中症で子どもに水分補給をさせるときは，市販のイオン水をそのまま飲ませず，2倍以上に薄める。

(4) 室内で水分をとっていれば，外遊びのときには特に水分補給の必要はない。

(5) 子どもが熱中症になって意識がない場合，すぐに水分を与えるようにする。

(1) ├──┤ (2) ├──┤ (3) ├──┤ (4) ├──┤ (5) ├──┤

**17.** 次のA～Eを並べかえて人工呼吸を行うときの正しい手順を示したものは，下記のうちどれか。

A　子どもの胸が上下に動いているかを見る。口元に顔をもっていき，呼吸の有無を確認する。

B　他の保育者へ協力を求めて，救急車を呼ぶ。

C　平らな場所にあおむけに寝かせ，名前を呼び，意識の確認をする。

D　あごを上げ，頭を後ろに曲げて，気道を確保する。

E　人工呼吸を開始。

(1) B→D→A→C→E

(2) B→A→C→D→E

(3) D→C→A→B→E

(4) C→B→A→D→E

(5) C→A→D→B→E

(1) └─┼─┘ (2) └─┼─┘ (3) └─┼─┘ (4) └─┼─┘ (5) └─┼─┘

**18.** 保育者がかたづけ忘れた調乳ポットを子どもが押してしまい，足の甲に湯が少しかかり，水疱ができた。どのように処置すればよいか。

<br>
<br>
<br>
<br>

**19.** 自閉症スペクトラム障害に関する記述として，適切なものの組合せはどれか。

A　言葉を使ってお互いの意思を伝え合うコミュニケーションに障害が見られる。

B　言語発達の障害とともに知的な発達においても障害が見られる。

C　読み書き，計算，運動など特定の領域において，その子の知的な発達から予想されるより学習能力が低くなる。

D　興味や関心が限られており，常同反復的な行動が見られる。

E　家庭や親しい人といるとき以外は自発的な発話がなく，他人と会話でのやりとりをしようとしない。

(1) A , C

(2) A , D

(3) B , C

(4) B , E

(5) D , E

(1) └─┼─┘ (2) └─┼─┘ (3) └─┼─┘ (4) └─┼─┘ (5) └─┼─┘

**20.** 注意欠陥多動性障害に関するA～Dの説明で，正しいものに○を，誤っているものには×をつけた場合，その組合せとして正しいものはどれか。

A　ものや状況に対するこだわりが強く，場面に応じて柔軟に対応す

ることが困難である。

B　家庭と保育所では，活動の範囲や行動が著しく異なる。

C　落ち着きがなく，じっと座ったり，順番を待つため並んだりするのが難しい。

D　課題や遊びなどの活動で，持続的に集中するのが困難である。

E　視線を合わすことが少なく，言葉も一方的な会話になりやすい。

```
    A  B  C  D  E
(1) ○  ○  ×  ○  ×
(2) ○  ×  ○  ×  ○
(3) ×  ×  ○  ×  ○
(4) ×  ○  ×  ○  ○
(5) ×  ×  ○  ○  ×
```

(1) ├──┤　(2) ├──┤　(3) ├──┤　(4) ├──┤　(5) ├──┤

**21.**　次の文は，脂質に関する記述である。誤っているものはどれか。

(1) 水には溶けず，アルコールなどの有機溶媒に溶ける。

(2) 食品に含まれる脂質の大部分は，トリグリセリドである。

(3) 中性脂肪の構成成分である脂肪酸は，動物性脂肪では不飽和脂肪酸が多く，常温では液体である。

(4) 中性脂肪は摂りすぎると体脂肪として蓄えられ，肥満の原因になる。

(5) コレステロールは動物の細胞膜やホルモンなどの材料になる。

(1) ├──┤　(2) ├──┤　(3) ├──┤　(4) ├──┤　(5) ├──┤

**22.** 次の文は，食事バランスガイドについての記述である。適切な記述を○，不適切な記述を×とした場合の正しい組合せはどれか。

A　1食に「何を」「どれだけ」食べたら良いのかのめやすを示したものである。

B　健康な人の健康づくりを目的に作られたものである。

C　水やお茶はコマの軸となっている。

D　性別，年齢，身体活動量によって食事量のめやすが異なる。

|     | A | B | C | D |
|-----|---|---|---|---|
| (1) | ○ | × | × | × |
| (2) | × | ○ | ○ | × |
| (3) | × | ○ | ○ | ○ |
| (4) | × | ○ | × | ○ |
| (5) | ○ | × | ○ | × |

(1) ├──┤ (2) ├──┤ (3) ├──┤ (4) ├──┤ (5) ├──┤

**23.** 次の文は，第4次食育推進基本計画に関する記述である。適切な記述を○，不適切な記述を×とした場合の正しい組合せはどれか。

A　保育所にあっては，健康な生活の基本としての「食を営む力」の育成に向け，その基礎を培うことを目標とする。

B　子供が生活と遊びの中で意欲をもって食に関わる体験を積み重ねていくことを重視する。

C　自然の恵みとしての食材や，調理する人への感謝の気持ちを育み，海外の食文化にも親しむことができるよう努める。

D　生活と遊びを通じ，子供が自ら意欲をもって食に関わる体験を積み重ねていく取組を進める。

E　児童福祉施設における食事の提供に関するガイドラインを活用すること等により，乳幼児の成長や発達の過程に応じた食事の提供や食育の取組が実施されるよう努めるとともに，食に関わる予算確保についても配慮する。

|     | A | B | C | D | E |
|-----|---|---|---|---|---|
| (1) | ○ | × | ○ | ○ | × |
| (2) | × | ○ | × | ○ | × |
| (3) | × | ○ | ○ | × | ○ |
| (4) | ○ | × | ○ | ○ | × |
| (5) | ○ | ○ | × | ○ | × |

(1) ├──┤  (2) ├──┤  (3) ├──┤  (4) ├──┤  (5) ├──┤

**24.** 次の記述について，正誤の組合せとして正しいものはどれか。

A　わが国は，「家族法」により，家族とはその夫婦と子どもから構成されるものとして定められている。母子家庭や父子家庭，離婚家族などは欠損家族として特別な支援を必要とするため，別に「母子および寡婦福祉法」を定めている。

B　家族は経済生活の構造的変化に伴い変容を続け，特に都市部を中心とした労働者層においては，核家族化の進行や女性の社会進出などにより，保育所を中心とする子育て支援サービスなどの必要性が高まってきた。

C　核家族とは，夫婦のみで形成される家族の最小単位であり，次世代育成支援のなかで，子どもを生まない「ニュー世代家族」として問題視されている。

D　現代の家族の子育てにおける教育的機能の不足を補うため，保育サービスは，家庭教育や就学前教育を担うことが定められ，幼児教育の中心的な役割を担うことが期待されている。

|     | A | B | C | D |
|-----|---|---|---|---|
| (1) | ○ | × | × | × |
| (2) | × | ○ | × | × |
| (3) | ○ | × | ○ | ○ |
| (4) | × | ○ | ○ | × |
| (5) | × | × | × | ○ |

(1) ├──┤  (2) ├──┤  (3) ├──┤  (4) ├──┤  (5) ├──┤

**25.** 保育の内容を具体的に把握するための視点を示した「保育所保育指針」の一部分である。A～Dに入る適切な語句の組合せとして正しいのはどれか。

　　保育における「養護」とは，子どもの（　A　）の保持及び（　B　）の安定を図るために保育士等が行う援助や関わりであり，「教育」とは，子どもが健やかに成長し，その活動がより豊かに展開されるための（　C　）の援助である。…（略）実際の保育においては，養護と教育が（　D　）展開されることに留意する必要がある。

|  | A | B | C | D |
|---|---|---|---|---|
| (1) | 体力 | 心情 | 意欲 | 個別的に |
| (2) | 生命 | 情緒 | 発達 | 一体となって |
| (3) | 体力 | 精神 | 育成 | 個別的に |
| (4) | 生命 | 心身 | 育成 | 統合的に |
| (5) | 活力 | 思想 | 経済 | 一体となって |

(1) ├──┤　(2) ├──┤　(3) ├──┤　(4) ├──┤　(5) ├──┤

**26.** 3歳以上児の保育の内容（言葉）として，ふさわしくない記述は次のうちどれか。

(1) 保育士等や友達の言葉や話に興味や関心をもち，親しみをもって聞いたり，話したりする。

(2) したり，見たり，聞いたり，感じたり，考えたりなどしたことを自分なりに言葉で表現する。

(3) 生活の中で言葉の楽しさや美しさに気付く。

(4) 親しみをもって日常の挨拶をする。

(5) 日常生活の中で，文字などで自分の意思や考えを伝えることができるようにする。

(1) ├──┤　(2) ├──┤　(3) ├──┤　(4) ├──┤　(5) ├──┤

**27.** 乳児保育実施上の注意事項に関する次のA～Dについて，正しいものには○，誤っているものには×をつけた場合，その組合せとして正しいのは下記のうちどれか。

A　乳児には，離乳を開始する前から薄めた果汁を与えておくとよい。

B　むし歯予防のためには，乳歯が生えはじめたら，すぐに歯をきれいにする習慣をつけるべきであるが，歯茎を傷つけないよう綿棒やガーゼを用いる。

C　離乳食にみかんや巨峰などの果物を与えるのは危険であるが，幼児食ではスムーズに噛んで飲み込めるような形状にし，一人ひとりの食事状況を把握していくことが大切である。

D　1歳半ぐらいの乳児（広義の乳児）は，探索活動が活発な時期であるため，興味関心の高い玩具などの，大きさや形は安全に配慮することが保護者には求められる。

```
     A   B   C   D
(1)  ○   ×   ○   ×
(2)  ○   ×   ×   ○
(3)  ×   ○   ○   ○
(4)  ×   ×   ○   ○
(5)  ○   ○   ×   ×
```

(1) ┝━━┥ (2) ┝━━┥ (3) ┝━━┥ (4) ┝━━┥ (5) ┝━━┥

**28.**　次の記述について，正誤の組合せとして正しいものはどれか。

A　保育士は，障害を持つ子どもの早期発見に努め，疑わしい場合については早めに障害についての判断を行う必要がある。障害があると判断した場合には，保護者に専門的対応が必要であることを告げ，社会福祉サービスが受けられるようにする。

B　認可保育所においては，ハンディキャップを持つ子どもは保育の対象ではないので，障害児通所施設に措置を変更するようにしなければならない。

C　被虐待児童の受け入れについては，特別支援保育所のみが，その児童の受け入れをするように定められている。PTSDなどへの特別な対応が求められるため，臨床心理士の配置などが必要とされるからである。

D　発達障害などの診断は，乳幼児期は判断が難しく，専門機関がその判定を行うまでは障害のラベリングは行わず，障害の有無にかかわ

らず子どもや保護者の支援にかかわることが大切である。

|     | A | B | C | D |
|-----|---|---|---|---|
| (1) | ○ | × | × | × |
| (2) | × | ○ | × | ○ |
| (3) | ○ | × | ○ | × |
| (4) | × | ○ | ○ | × |
| (5) | × | × | × | ○ |

(1) ├──┤　(2) ├──┤　(3) ├──┤　(4) ├──┤　(5) ├──┤


**29.** 子どもの発達に関する次の文のうち，保育所保育指針において「1歳以上3歳未満児」の特徴として示されているものの組み合わせとして，正しいものはどれか。

A　特定の大人との応答的な関わりを通じて，情緒的な絆が形成される。

B　つまむ，めくるなどの指先の機能が発達する。

C　排泄の自立のための身体的機能も整うようになる。

D　運動機能の発達により，基本的な動作が一通りできるようになるとともに，基本的な生活習慣もほぼ自立できるようになる。

E　歩き始めから，歩く，走る，跳ぶなどへと，基本的な運動機能が次第に発達する。

F　理解する語彙数が急激に増加し，知的興味や関心も高まってくる。

(1) A，B，D

(2) A，C，F

(3) B，C，E

(4) C，F

(5) D，E

(1) ├──┤　(2) ├──┤　(3) ├──┤　(4) ├──┤　(5) ├──┤


**30.** 保育士の職務等についての記述として，ふさわしくないのはどれか。

(1) 保育士は，保育を通して知りえた個人の情報や秘密を守る必要がある。

(2) 保育士は，職場におけるチームワークや，外部の専門機関との連携を大切にすることが求められる。

(3) 保育士は，子どもの最善の利益を尊重するため，子どもが望んでいることは，すべてかなえ，許すことが受容する援助である。

(4) 保育士は，研修や自己研鑽を通じて，人間性や専門性の向上に努め，専門職としての責務を果たすべきである。

(5) 保育士は，地域の人々や関係機関とともに子育てを支援し，そのネットワークにより，地域で子どもを育てる環境づくりに努める。

(1) ├──┤ (2) ├──┤ (3) ├──┤ (4) ├──┤ (5) ├──┤

**1.** 近年の保育施策の動向に関する記述について，適切なものの組合せは どれか。

A 「国と自治体が一体で取り組む待機児童解消『先取り』プロジェクト」は，待機児童がいるすべての自治体で 2012 年度から実施されている。

B 現在の待機児童のうち，3 歳未満児は全体の 9 割弱を占めている。

C 延長保育を実施している保育所は，全体の 9 割以上である。

D 待機児童解消のため，公設公営の保育所が増加している。

(1) A，B
(2) B，C
(3) C，D
(4) A，D
(5) B，D

(1) ├──┤ (2) ├──┤ (3) ├──┤ (4) ├──┤ (5) ├──┤

**2.** 保育所保育指針が示す保育士等が考慮すべき「幼児期の終わりまでに育ってほしい姿」について，次の文は何についての具体的姿か。

　身近な環境に主体的に関わり様々な活動を楽しむ中で，しなければならないことを自覚し，自分の力で行うために考えたり，工夫したりしながら，諦めずにやり遂げることで達成感を味わい，自信をもって行動するようになる。

(1) 知識及び技能の基礎
(2) 豊かな感性と表現
(3) 社会生活との関わり
(4) 自立心
(5) 学びに向かう力，人間性等

(1) ├──┤ (2) ├──┤ (3) ├──┤ (4) ├──┤ (5) ├──┤

**3.** 子どもにとって，「遊び」の持つ意味を 200 字以内で論じなさい。

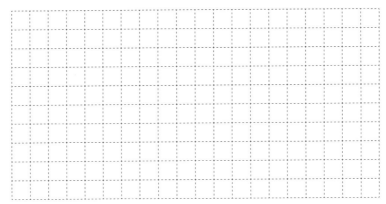

**4.** 次は保育所と幼稚園を対比した表である。A から E に入る正しい組合せはどれか。

| | 保育所 | 幼稚園 |
|---|---|---|
| 根拠法令 | 児童福祉法 | 学校教育法 |
| 対　象 | 保育を必要とする乳児・幼児 | 満（A）歳〜小学校就学始期に達するまでの幼児 |
| 保育・教育時間 | （B）時間を原則 | （C）時間を標準 |
| 教育・保育内容の指針 | 保育所保育指針 | 幼稚園教育要領 |
| 職員1人の担当児数 | おおよそ0歳児3人<br>1, 2歳児6人<br>3歳児20人<br>4, 5歳児（D）人以下 | 1学級（E）人以下を原則 |

|     | A | B | C | D | E |
|-----|---|---|---|----|----|
| (1) | 2 | 7 | 3 | 30 | 30 |
| (2) | 3 | 8 | 4 | 30 | 30 |
| (3) | 2 | 7 | 3 | 35 | 30 |
| (4) | 3 | 8 | 4 | 30 | 35 |
| (5) | 3 | 8 | 3 | 35 | 35 |

(1) ☐―☐ (2) ☐―☐ (3) ☐―☐ (4) ☐―☐ (5) ☐―☐

**5.** 次のうち，正しい組合せをすべて挙げているものはどれか。

A 児童養護施設・児童自立支援施設等出身者への支援など，社会的自立のできていない児童への支援を目的としている施設――自立援助ホーム

B 配偶者のない女子またはこれに準ずる事情のある女子およびその者の監護すべき児童を入所させて，保護するとともに，自立促進のために生活を支援する施設――助産施設

C 保護者のいない児童・虐待されている児童・その他環境上養護を要する児童を入所させ，養護する施設 ――児童養護施設

D 地域の児童の福祉に関する各般の問題につき，児童に関する家庭その他からの相談のうち，専門的な知識及び技術を必要とするものに応じ，必要な助言等を行う――児童厚生施設

(1) A，B
(2) A，C
(3) A，D
(4) B，C
(5) B，D

(1) ☐―☐ (2) ☐―☐ (3) ☐―☐ (4) ☐―☐ (5) ☐―☐

**6.** 次の記述について，正誤の組合せとして正しいものはどれか。

A 1887年（明治20年）に岡山県に家庭学校を創設し，代替的養護を実践するために夫婦制による地域小規模児童養護施設を設け，わが国のグループホームの父と呼ばれているのは，石井十次である。

B 1899年（明治32年）に東京家庭学校を起こし，その後北海道に移転して現在の北海道家庭学校をつくった留岡幸助は，家庭環境を提供することで非行少年を感化していくことを実践して，感化院の事業を始め，現在の児童自立支援施設の礎を築いた。

C 1891年（明治24年）に知的障害児の教育施設として，孤女学院（のちの滝乃川学園）を設置し，知的障害児の父と呼ばれているのは，

石井亮一である。

D 「この子らを世の光に」ということばを残した糸賀一雄は，1946 年
（昭和 21 年）に知的障害児の療育施設である近江学園を創設した。

```
      A   B   C   D
(1)   ○   ○   ×   ×
(2)   ○   ×   ○   ×
(3)   ○   ×   ×   ○
(4)   ×   ○   ○   ○
(5)   ×   ×   ○   ○
```

(1) ─┤ (2) ─┤ (3) ─┤ (4) ─┤ (5) ─┤

**7.** 児童福祉の近年の動向に関する次の記述について，適切なものはどれか。
(1) 合計特殊出生率は，1989 年以降低下し続けている。
(2) 児童相談所における虐待の相談件数のうち，主たる虐待者は父親が一番多い。
(3) 障害児施設は，障害児入所施設と障害支援センターに区分された。
(4) 保育所の待機児童は増加し続けている。
(5) 社会全体で子どもを育てる仕組みの構築が図られている。

(1) ─┤ (2) ─┤ (3) ─┤ (4) ─┤ (5) ─┤

**8.** 児童虐待に関する記述のうち，適切でないものはどれか。
(1) 2008 年の児童福祉法改正により，被措置児童等に対する施設内虐待の禁止が明文化され，施設内虐待を発見した者に対する発見通告の義務も規定された。
(2) 児童虐待防止法では，国および地方公共団体に対し，虐待の予防と早期発見や虐待を受けた児童の保護と自立支援，さらに親子関係の再統合の促進などを責務として規定している。
(3) 児童虐待防止法では，児童虐待が行われているおそれがあるときは，保護者に対して児童を同伴しての出頭要請や，住所または居所への立入調査権限を都道府県知事に与えている。

(4) 児童相談所に寄せられる相談の種類は，大別すると養護相談，障害相談，非行関係相談，育成相談，その他に分類されるが，近年最も多く寄せられる相談は，虐待等を含む養護相談である。

(5) 児童虐待相談対応の中で，最も多く虐待を行っている者は実母である。

(1) ├──┤ (2) ├──┤ (3) ├──┤ (4) ├──┤ (5) ├──┤


**9.** 少子化をもたらす社会的要因について，下記の語句を用いて200字以内で論じなさい。（語句の使用順序は問わない。）

〈使用する語句〉 出生率　　晩婚化　　未婚率

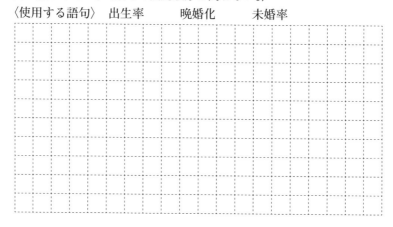


**10.** 次の人名と関係の深い事項として，適切でない組合せはどれか。

(1) 留岡幸助 ─── 家庭学校

(2) 糸賀一雄 ─── 近江学園

(3) 片山　潜 ─── 岡山博愛会

(4) 石井亮一 ─── 滝乃川学園

(5) 長谷川良信 ── マハヤナ学園

(1) ├──┤ (2) ├──┤ (3) ├──┤ (4) ├──┤ (5) ├──┤


**11.** 障害者の福祉施策についての記述のうち，適切でないものはどれか。

(1) 障害者プランは，障害者の社会参加・参画に向けて施策の推進を

図るために，平成24年までの施策の基本的方向を定めている。

(2) 障害者基本法（1993年）は，心身障害者対策基本法（1970年）を改正，改称した法律である。

(3) 障害者の福祉に対する関心と理解を深めるため，12月9日は障害者の日となっている。

(4) 障害者福祉サービスの利用者負担は原則として，定率負担である。

(5) 障害者総合支援法（2012年）では，日常生活・社会生活の支援が，共生社会を実現するため，社会参加の機会の確保及び地域社会における共生，社会的障壁の除去に資するよう，総合的かつ計画的に行われることを理念としている。

(1) ├──┤ (2) ├──┤ (3) ├──┤ (4) ├──┤ (5) ├──┤

**12.** 人口の高齢化は，今後の社会にどのような影響をもたらすか。下記の語句を用いて200字以内で論じなさい。（語句の使用順序は問わない。）

〈使用する語句〉　社会保障関係費　　介護　　社会的活力

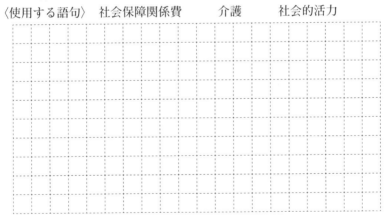

**13.** 乳幼児の発達に関する記述として，適切なものの組合せはどれか。

A　エリクソンは，気質の特徴を扱いやすい子ども・扱いにくい子ども・出だしの遅い子ども・平均的な子どもの4パターンに分けた。

B　コールバーグは道徳の発達を，道徳の基準が外側や結果にある前慣習的水準から，道徳の基準が正しいことや他者からの評価にある

慣習的水準を経て，普遍的な価値に道徳の基準がある後慣習的水準に至るとした。

C　バビンスキー反射は原始反射の一つで，足の裏をくすぐると足の親指が外側に広がり他の指が扇状に広がる。1歳〜2歳にかけて消失する。

D　ヴィゴツキーは発達において，自分一人ではできないことに対して試行錯誤ができるような環境を提示することの重要性を説いた。

E　エインズワースは，重要な他者との愛着関係が後の対人関係の基礎となるモデルを提供すると考えた。

(1)　A，E
(2)　A，C
(3)　B，C
(4)　B，D
(5)　D，E

(1) ⊢―┤ (2) ⊢―┤ (3) ⊢―┤ (4) ⊢―┤ (5) ⊢―┤

**14.** 言葉の発達に関するA〜Dの説明で，正しいものに〇を，誤っているものに×をつけた場合，その組合せとして正しいものはどれか。

A　言葉の発達における三項関係とは，自分と相手が言葉を通して意思のやりとりをする際に，ことばがその対象となるものを指し示していると理解できることを指す。

B　一語文の段階では，単語の意味を理解して自ら発話することを好み，語彙の獲得が急速に増える。

C　生後2,3か月ごろには，リズムのある繰り返しの音声からなるクーイングと呼ばれる発声が多くみられる。

D　1歳ごろから，周囲の人たちに働きかけるような発声がさかんになる。これを外言という。

|     | A | B | C | D |
|-----|---|---|---|---|
| (1) | 〇 | 〇 | × | × |
| (2) | 〇 | × | × | × |
| (3) | 〇 | × | × | 〇 |

(4) × ○ ○ ×
(5) × × ○ ○

(1) ├─┤ (2) ├─┤ (3) ├─┤ (4) ├─┤ (5) ├─┤

**15.** 保育の心理学に関するA〜Dの説明で，正しいものに○を，誤っているものに×をつけた場合，その組合せとして正しいものはどれか。

A 延滞模倣とは，乳幼児が観察した行動をしばらく時間がたってから真似ることをいい，3歳ごろから見られるようになる。

B 人は，生まれてすぐ歩けないなど未熟な状態で誕生する点では就巣性を示すが，誕生後から視覚や聴覚が備わり体毛も生えそろっている点では離巣性を示す。

C ピアジェの発達段階における自己中心性とは，自分が欲しいものやしたいことなど自分の欲求を中心に考える思考の傾向のことである。

D 人は生涯にわたって学習する能力があることから，言語や生活習慣の獲得は，一定の時期を過ぎてからでも可能であると考えられている。

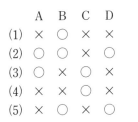

　　　 A B C D
(1) × ○ × ×
(2) ○ ○ × ○
(3) ○ × ○ ×
(4) × × ○ ×
(5) × ○ × ○

(1) ├─┤ (2) ├─┤ (3) ├─┤ (4) ├─┤ (5) ├─┤

**16.** 次のむし歯についての記述のうち，正しいものはどれか。

(1) むし歯は感染しないので，離乳食の時期は母親が口の中でかんでやわらかくしたものを子どもに与えるとよい。

(2) 生まれたばかりの赤ちゃんの口の中には，むし歯菌はいない。

(3) 乳歯がむし歯になっても，永久歯に影響はない。

(4) 乳歯はエナメル質が永久歯よりも厚いので，むし歯になりにくい。

(5) 子どものむし歯は進行が遅い。

(1) ├─┤ (2) ├─┤ (3) ├─┤ (4) ├─┤ (5) ├─┤

**17.** 次の応急処置の記述について，正しいものはどれか。

(1) 遊んでいる子どもの耳に虫が入って出てこないので，懐中電灯で耳の中を照らした。

(2) 子どもの耳に豆が入ってしまったので，オイルを入れて豆を出しやすくした。

(3) 給食の時，魚の骨が子どものどに刺さったので，ごはんを食べさせて飲み込むように言った。

(4) 子どもが壁にぶつかって鼻血が大量に出たため，あおむけに寝かせた。

(5) 子どもがボールで遊んでいて右手中指を突き指したので，すぐに引っ張ってあげた。

(1) ├──┤ (2) ├──┤ (3) ├──┤ (4) ├──┤ (5) ├──┤

**18.** 医師から処方された内服薬をうっかり指定量より多く飲ませてしまった。このような場合，どう対処したらよいか。

**19.** 次の障害や問題行動に関する記述のうち，正しいものの組合せはどれか。

A アスペルガー症候群は，自閉症の特徴がみられず，コミュニケーションに困難を生じる一群を指す。

B 個別検査で知能検査のIQが70未満の場合，知的障害とされる。

C 爪かみやチックなど習癖の問題は，正常な発達過程で多く見られる行動であるが，早期に発見して直していくことが大切である。

D 注意欠陥多動性障害は，外からの刺激を適切にコントロールする情報処理機構や認知機能の問題が原因と考えられている。

E 学習障害は，読み書きや計算など特定の学習領域で，その子の知

能から予想されるより低い能力しか発揮できず，そのため学校や日常での生活に困難が生じることをいう。

(1) A，B，C
(2) B，D，E
(3) C，D，E
(4) A，C
(5) B，D

(1) ⊢──┤ (2) ⊢──┤ (3) ⊢──┤ (4) ⊢──┤ (5) ⊢──┤

**20.** 次の文章は保育所保育指針解説書で虐待対策について述べた箇所を抜粋したものである。空欄A〜Eに入る語句の組合せとして正しいものはどれか。

保育所では，子どもの（　A　）や家庭での生活，養育の状態等の把握に加え，送迎の機会等を通じて保護者の（　B　）などの把握ができる。そのため保護者からの相談を受け，支援を行うことが可能である。そうした取組は虐待の発生予防，早期発見，早期対応にもつながる。

虐待等の早期発見に関しては，子どもの身体，（　C　），家庭における養育等の状態について，普段からきめ細かに観察するとともに，保護者や家族の日常の生活や言動等の状態を（　D　）ことが必要である。それらを通して気付いた事実を（　E　）ことが，その後の適切な対応へとつながることもある。

|   | A | B | C | D | E |
|---|---|---|---|---|---|
| (1) | 心身の状態 | 信頼 | 活動性 | 観察する | 職員間で共有する |
| (2) | 発育 | 関心 | 表情 | 指導する | 職員間で共有する |
| (3) | 心身の状態 | 状況 | 情緒面や行動 | 見守る | 記録に残す |
| (4) | 表情 | 状況 | 意欲と行動 | 見守る | 確認する |
| (5) | 表情 | 信頼 | 活動性 | 観察する | 記録に残す |

(1) ⊢──┤ (2) ⊢──┤ (3) ⊢──┤ (4) ⊢──┤ (5) ⊢──┤

**21.** 次の文は小児の疾病についての記述である。適切な記述を○，不適切な記述を×とした場合の正しい組合せはどれか。

A　乳幼児期発症の食物アレルギーは，成長とともに自然に治るものが多い。

B　アレルギー反応が短時間に激しく3臓器以上に出現したものを，アナフィラキシーという。

C　小児の肥満は食事療法，運動療法，行動療法で治療を行うが，成長，発達を妨げないよう生活習慣に細かい指導が重要となる。

D　鉄欠乏性貧血では，鉄の吸収利用率を高めるため，ビタミンDを摂る必要がある。

E　むし歯発生は口腔内に常在するストレプトコッカス・ミュータンス菌と，ショ糖等と，歯質の3つの要因によってなるといわれているので，甘い間食を少なくし，歯磨きを励行することが大切である。

```
       A   B   C   D   E
(1)    ○   ×   ○   ×   ×
(2)    ×   ○   ×   ○   ×
(3)    ×   ○   ○   ○   ○
(4)    ○   ○   ○   ×   ○
(5)    ○   ○   ×   ○   ○
```

(1) ┠──┨ (2) ┠──┨ (3) ┠──┨ (4) ┠──┨ (5) ┠──┨

**22.** 次の文は，「授乳・離乳の支援ガイド」（2019）に関する記述である。適切な記述を○，不適切な記述を×とした場合の正しい組合せはどれか。

A　牛乳を飲用として与える場合は，鉄欠乏性貧血の予防の観点から，1歳を過ぎてからが望ましい。

B　離乳の開始は，おかゆ（米）から始める。新しい食品を始める時には小さじ1杯ずつ与え，子どもの様子をみながら量を増やしていく。

C　母乳育児を行っている場合は，適切な時期に離乳を開始し，鉄やビタミンDの供給源となる食品を積極的に摂取するなど，進行を踏まえてそれらの食品を意識的に取り入れることが重要である。

D　フォローアップミルクは母乳代替食品ではなく，離乳が順調に進

んでいる場合は，摂取する必要はない。

E　離乳の開始前の子どもにとって，最適な栄養源は乳汁であり，離乳の開始前に果汁やイオン飲料を与えることの栄養学的な意義は認められていない。

|  | A | B | C | D | E |
|---|---|---|---|---|---|
| (1) | ○ | × | ○ | ○ | ○ |
| (2) | ○ | ○ | × | ○ | × |
| (3) | × | ○ | ○ | ○ | ○ |
| (4) | ○ | × | ○ | × | ○ |
| (5) | ○ | ○ | × | ○ | ○ |

(1) ├──┤ (2) ├──┤ (3) ├──┤ (4) ├──┤ (5) ├──┤

**23.** 次の文は，「保育所保育指針」における食育の推進の一部である。A〜Eにあてはまる語句を語群から選びなさい。

　　（　A　）や地域の多様な関係者との連携及び協働の下で，（　B　）に関する取組が進められること。また，（　C　）の支援の下に，地域の関係機関等との（　D　）連携を図り，必要な（　E　）が得られるよう努めること。

【語群】

| 保育士 | 食事改善 | むし歯予防 | 栄養士 | 都道府県 | 市町村 | 保健所 |
|---|---|---|---|---|---|---|
| 協力 | 日常的な | 保護者 | 食 | 緊急時の | 指導 | 国 |

A（　　　）B（　　　）C（　　　）D（　　　）E（　　　）

**24.** 次の記述について，正誤の組合せとして正しいものはどれか。

A　市町村が，生後4か月までの乳児のいるすべての家庭を訪問し，情報の提供や助言，相談などを行い，支援が必要な家庭に対しては適切なサービス提供につなげるようにする事業を，「乳児家庭全戸訪問事業（こんにちは赤ちゃん事業）」という。

B　地域において子育て親子の交流等を図ったり，子育て相談，子育て講習を行ったりする子育ての支援拠点を設置して，子育て支援機能の充実を図るために「地域子育て支援拠点事業」が行われている。

C　児童相談所が児童虐待の専門機関化したことから，地域での要保

護児童等の対策のために，市町村は相談機関として「地域子育て支援センター」を設置している。

D 「養育支援訪問事業」では，養育支援が特に必要な家庭に対して，保健師・助産師・保育士等がその居宅を訪問し，養育に関する指導・助言等を行い，適切な養育ができるように支援する。

|     | A | B | C | D |
|-----|---|---|---|---|
| (1) | ○ | × | × | ○ |
| (2) | × | × | ○ | × |
| (3) | ○ | × | ○ | ○ |
| (4) | × | ○ | ○ | × |
| (5) | ○ | ○ | × | ○ |

(1) ⊢——⊣ (2) ⊢——⊣ (3) ⊢——⊣ (4) ⊢——⊣ (5) ⊢——⊣

**25.** 保育所保育指針に示されている子どもの発達の特徴と保育に関する記述について，適切でないものはどれか。

(1) 乳児期は，特定の大人との応答的な関わりを通じて，情緒的な絆が形成されるといった発達の特徴がある。

(2) 1歳以上3歳未満の時期においては，つまむ，めくるなどの指先の機能も発達し，食事，衣類の着脱なども，保育士等の援助の下で自分で行うようになる。

(3) 1歳以上3歳未満の時期においては，保育士等は，子どもの生活の安定を図りながら，自分でしようとする気持ちを尊重し，温かく見守るとともに，愛情豊かに，応答的に関わることが必要である。

(4) 3歳以上の時期においては，運動機能の発達により，基本的な動作が一通りできるようになるとともに，排泄の自立のための身体的機能も整うようになる。

(5) 3歳以上の時期においては，仲間と遊び，仲間の中の一人という自覚が生じ，集団的な遊びや協同的な活動も見られるようになる。

(1) ⊢——⊣ (2) ⊢——⊣ (3) ⊢——⊣ (4) ⊢——⊣ (5) ⊢——⊣

**26.** 保育の内容（健康）として，ふさわしくない記述は次のうちどれか。

(1) 保育士等や友達と触れ合い，安定感をもって生活する。

(2) 走る，跳ぶ，登る，押す，引っ張るなど全身を使う遊びを楽しむ。

(3) 保育士にうながされて一緒に戸外で遊ぶことができる。

(4) 様々な活動に親しみ，楽しんで取り組む。

(5) 便器での排泄に慣れ，自分で排泄ができるようになる。

(1) ├─ ─┤ (2) ├─ ─┤ (3) ├─ ─┤ (4) ├─ ─┤ (5) ├─ ─┤

**27.** 保育の環境は「豊かで応答性のある環境」が大切であると言われている。「応答性のある環境」とは，どのように考えるか。あなたの考えを書きなさい。

**28.** 次の記述について，正誤の組合せとして正しいものはどれか。

A　1981年の国際障害者年を契機にバリアフリー，インクルージョンの考え方がわが国にも定着した。「保育所における保育を行う場合，発達障害児の健全な発達が他の児童と共に生活することを通じて図られるよう適切な配慮をするものとする」と児童福祉法に規定され，障害児保育は，すべての保育所で実施することが定められている。

B　中央児童福祉審議会は，1973年に障害のある子どもの保育所での保育についての必要性を答申して，翌年から補助事業化された。1998年の児童福祉法改正で保育所や障害児施設の措置制度が廃止されたことにより二重措置の制限が撤廃され，相互の利用が可能となった。

C　1947年児童福祉法の施行により，障害児保育所，知的障害児施設，療育施設，虚弱児施設などの制度化が進み，障害児混合保育はわが国のスタンダードな保育事業として実施された。

D　2006年に国連障害者権利条約が採択され，わが国も直ちに批准をした。その中で障害児支援においては，保育所は地域子育て支援拠点

施設として位置づけられ，地域社会における専門施設として相談等に応じることが保育所保育指針によって定められた。

```
      A   B   C   D
(1)   ○   ○   ○   ×
(2)   ○   ×   ○   ×
(3)   ×   ○   ×   ×
(4)   ×   ×   ○   ○
(5)   ×   ○   ×   ○
```

(1) ├──┤  (2) ├──┤  (3) ├──┤  (4) ├──┤  (5) ├──┤

**29.** 保育所保育指針が示す子育て支援に関する内容として，適切なものはどれか。正しいものには○，誤っているものには×をつけなさい。

(1) 子育て支援は，保護者に対する支援であり，家庭と連携して子どもの健やかな育ちを実現することができるよう支援していくことが大切である。

(2) 保護者に対する子育て支援を行う際には，各地域や家庭の実態等を踏まえるとともに，子どもの気持ちを受け止め，子どもとの相互の信頼関係を基本に，子どもの自己決定を尊重する。

(3) 子どもの利益に反しない限りにおいて，保護者や子どものプライバシーを保護し，知り得た事柄の秘密を保持する。

(4) 保護者の多様化した保育の需要に応じる場合には，保護者の状況に配慮するとともに，子どもの福祉が尊重されるよう努め，子どもの生活の連続性が保てるよう考慮する。

(5) 保育所は，児童福祉法第48条の4の規定に基づき，保育所の通常業務として，地域の保護者等に対する保育に関する相談に応じ，助言を行う。

(1) ├──┤  (2) ├──┤  (3) ├──┤  (4) ├──┤  (5) ├──┤

**30.** 保育の計画について記した以下の文章のうち，正しいものには○，そうではないものには×とした場合，正しい組合せはどれか。

A　全体的な計画と指導計画との間には，関連性は特に必要ではない。

B　指導計画の作成時には，子どもの家庭や地域での生活の実態を踏まえ子どもの育ちに関する長期的な見通しをもって作成する。

C　環境の構成を考える際には，子どもの興味・関心よりも，保育士等の興味・関心を重視する。

D　子どもの発達過程を見通し，生活の連続性，季節の変化などを考慮し，具体的なねらい及び内容を設定する。

E　計画的な保育は大切であるので，何があっても事前に立てた保育課程や指導計画に基づいて保育を進めていかねばならない。

|     | A | B | C | D | E |
|-----|---|---|---|---|---|
| (1) | × | ○ | × | ○ | × |
| (2) | ○ | ○ | ○ | × | ○ |
| (3) | × | × | × | ○ | × |
| (4) | × | × | ○ | × | ○ |
| (5) | ○ | ○ | × | × | ○ |

(1) ┠─┨　(2) ┠─┨　(3) ┠─┨　(4) ┠─┨　(5) ┠─┨

## 2025年度版 スイスイわかる　保育士採用　専門試験問題集

（2023年度版　2022年4月20日　初版　第1刷発行）
2024年4月20日　初版　第1刷発行

| | | |
|---|---|---|
| 編　著　者 | 保育士採用試験情報研究会 | |
| 発　行　者 | 多　田　敏　男 | |
| 発　行　所 | ＴＡＣ株式会社　出版事業部 | |
| | （ＴＡＣ出版） | |

〒101-8383　東京都千代田区神田三崎町3-2-18
電　話　03(5276)9492(営業)
FAX　03(5276)9674
https://shuppan.tac-school.co.jp

| | | |
|---|---|---|
| 組　　　版 | 有限会社　文　字　屋 |
| 印　　　刷 | 日　新　印　刷　株式会社 |
| 製　　　本 | 株式会社　常　川　製　本 |

© Hoikushisaiyoshikenjoho Kenkyukai 2024　　Printed in Japan

ISBN 978-4-300-11093-5
N.D.C. 376

# TAC出版 書籍のご案内

TAC出版では、資格の学校TAC各講座の定評ある執筆陣による資格試験の参考書をはじめ、資格取得者の開業法や仕事術、実務書、ビジネス書、一般書などを発行しています!

## TAC出版の書籍

*一部書籍は、早稲田経営出版のブランドにて刊行しております。

### 資格・検定試験の受験対策書籍

- ◎日商簿記検定
- ◎建設業経理士
- ◎全経簿記上級
- ◎税　理　士
- ◎公認会計士
- ◎社会保険労務士
- ◎中小企業診断士
- ◎証券アナリスト

- ◎ファイナンシャルプランナー(FP)
- ◎証券外務員
- ◎貸金業務取扱主任者
- ◎不動産鑑定士
- ◎宅地建物取引士
- ◎賃貸不動産経営管理士
- ◎マンション管理士
- ◎管理業務主任者

- ◎司法書士
- ◎行政書士
- ◎司法試験
- ◎弁理士
- ◎公務員試験(大卒程度・高卒者)
- ◎情報処理試験
- ◎介護福祉士
- ◎ケアマネジャー
- ◎電験三種　ほか

### 実務書・ビジネス書

- ◎会計実務、税法、税務、経理
- ◎総務、労務、人事
- ◎ビジネススキル、マナー、就職、自己啓発
- ◎資格取得者の開業法、仕事術、営業術

### 一般書・エンタメ書

- ◎ファッション
- ◎エッセイ、レシピ
- ◎スポーツ
- ◎旅行ガイド (おとな旅プレミアム/旅コン)

# 書籍の正誤に関するご確認とお問合せについて

書籍の記載内容に誤りではないかと思われる箇所がございましたら、以下の手順にてご確認とお問合せをしてくださいますよう、お願い申し上げます。

なお、正誤のお問合せ以外の**書籍内容に関する解説および受験指導などは、一切行っておりません。**
そのようなお問合せにつきましては、お答えいたしかねますので、あらかじめご了承ください。

## **1** 「Cyber Book Store」にて正誤表を確認する

TAC出版書籍販売サイト「Cyber Book Store」の
トップページ内「正誤表」コーナーにて、正誤表をご確認ください。

**CYBER** TAC出版書籍販売サイト
**BOOK STORE**

## URL:https://bookstore.tac-school.co.jp/

## **2** **1**の正誤表がない、あるいは正誤表に該当箇所の記載がない
⇒ 下記①、②のどちらかの方法で文書にて問合せをする

★ご注意ください★

**お電話でのお問合せは、お受けいたしません。**
①、②のどちらの方法でも、お問合せの際には、「お名前」とともに、
「対象の書籍名（○級・第○回対策も含む）およびその版数（第○版・○○年度版など）」
「お問合せ該当箇所の頁数と行数」
「誤りと思われる記載」
「正しいとお考えになる記載とその根拠」
を明記してください。
なお、回答までに１週間前後を要する場合もございます。あらかじめご了承ください。

### ① ウェブページ「Cyber Book Store」内の「お問合せフォーム」より問合せをする
**【お問合せフォームアドレス】**

## https://bookstore.tac-school.co.jp/inquiry/

### ② メールにより問合せをする
**【メール宛先　TAC出版】**

## syuppan-h@tac-school.co.jp

※**土日祝日はお問合せ対応をおこなっておりません。**
※**正誤のお問合せ対応は、該当書籍の改訂版刊行月末日までといたします。**

乱丁・落丁による交換は、該当書籍の改訂版刊行月末日までといたします。なお、書籍の在庫状況等により、お受けできない場合もございます。
また、各種本試験の実施の延期、中止を理由とした本書の返品はお受けいたしません。返金もいたしかねますので、あらかじめご了承くださいますようお願い申し上げます。

# 別冊正解・解説冊子

別冊正解・解説冊子

色紙

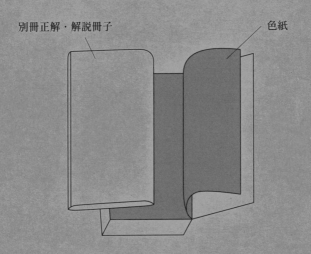

〈別冊正解・解説冊子ご利用時の注意〉

　　以下の「別冊正解・解説冊子」は，この色紙を
残したままていねいに抜き取り，ご利用くださ
い。
　　また，抜取りの際の損傷についてのお取替えは
ご遠慮願います。

# 模擬試験
## 〔正解・解説〕

この正解・解説は本体からはずしてご利用ください。

**1. 正解 — (1)**

**解説**

(1) 正しい。モンテッソーリ（Montessori,M.）：子どもの家，モンテッソーリ教育法，教具。

(2) 誤り。エレン・ケイ（Key,E.）の著作は『児童の世紀』。『エミール』の著者はジャン＝ジャック・ルソー

(3) 誤り。フレーベル（Frobel,F.W.）は『幼稚園教育学』を著す。子どもの園（Kindergarten）を開設。独自の教具を「恩物」と名付けた。愛着（attachment）理論の提唱者はボウルビィ。

(4) 誤り。シュタイナー（Steiner,R.）は「自由ヴァルドルフ学校」を創設。オイリュトミーを提唱。

(5) 誤り。オーベルラン（Oberlin,J.F.）は世界初の保育施設を創設。

**2. 正解 — (5)**

**解説**

保育所保育指針第1章総則 1.保育所保育に関する基本原則 (3)保育の方法 である。保育の目標を達成するために留意すべき事項としてあげられる。

(1)〜(4)は子どもに関わる事項である。

ここでは，①状況の把握と主体性の尊重，②健康安全な環境での自己発揮，③個と集団，④生活や遊びを通しての総合的な保育について示されている。

(5) 適切でない。

設問は保護者の援助に関わる事項であるが，それぞれの状況を理解・受容し，それぞれの親子関係や家庭生活等に配慮し，様々な機会をとらえ，適切に援助する。

**3. 解説**

養護と教育の意味について正しく理解しておく必要がある。

**論述例**

養護と教育が一体的に展開されるということは，保育士等が子どもを一個の主体として尊重し，その命を守り，情緒の安定を図りつつ，乳幼児期にふさわしい経験が積み重ねられていくように援助すること。また，子どもは自分の存在を受け止めてもらえる保育士等や友達との安定した関係の中で，自ら環境に関わり，興味や関心を広げ，様々な活動や遊びを通し発達していく。この一体的な営みを保育ということができる。

**4. 正解 — (4)**

**解説**

A：ウ（プロジェクト・メソッド）

B：オ（四段階教授法）　ヘルバルトが提唱。

C：ア（発見学習）ブルーナーが提唱。

D：エ（チーム・ティーチング）ケッペルが提唱。

E：イ（助教法（モニトリアルシステム））考案したベルとランカスターの名をとって，ベル・ランカスター法とも呼ばれる。

基礎的な教育方法の事例である。上記以外にも、パーカーストによる個別学習法のドルトン・プラン、ソクラテスの産婆法、実際の例や範例を通じて学習させる範例教授法等を確認しておこう。

**5.** 正解 － (1)
解説
A：正しい。1989年に国連で採択し、1994年に日本も批准している国際条約。子どもの意見表明や参加など基本的な権利を定め、国連子ども人権委員会が批准国を審査するなどして、子どもの権利実現を目指している。正式名称は「児童の権利に関する条約」。

B：正しい。2000年に制定され、児童への虐待防止・虐待からの救済を目的に定められた法律。児童相談所への虐待相談（通報）は、2021年度で20万件を超えている。

C：少年法。触法少年から虞犯（ぐはん）少年まで、おおよそ12歳以上の児童を対象として、家庭裁判所の審判を経て保護処分を行うことを定めている。少年院での矯正教育も、少年の健全育成を目的として行うことを定めている法律。

D：2001年に制定された「配偶者からの暴力の防止及び被害者の保護に関する法律（DV（ドメスティックバイオレンス）防止法）」である。「配偶者」には、婚姻の届出をしていないが事実上婚姻関係と同様の事情にある者も含まれる。2004年

の改正では、子どもへの接近禁止命令なども家庭裁判所により行えるなどの強化が行われている。

**6.** 正解 － (4)
解説
A：× 児童福祉施設に配置される専門職は、保育士以外に児童指導員があり、児童の生活支援を行うこととされている。また、障害児施設や情緒障害児短期治療施設などにおいては、臨床心理士や看護師なども生活支援を行っている。名称独占についてはそのとおりである。

B：× 職員配置基準においては、児童数に対する基準は設定されているが、その勤務形態などは定められていない。児童自立支援施設では、夫婦によって生活支援を行っている施設もあるが、交代制勤務を行っている施設が半数を超えている。

C：× 実態や必要性についてはそのとおりであるが、保育士に社会福祉士の資格要件は求められていない。

D：○ 児童福祉法第42条の3

**7.** 正解 － (2)
解説
(1) 里親の種類は、養育里親、専門里親（養育里親の1つの形に含まれる）、養子縁組里親、親族里親に区分される。

(2) 適切。

(3) 心理的虐待の割合が最も多く増加傾向、次いで身体的虐待、ネグレクト、

性的虐待となっている。(2022 年度)
(4) 設問文は，要保護児童対策地域協議会（児童福祉法第 25 条の 2）に関する説明文である。
(5) 罪を犯した満 14 歳以上の少年の通告先は家庭裁判所である。

**8.** **正解** － (3)
**解説**
(1) 誤り。おおむね 2 歳から入所でき，場合によっては最長 22 歳まで入所できるようになる。(2024 年に年齢上限が撤廃される)
(2) 誤り。乳児が入所しているときは，看護師を置かなければならない。看護師の数は，乳児おおむね 1.6 人につき 1 人以上とする。ただし，1 人を下ることはできない。
(3) 正しい。家庭支援専門相談員はファミリーソーシャルワーカー（FSW）ともいわれる。1999（平成 11）年度当初は乳児院に配置されていたが，虐待による児童福祉施設への入所が増加したことに対応するため，児童養護施設，情緒障害児短期治療施設，児童自立支援施設への配置が 2004（平成 16）年度から拡大された。家庭支援専門相談員の役割は，児童相談所との密接な連携だけでなく，現在，保護者等への施設内または保護者宅訪問による養育相談・養育指導等，保護者等への家庭復帰における相談・養育指導などがあげられている。親子関係の再構築を図ることも業

務に含まれている。
(4) 誤り。心理療法を行う必要があると認められる児童 10 人以上に心理療法を行う場合には，心理療法担当職員を置かなければならない。
(5) 誤り。介護福祉士ではなく，社会福祉士である。また児童養護施設の職員として三年以上勤務した者等も資格がある（児童福祉施設の設備及び運営に関する基準第 42 条の 2）。

**9.** **解説**
　今日の児童の問題の深化・拡大に鑑み，児童相談所の機能と目的，さらには寄せられる相談内容の整理が必要。
**論述例 1**
　児童相談所は，都道府県が設置する児童福祉等に関する業務を行う第一線の現業機関であり，都道府県が行うべき業務をつかさどる。その内容は，相談，調査判定，指導，一時保護，措置，市町村に対する情報提供や関係調整を主とする。相談内容では，障害に関する相談が約半数を占めるが，近年，児童虐待等の拡大に伴い養護相談や非行相談の増加が顕著であり，児童の福祉増進のための機能強化が求められている。
**論述例 2**
　児童相談所は，児童に関する諸問題の相談機関として，従来から重要な役割を果たしてきた。その業務は，家庭等からの相談や調査判定，それ

に基づく指導や一時保護などであり，相談内容は，障害に関するものが最も多く，最近では虐待等の養護相談が急増している。今日の児童を取り巻く環境の悪化や，家庭での養育機能の低下等を背景として，機能の強化が求められる一方，役割分担として，市町村が果たす役割が重視されてきている。

**10.** **正解** — (1)
**解説**
(1) 適切でない。
　「社会保険及び関連サービス」は，W．ベバリッジによる。P．タウンゼントは，「貧困の再発見」によりベバリッジ体制の見直しに寄与した。
(2) イギリスの救貧法では，エリザベス救貧法との比較で理解すること。
(3) グループワークの理論家の整理も重要。
(4) C．ブースはロンドンで，B．S．ラウントリーはヨーク市で調査を行い，貧困線の概念やその原因の社会性を明らかにした。
(5) ケースワークの歴史的展開や理論家の整理も重要。

**11.** **正解** — (5)
**解説**
(1) 生産年齢人口は 1995 年 8,726 万人でピークを迎え，その後減少している。
(2) 日本の乳児死亡率は，2021 年には出生 1,000 人に対して 1.7 で，世界最低水準グループにある。また妊産婦の死亡率も世界最低水準グループに位置する。
(3) 我が国の総人口は，2065 年には 9,000 万人を割り込むと推計されている。
(4) 高齢化率は上昇し 2036 年に 33.3%。2042 年以降は 65 歳以上人口が減少するが高齢化率は上昇し，2065 年に 38.4% に達すると推計。
(5) 適切でない。
　女性の一人暮らし人数は男性を上回るが約 2 倍。近年男性の一人暮らしの増加も顕著。

**12.** **解説**
　近年の社会福祉の考え方，理念の動向を理解しておく必要がある。
**論述例**
　エンパワメントとは，「課題を抱えた人自身が 自己決定，課題解決能力 をつけていく」という考え方である。また，援助者が一方的に支援するのではなく，自力で解決できるように本来持っている力を発揮できるようにあらゆる社会資源を再検討し，条件を整えていくことも必要である。対象者の潜在的な能力を最大限発揮し，自己決定できるようサポートするという 利用者主体 の考え方である。

**13.** **正解** — (3)
**解説**
　ピアジェによる思考の発達段階は，順に感覚運動期，前操作期，具体的操作期，形式的操作期である。感覚運動

期は感覚や運動を使って外界やものごとを把握する段階で2歳ごろまで。ものを見る，触れる，なめるなどの感覚を使って，ものごとを確認し，それを動かして感覚と運動の協応（結びつき）を理解していく。次の前操作期になると，目の前にないものをイメージやことばで置き換え，表現することができるようになり（象徴機能），ごっこ遊びが盛んになる。ひとり遊びは乳児期初期から，見立て遊びや象徴遊びは前操作期より早くから表われる。

A：感覚運動期
B：感覚や運動
C：前操作期
D：こっご遊び

**14.** 正解 — (4)
解説

　発達を規定するのは遺伝か環境か。この問いに関連する学説と人物についての問題。ジェンセンの環境閾値説は相互作用説ともいう。環境に一定の条件がそろう（ある閾値を超える）ことにより，遺伝的な特質が発現するという説。シュテルンの輻輳説は，遺伝と環境の要因が加算的に規定する（輻輳）説。行動主義を唱えたワトソンは学習の優位を主張した。ゲゼルは一卵性双生児の研究から成熟説を唱えた。

A　ジェンセン　環境閾値説
B　シュテルン　輻輳説
C　J.B.ワトソン　学習説
D　ゲゼル　成熟説

**15.** 正解 — (1)
解説

(1) 正解。バンデューラは子どもの行動は観察学習と模倣によっても成立するとした。観察学習とは，他者の行動を観察し模倣することによって自分の行動として取り入れることである。

(2) 誤り。ハーロウは母ザルから離して育てた子ザルの実験から，発達における初期経験の重要性を説いた。

(3) 誤り。ヴィゴツキーは発達の最近接領域に働きかける教育の重要性を説いた。発達の再近接領域とは，独力でできる課題の水準とまわりの助けがあればできる課題の水準との間にある領域のこと。

(4) 誤り。ローレンツはカモなどの鳥類のヒナが孵化後に目にしたものを後追いすることを見出し，刷り込みと名付けた。刷り込みは一定時間の間にだけ起こる。

(5) 誤り。ファンツは乳児が人の顔に対して好んで注視すること（視覚的選好）を示した。

**16.** 正解 — (3)
解説

(1) 熱中症は，暑さ指数（WBGT）〈気温・湿度・輻射熱を取り入れた温度の指標〉28℃を超えると急増。十分な水分補給を行い予防する。冬場でも閉めきった体育館で運動している子どもに起こることがある。

(2) ぬるめの湯やお茶などのほうが体温に近いため，体内に吸収されるときに身体への負担が少ない。

(3) 正しい。市販のイオン水は子どもには濃度が高い。特に体内の水分が減少して脱水症状になっているときに市販のイオン水をそのまま飲ませると，子どもの体内の電解質の分布を急激に変化させてしまう。イオン水は必ず2倍以上に薄めてから飲ませる。

(4) 大人に比べて子どもは体内の水分比率が高いので，脱水症状を起こしやすい。外遊び中でもこまめに水分を補給するようにさせたい。

(5) 意識がないときに水分を与えようとすると，誤飲や嘔吐の原因にもなるので，飲ませてはいけない。救急車を呼ぶか，できるだけ早く医療機関へ運ぶ。

**17.** 正解 — (4)
解説

まず意識の有無の確認をする。意識がなく，呼吸していない場合には，人工呼吸を行う。乳児の場合は口と鼻を同時に覆って行う。幼児の場合は鼻をつまんで口を覆って行う。救急車の到着，あるいは医療機関へ渡すまで行う。

なお，小児の心停止では胸骨圧迫と人工呼吸を組み合わせた心肺蘇生が望ましいとされている。

人工呼吸，胸骨圧迫の方法は必ず勉強しておくこと。

**18.** 解説

とにかく，流水で少なくても10分以上は冷し続ける。着衣部分のやけどの時は，無理に服を脱がさず冷やす。

氷など直接患部にあてて凍傷を起こさないよう注意。

水疱（水ぶくれ）ができたときは，破ったりしない。破るとそこから感染して炎症を起こしてしまうことがある。

やけどは深さと広さで判断する。

|  | 深さ | 症状 |
|---|---|---|
| 1度 | 表皮から真皮 | 赤くなりひりひりする。 |
| 2度 | 真皮まで | 赤く腫れる。水疱ができる。 |
| 3度 | 皮下組織まで | 表面が黒こげ，または白色になる。痛みを感じない。 |

2度以上のやけどや広範囲の時は必ず医療機関で診てもらう。

解答例

水疱（すいほう）が破れないようにガーゼを軽く当てた上から流水をかけて15〜20分程度冷やす。氷のうや氷水の入ったビニール袋をぬれたタオルで包み，ガーゼの上から冷やして医療機関へ運ぶ。冷やしすぎないように，タオルは時々はずす。

**19.** 正解 — (2)
解説

自閉症の特徴についての問題。

A：正しい。言葉をコミュニケーションの手段として使うことが難しい。

B：誤り。知的障害の見られない自
　閉症児もいる。

C：誤り。この記述は学習障害の説
　明である。

D：正しい。興味や関心，遊びが限
　定的で反復的という特徴がある。

E：誤り。この記述は選択性緘黙の
　説明である。緘黙（かんもく）は
　話そうとしないのが問題の中心で
　あるが，自閉症ではコミュニケー
　ションとして言葉がうまく扱えな
　い点が特徴である。

**20.** 正解 － (5)
解説
　注意欠陥多動性障害の特徴は，C
の多動性，Dの集中困難である。こ
れ以外にも，注意困難，注意の移り
やすさ（注意の転導性），場所が変わ
っても状態像に変化がないといった
特徴がある。
　Aはこだわりについての記述で，
自閉症児の特徴。
　Bは上記のとおり，場所が変わっ
て行動が変わるのは，注意欠陥多動
性障害とは考えられない。
　Eは自閉症児の特徴である。

**21.** 正解 － (3)
解説
(3) 中性脂肪（トリグリセリド）の
　構成成分である脂肪酸は，動物性
　脂肪では飽和脂肪酸が多く，常温
　ではラードやバターのように固体。
　植物性脂肪では不飽和脂肪酸が多

く液体。

**22.** 正解 － (3)
解説
　食事バランスガイドは1日に「何
を」「どれだけ」食べたら良いのかの
めやすを示したもの。「食生活指針」
（平成12年3月）を具体的に行動に
結びつけるものとして，平成17年6
月に厚生労働省と農林水産省が決定
した。

**23.** 正解 － (5)
解説
C：誤り。自然の恵みとしての食材や，
　調理する人への感謝の気持ちを育み，
　伝承されてきた地域の食文化に親し
　むことができるよう努める。

E：誤り。乳幼児の成長や発達の過程
　に応じた食事の提供や食育の取組
　が実施されるよう努めるとともに，
　食に関わる保育環境についても配
　慮する。

**24.** 正解 － (2)
解説
A：×　わが国には家族法はなく，家
　族法といえば，民法第4編「親族」
　の規定を中心とした法体系を指すが，
　家族の構成などは定められていない。

B：○

C：×　核家族とは，夫婦のみ，夫婦
　と子のみ，ひとり親と子のみによ
　って形成される家族のことである。

D：×　保育所における就学前の教育

のあり方について論議はあるが，定められてはいない。幼保一元化についても，当初は幼児教育への期待が高いとされていたが，現在では共働き世帯の増加に伴い，むしろ保育の必要性から実施される社会的ニーズが高いといわれている。

**25.** **正解** － (2)
**解説**
　「保育所保育指針」第2章（保育の内容）の前文からの出題。ここでは，保育内容を具体的に把握するための視点として，生命の保持および情緒の安定を図るための「養護」と，発達を援助するための視点として「教育」とが示されている。このあと乳児，1歳以上3歳未満児，3歳以上児の3つの時期に分けて主として教育に関する側面から「保育に関するねらい及び内容」が示されている。そのなかで乳児保育については「健やかに伸び伸びと育つ」「身近な人と気持ちが通じ合う」「身近なものと関わり感性が育つ」の3つの視点，また1歳以上3歳未満児の保育，3歳以上児の保育については「健康」「人間関係」「環境」「言葉」「表現」の5領域について述べている。この部分は熟読しておきたい。
　なお，この養護と教育，また視点や領域のそれぞれは小学校以上の教科のように個別に行われるのではなく，日々の具体的な生活や遊びを通じて総合的になされるものであること

とを頭に入れておくこと。

**26.** **正解** － (5)
**解説**
　「保育所保育指針」第2章（保育の内容）の3歳以上児の保育の領域「言葉」からの出題。保育所や幼稚園における保育の基本について理解していれば，かんたんに正解に導くことができる。保育では，「できる」や「理解する」ことを求めるのではなく，「すすんで」「楽しんで」などの心情，意欲や態度を重視する。つまり，子どもの主体的な活動を尊重し，また一人ひとりの発達の歩みに応じた働きかけをおこなうのである。小学校以上の教育とは内容や方法が異なることを頭に入れておきたい。
　なお「言葉」ほか，「健康」「人間関係」「環境」「表現」の各領域は，1歳以上3歳未満児の保育についても設定されているが，内容は異なっていることに注意する。

**27.** **正解** － (3)
**解説**
A：誤り。離乳開始前に果汁を与えることについては，乳汁の摂取量が減少するなどの報告があり，果汁の栄養学的意義は認められていない。（母子健康手帳，厚生労働省「授乳・離乳の支援ガイド」参照）
B：誤り。歯ブラシは歯ぐきを傷つけやすく，子どもはいやがる。綿棒やガーゼを用いながら楽しく清潔な習慣を身につけたい。

C：正しい。乳児はもちろん年長幼児に対しても危険である。なお，ミニトマトをのどに詰まらせた例もあり，常に乳幼児の様子を観察していることが重要である。

D：正しい。細かい部品は口に入れて窒息に至る場合もあり，危険である。分解したり壊れたりして細かくなるものは避けるべきである。

**28.** 正解 — (5)

解説

A：×　障害の判断は，専門機関（児童相談所）や医療機関が行うものであり，保育士が勝手に判断してはならない。保護者などへの支援は重要であるが，いたずらにラベリングなどをしてはならない。

B：×　障害児通所施設も保育所も措置ではない。障害のある子どもを受け入れることは，子どもの育ちあいの中での相互の理解を進めるために必要なことである。

C：×　児童養護施設ではそのような体制が必要とされている。保育所は，被虐待児童の地域における安心と安全の確保をするために，モニタリングなど，保育の専門性に基づく受け入れが求められている。

D：○

**29.** 正解 — (3)

解説

「保育所保育指針」第2章（子どもの保育）に示される発達の特徴からの出題。ここでは乳児，1歳以上3歳未満児，3歳以上児に分け，保育のねらいと内容と併せて示されている。それぞれの発達の特性についてきちんと理解しておくこと。発達には個人差があるが，目安として保育士は知っておく必要がある。

A：乳児期の発達の特徴。

B・C・E：1歳以上3歳未満児の発達の特徴。この時期の発達の特徴としてはほかに，食事，衣類の着脱なども，保育士等の援助の下で自分で行うようになる，発声も明瞭になり，語彙も増加し，自分の意思や欲求を言葉で表出できるようになる，がある。

D・F：3歳以上児の発達の特徴。

**30.** 正解 — (3)

解説

保育士の職務や倫理に関する問題である。「保育所保育指針」第7章（職員の資質向上）や「全国保育士会倫理綱領」をよく読み，保育士の職責や求められる倫理について理解しておくこと。

(3)がふさわしくないのは，子どもの気持ちを尊重することは保育者にとって大切な心構えであるが，望むことを叶えることや許すことは許容であり，受容ではない。子どもや保護者のニーズにこたえることは重要であるが，最善の利益とは何かという観点から保育していく必要がある。

**1.** 正解 — (1)

解説

A：適切。この「先取り」プロジェクトでは，足下の待機児童の数を見て「後追い」で保育サービスを提供していくのではなく，潜在的な保育ニーズ量を見通しながら，「先取り」で計画的に進めていくとともに，新システムの考え方を「先取り」した取組みを行うことを目的としている。

B：適切。2023年4月現在の待機児童数は2,680人。そのうち3歳未満児は2,436人で90.9％である。

C：適切でない。11時間以上の延長保育を実施しているのは全体の7割を超えているが，延長保育ではなく，当たり前の開所時間になりつつある。

D：適切でない。この10年間の特徴は，公設公営の保育所が減り，民営保育所が増加していることである。

**2.** 正解 — (4)

解説

保育所保育指針は第1章総則の「4 幼児教育を行う施設として共有すべき事項」で，育みたい資質・能力として「知識及び技能の基礎」「思考力，判断力，表現力等の基礎」「学びに向かう力，人間性等」の3つを一体的に育むよう努めるものとしている。そしてその資質・能力が育まれている子どもの小学校就学児の具体的な姿として「幼児期の終わりまでに育ってほしい姿」を健康な心と体，自立心，協同性，道徳性・規範意識の芽生えなど10項目をあげている。

（1）と（5）は「育みたい資質・能力」である。(2)(3)(4)は「幼児期の終わりまでに育ってほしい姿」の具体的姿ではあるが,(2)(3)は設問文には該当しない。

**3.** 解説

子どもにとっての主体的活動とは何か，子ども中心の保育の展開はどのようになされるか等を考える上で，遊びの意味の整理は重要である。

論述例 1

子どもの生活は，基本的欲求充足のための衣食排泄睡眠等の活動と遊びである。遊びはそれ自体が目的であり，興味関心により導かれる主体的・自発的・能動的活動で，楽しい・面白いものとして継続的活動となる。遊びの重要性は，その主体的活動の中で様々な事を教えられるのではなく，学び自ら獲得し，そして身についたものとなる点にある。保育内容でも子どもの多様な活動が主体的となるよう，放任ではなく援助することが重要である。

論述例 2

子どもにとっての遊びは，それ自体に目的のある主体的な活動であり，生活そのものであるといわれる。遊びはその中に様々な要素を含み，た

だ楽しいだけでなく，遊びの中での失敗や挫折，喧嘩やトラブルも社会のルールや思いやり，困難を乗り切ること等，生きる力の源となるものを自ら学び取っていく過程でもある。遊びの大切さは，子どもが強制されてやらされるのではなく，自発的な活動の中から身につける学びにある。

## 4. 正解 － (4)

**解説**

基本事項であるので，しっかり確認しておこう。

A：3（学校教育法26条）

B：8（児童福祉施設の設備及び運営に関する基準第34条）

C：4（幼稚園教育要領第1章）

D：30（児童福祉施設の設備及び運営に関する基準第33条）

E：35（幼稚園設置基準第3条）

## 5. 正解 － (2)

**解説**

A：正しい。自立援助ホームは，第2種社会福祉事業として，児童養護施設・児童自立支援施設出身者だけでなく，就業の不調などにより行きどころのない児童に衣食住を提供して，自立できるように支援することを目的として運営されている児童福祉施設。2008（平成20）年の児童福祉法改正では，20歳未満の児童の自立に関する相談等，必要に応じて支援することができることも規定された。

B：母子生活支援施設に関する記述。近年はDV被害者のシェルター的な役割を担うなどしている。母子の自立支援のために，生活の場を提供し，自立のための専門的な支援サービスを行っている。

C：正しい。児童虐待の増加に伴い児童福祉法28条による強制的な家族分離も増加しており，その受け皿となっている施設。入所児童の約8割が被虐待児童であることから専門的な対応のできる臨床心理士なども配置され，また，小規模地域児童養護施設（グループホーム）などの設置も進んでいる。

D：児童家庭支援センターに関する記述。制度化された子ども家庭福祉に関する相談機関。他に市町村の求めに応じ，技術的指導その他必要な援助を行う。児童相談所，児童福祉施設等との連絡調整等を行う（児童福祉法第44条の2）。

## 6. 正解 － (4)

**解説**

A：× 1887年に石井十次が開設したのは，児童養護施設である岡山孤児院である。石井は里親などの実践はあるが，グループホームの実践は記録されていない。ちなみに地域小規模児童養護施設は，現在の児童福祉法による規定である。

B：○　C：○　D：○

**7. 正解 ─ (5)**

解説

(1) 誤り。2005年に1.26と過去最低を記録し、2006年以降は緩やかな上昇傾向にあったが、2016年以降は再び低下。

(2) 誤り。主たる虐待者は実母が一番多く、約5割を占めている。

(3) 誤り。障害児施設は、障害児入所施設と児童発達支援センターに区分された。

(4) 誤り。保育所等申込者は増加の傾向だが、各政策によりこの数年、待機児童数は2017年より減少傾向。

(5) 正しい。2005年に過去最低の出生数、合計特殊出生率となったことを契機に、「子どもと家族を応援する日本」重点戦略がとられるようになり、1.57ショック以降の少子化対策から子育て支援策への転換をした。

**8. 正解 ─ (4)**

解説

(1) 2008年の改正で、児童福祉施設等での施設職員等の児童に対する暴力、わいせつな行為等の虐待行為の禁止が明文化。2019年改正（2020年4月施行）では体罰禁止も明文化。

(2) 設問のとおり、児童虐待防止法第4条に規定されている。

(3) 児童虐待防止法第8条の2の規定。なお、立入調査に対し正当な理由なくこれを拒否した場合には、罰金の規定もある。

(4) 適切でない。児童相談所に寄せられる相談内容は、養護相談・非行関係相談が急増しているが、相談件数のおよそ半数は障害に関する相談となっている。

(5) 2021年度「福祉行政報告例」によると、実母47.5%、実父41.5%で実父は年々上昇している。被虐待児童は、3歳が最も多く、「身体的虐待」及び「性的虐待」の割合は年齢が上がるにつれて多くなっている。

**9. 解説**

少子化は、出生率が低下し、子どもの数が減少することをいい、その要因を整理する必要がある。要因整理の際、女性の側だけに要因を求めるのではなく、男性も含めた視点での社会状況等の分析が必要である。

論述例1

日本では結婚後子どもが生まれる場合が大半の為、未婚化の進展、晩婚化の進展等により出生率も低下することになる。こうした要因の背景には仕事と子育てを両立できる環境整備の遅れや高学歴化、結婚・出産に対する価値観の変化、家庭や地域の子育て力の低下に伴う子育てに対する負担感の増大及び経済的不安定の増大等があり、意識変化を含めた社会的な環境整備とともにライフステージに応じた支援の整備が必要となる。

論述例2

生き方の多様化が少子化をもたらしている一つの要因とはなっている

が，少子化自体が女性の責任ではない。子育て負担感の増大や子育てコストの増加，氾濫する子育ての情報から出産を控えるなど，様々な指摘が晩婚化，非婚化等の未婚率の上昇等とともに原因としてあげられている。少子化の影響は将来の生産年齢人口の減少に直結し，社会存続の課題ともなっている。出生率向上のためには社会の意識改革や多くの支援が必要である。

**10.** 正解 — (3)
解説
(1) 現在の児童自立支援施設の前身。
(2) 糸賀一雄は障害児教育に貢献し，「この子らを世の光に」の名言を残した。
(3) 適切でない。片山潜はセツルメント実践でキングスレー館が有名。岡山博愛会はアダムスによる。
(4) 石井亮一は障害児教育の先駆者。
(5) 長谷川良信は淑徳大学の創立者でもある。

この他，この種の組合せとして設題されやすいものに，石井十次の岡山孤児院，野口幽香（ゆか）の二葉幼稚園，山室軍平の救世軍などがある。

また，諸外国を含め人物と著書の組合せや，歴史的事項との組合せも出題されやすい。

**11.** 正解 — (1)
解説
(1) 適切でない。障害者プランは

1995（平成7）年12月に政府の障害者対策推進本部が発表した1996〜2002年度の「ノーマライゼーション7カ年戦略」(副題)のこと。関係省庁を横断した施策で，初めて数値目標を盛り込んだ。同プランを引き継ぎ，最終年度の2002（平成14）年12月，新障害者基本計画(2003〜12年度)と，前半5年間の数値目標を定めた新障害者プランが発表された。
(2) 適切
(3) 適切
(4) 障害者福祉サービスは定率負担という方法で利用者負担を決めている。所得に応じて4区分の負担上限月額が設定され，ひと月に利用したサービス量にかかわらず，それ以上の負担は生じない。

**12.** 解説
高齢化は少子化との人口割合で論議されるため，高齢化の要因と少子化の要因の整理が必要。高齢者人口の増加は，いわゆる従属人口を生産年齢人口がどのように支えるかが課題となる。

論述例 1
少子化に伴う高齢化率は上昇を続け，2065年には38.4％になると予測される。とりわけ後期高齢者の割合の増加による医療費の増加や要介護者の増加と介護の長期化などが懸念されている。それは社会保障関係費の増加を必要とすることから，給付と負担のバランスをどのように確保するかが今後の課題である。また生

産年齢人口の減少に伴い，消費力の低下や限界集落の増加による地域社会の崩壊等社会的活力全体に大きな影響が予測される。

**論述例2**

日本の高齢化の特徴は，高齢化の速度が極めて速いこと，75歳以上の後期高齢者の割合が高いことの2点があげられている。医学の進歩や食生活の改善等により伸長した将来の平均寿命は，男性が84歳，女性が90歳という数値が示すように長寿化が進む。一方，少子化も進む。これらは経済等の社会的活力全体に影響を与え，特に医療や介護年金等の社会保障関係費に及ぼす影響が大きい。

**13.** **正解** — (3)

**解説**

A：誤り。気質の特徴を4つのパターンに分けたのはトーマスとチェスである。エリクソンは社会心理的発達段階を唱えた。

B：正しい。コールバーグは道徳判断の発達段階を示した。前慣習的水準，慣習的水準，後慣習的水準の3水準からなる。

C：正しい。バビンスキー反射は，足の裏をくすぐると足の親指が外側に広がり他の指が扇状に広がる原始反射で，1歳〜2歳にかけて消失する。

D：誤り。ヴィゴツキーは発達における最近接領域の重要性を説いた。自分でできることと，人の助けを借りればできることの間の領域のこと。

E：誤り。重要な他者との愛着関係を対人関係の基礎となるモデルとしたのはボウルビィ。エインズワースはストレンジシチュエーション法を用いて愛着を分類した。

**14.** **正解** — (2)

**解説**

A：正しい。三項関係とは，自分と相手，指し示す対象との三者の関係のことをいう。ある対象を指差して，それについて言葉でやりとりできること。

B：誤り。語彙の獲得が急速に進むのは，命名期と呼ばれる2歳以降である。

C：誤り。生後2，3か月ごろに見られる，リズムのある繰り返しの音声は喃語である。クーイングは乳児に見られる，泣きとは異なる音声のこと。

D：誤り。外言とは自分の思考を言葉に出して発話することをいう。周囲に働きかける発声を特に表す用語はない。

**15.** **正解** — (5)

**解説**

A：誤り。延滞模倣とは，乳幼児が観察した行動をしばらく時間がたってから真似ることで，1〜2歳ごろから見られる。

B：正しい。離巣性は，体毛が生えそろい歩行が可能など運動能力を持って生まれてくる状態のこと。

就巣性は，知覚も未発達で歩行はできず，未熟な状態で生まれてくること。人は就巣性の特徴を持つが，知覚などの機能は離巣性の特徴を持っている。

C：誤り。自己中心性とは，思考において，自分の見方を基準としてものを見たり考えたりすること。

D：正しい。ごく一部の機能（母語以外の発音など）は学習に最適な時期があるものの，後になって学習することは可能であると考えられている。

## 16. 正解 — (2)

**解説**

(1) むし歯菌は，生後，母親などの身近な保育者から唾液を介して感染し，口の中へ定着する。

(2) 正しい。生まれたばかりの赤ちゃんの口の中にむし歯菌はいないが，5〜6歳になるとおよそ8割の子どもがむし歯菌を保有するといわれている。

(3) 乳歯がむし歯になると，乳歯の下で発育中の永久歯にむし歯菌が感染し，生えてきた永久歯に色や形の異常が現れることもある。

(4) 乳歯は永久歯よりエナメル質が薄く弱いため，むし歯になりやすい傾向がある。

(5) 子どものむし歯は進行が速く広がりやすいうえ，痛みがあまりないため，気づいたときにはかなり進行していたということになりやすい。

## 17. 正解 — (1)

**解説**

(1) 正しい。懐中電灯の光に向かって，虫が出てくる場合がある。

(2) 豆類が入ってしまったときに耳にオイルを入れると，豆が油分によってふくらむため，病院でも取りにくくなるので厳禁。とくに節分の日は注意が必要。

(3) ごはんを飲み込んだとき，骨がのどの奥に入ってしまって刺さると，病院でも取れなくなってしまう。それよりも口を大きく開けさせ，骨が見えたら指で取る。

(4) 心臓と同じ高さになると，出血が止まりにくい。上体は起こしておく。

(5) 突き指は軽症ではねんざだが，骨折している場合も考え，引っ張らずにすぐ固定して冷やす。はれや痛みが強いときは，医療機関へ運ぶ。

## 18. 解説

数日分を一度に飲んでしまったり，けいれんなどの異常が見られた場合，至急病院で診てもらう。保育園などで親から薬を預かって子どもに飲ませる場合，医師の指示に基づいた薬に限定し1回分に小分けしてもらうとともに与薬依頼票を提出いただく。

**解答例**

念のため，すぐに処方された病院へ連絡し，医師に相談する。その後しばらくはよく観察し，顔色が悪くなったり，嘔吐したり，うとうとして意識がないなどの状態が見られた

時は，再度必ず医師に連絡し，指示を仰ぐ。処方された病院が休診等で，別の病院へ相談，受診する時には，薬名や飲んだ量など詳細な情報説明ができるようにする。

## 19. 正解 ー (2)

**解説**

A：誤り。アスペルガー症候群は，自閉症にみられる特徴があるものの，知的障害や言葉の発達に遅れがない一群のこと。2013年のDSM-5への訂正から「自閉症スペクトラム」に統一された呼称となっている場合がある。

B：正しい。知的障害の知能の基準は，IQが70かどうかを目安のひとつにしている。ただし，知能水準の遅れだけではなく，それに加えて行動面，社会生活上の困難さが加わって知的障害とされる。

C：発達上の習癖は，その問題行動だけを矯正しても解決につながらないことが多い。

D：正しい。注意欠陥多動性障害は感覚刺激の入力，処理に関する問題（中枢神経系の何らかの機能不全）が症状を引き起こしているという仮説が有力視されている。

E：正しい。

## 20. 正解 ー (3)

**解説**

保育所保育指針解説書から虐待についての問題。

A：心身の状態，B：状況，C：情緒面や行動，D：見守る，E：記録に残す。

保育所保育指針解説では，虐待の早期発見のために次の視点を示している。

子どもの身体の状態を把握するための視点…低体重，低身長などの発育の遅れや栄養不良，不自然な傷やあざ，骨折，火傷，虫歯の多さ又は急な増加など。

子どもの情緒面や行動の状態を把握するための視点…おびえた表情，表情の乏しさ，笑顔や笑いの少なさ，極端な落ち着きのなさ，激しい癇癪，泣きやすさ，言葉の少なさ，多動，不活発，攻撃的行動，衣類の着脱を嫌う様子，食欲不振，極端な偏食，拒食・過食など。

子どもの養育状態を把握するための視点…不潔な服装や体で登所する，不十分な歯磨きしかなされていない，予防接種や医療を受けていない状態など。

保護者や家族の状態を把握するための視点…子どものことを話したがらない様子や子どもの心身について説明しようとしない態度が見られること，子どもに対する拒否的態度，過度に厳しいしつけ，叱ることが多いこと，理由のない欠席や早退，不規則な登所時刻など。

## 21. 正解 ー (4)

**解説**

A・C・E：適切。

B：アナフィラキシーは皮膚（発疹）と気管支（呼吸困難）など2臓器

以上の症状が出現したものをいう。

D：鉄の吸収を高めるのはビタミンC
である。

**22.** 正解 －（1）
解説
B：誤り。離乳の開始は，おかゆ（米）
から始める。新しい食品を始める時に
は<u>離乳食用のスプーン</u>で1さじずつ与
え，子どもの様子をみながら量を増や
していく。

**23.** 正解 － A：保護者　B：食
C：市町村　D：日常的　E：協力
解説
　「保育所保育指針」の第3章－2－
（2）イでは，保護者や地域の多様な関
係者との連携及び協働の下で，食に関
する取組が進められること。また，市
町村の支援の下に，地域の関係機関等
との日常的な連携を図り，必要な協力
が得られるよう努めること。と示され
ている。

**24.** 正解 －（5）
解説
A：○
B：○
C：「地域子育て支援センター」は，
要保護児童対策として児童相談所
の相談機能などを担うために設置
されているものではない。子育て
家庭の支援活動の企画，調整，実
施を担当する職員を配置し，子育
て家庭等に対する育児不安等につ

いての相談，子育てサークル等へ
の支援などを通して地域の子育て
家庭に対する育児支援を行うこと
を目的としている。
　要保護児童等の対策のために設置
されているのは，市町村に設置され
ている「要保護児童対策地域協議会」
であり，発生予防をめざした妊娠期
からの支援まで，幅広いネットワー
クによる支援が行われている。
D：○

**25.** 正解 －（4）
解説
　子どもの発達の特徴については，
保育所保育指針第2章保育の内容の
なかで，乳児，1歳以上3歳未満
児，3歳以上児の3つの時期に分け
た「保育に関するねらい及び内容」
のなかで記述されている。発達の特
徴を踏まえた保育の基本的在り方も
併せて示されている。
（1）乳児保育は，愛情豊かに，応答的
に行われることが特に必要である。
（2）このほか，歩き始めから，歩く，走
る，跳ぶなどへと，基本的な運動機能
が次第に発達する。発声も明瞭になり，
語彙も増加し，自分の意思や欲求を言
葉で表出できるようになる。
（3）（2）にあるように1歳以上3歳未
満の時期は自分でできることが増え
てくる時期である。保育士等は，温
かく見守るとともに，愛情豊かに，
応答的に関わることが必要である。
（4）適切ではない。排泄の自立のため

の身体的機能も整うようになるのは1歳以上3歳未満の時期。3歳以上の時期では，基本的な動作が一通りできるようになるとともに，基本的な生活習慣もほぼ自立できるようになる。

(5) 3歳以上の時期は，理解する語彙数が急激に増加し，知的興味や関心も高まってくる。これらの発達の特徴を踏まえて，個の成長と集団としての活動の充実が図られるようにする。

## 26. 正解 — (3)

**解説**

「保育所保育指針」第2章（保育の内容）の領域「健康」からの出題。(2)(5)は1歳以上3歳未満児，(1)(4)は3歳以上児における内容。(3)は3歳以上児の内容だが「進んで戸外で遊ぶ。」が正しい。保育所や幼稚園における保育の基本について理解していれば，かんたんに正解に導くことができる。保育では，「できる」や「理解する」ことを求めるのではなく，「すすんで」「楽しんで」などの心情，意欲や態度を重視する。つまり，子どもの主体的な活動を尊重し，また一人ひとりの発達の歩みに応じた働きかけを行うのである。小学校以上の教育とは内容や方法が異なることを頭に入れておきたい。

## 27. 解説

次のような内容のことを自分自身の表現で述べるとよいだろう。なお，指定された文字数があれば，それに応じた記述ができるようにいくつ

かの文を考えておくとよい。

**解答例**

保育所保育指針解説 P.24 〜 P.26をじっくり読みましょう。

○子どもからの働きかけに応じて変化したり，周囲の状況によって様々に変わっていく環境。

○子ども自らが環境に関わり，自発的に活動し，様々な経験を積んでいく配慮。

○保健的環境や安全の確保。

○温かな親しみとくつろぎの場。

○人と関わる力を育てていくために自ら周囲の子どもや大人と関わっていける環境。

## 28. 正解 — (3)

**解説**

A：× 2005年から施行された発達障害者支援法の障害児保育についての規定である。1981年の国際障害者年以降も障害児保育の実施はなかなか進まなかった。

B：○

C：× 1947年児童福祉法施行では障害児施設等の制度化は進んだが，そのほとんどは学齢児施設であり，障害児保育所などの規定はされていない。

D：× 国連障害者権利条約の批准は直ちにではなく2014年。また，保育所保育指針では，保育士の子育て支援などの相談の必要性を定めたが，児童福祉法で定める「地域子育て支援拠点事業」は，保育所の専管的事業ではない。

## 29. 正解 ― (1) (3) (4)

**解説**

「保育所保育指針」第4章（子育て支援）からの出題である。

(1) 正しい。「保護者と連携して子どもの育ちを支える」視点が重視され、保護者や地域の子育て実践力の向上に資することも求めている。平成29年3月の指針の改定においても章題は「保護者に対する支援」から「子育て支援」に改称されている。

(2) 誤り。保護者の気持ちを受け止め、相互の信頼関係を基本に、保護者の自己決定を尊重する。

(3) 正しい。保護者や子どものプライバシーを保護し、知り得た事柄の秘密を保持することは必ず遵守しなければならない。ただし、子どもが虐待を受けている状況など、秘密を保持することが子どもの福祉を侵害するような場合は、児童福祉法第25条及び児童虐待防止法第6条において通告の義務が明示されているとおり、守秘義務違反には当たらない。

(4) 正しい。多様な保育の需要に応えていくことは、子どもにとっては通常の保育とは異なる環境や集団の構成の中に置かれることとなる。子どもの生活の連続性に考慮し、子どもが安定して豊かな時間を過ごすことができるように工夫することが重要である。

(5) 誤り。児童福祉法第48条の4では、「保育所は、当該保育所が主と

して利用される地域の住民に対してその行う保育に関し情報の提供を行い、並びにその行う保育に支障がない限りにおいて、乳児、幼児等の保育に関する相談に応じ、及び助言を行うよう努めなければならない」と規定されている。

## 30. 正解 ― (1)

**解説**

保育の計画に関する問題である。

A：具体的な計画である指導計画は全体的な計画に基づいて作成されるので×。

B：計画を立てるに際して、子どもを取り巻く生活の実態を十分に踏まえる必要があるので○。

C：子どもの関心や興味を生かしていないので×。

D：計画を立てる際に、子どもの実態を踏まえなくてはならないことを指摘しているので○。

E：計画は大切であるが、柔軟性をもって保育を行わなければならないので×。

# こんな実技試験が出た！

## ── 先輩からの試験情報 ──

## 保 育

○模擬保育

（6名の試験官を子どもに見立てる・試験官は無反応）15分間

当日，模擬保育ということを知らされ，事前に，〈入室−ピアノ演奏−ペープサート（紙人形）作り−ペープサートを使ってお話−退室のふり−終了−ねらいを説明〉という流れを説明される。ピアノ演奏は童謡（自由）1曲。

○子どもとの遊び

（泥んこ遊びの予定だったが，雨のためコーナー遊びに変更）

①生活態度（給食）　子どもと一緒に給食を食べる

②ピアノ演奏と歌　　弾きながら歌う

③絵本の読み聞かせ　幼少の頃の思い出の絵本を読む

○折り紙を教える

5歳児向けに折り紙の折り方を教える。5分程度で導入とまとめを含む。

○自由保育に参加（外遊び30分）

## 言語表現

○絵本の読み聞かせ

4分　乳児向け絵本　課題5冊の中から当日指定されたものを読む。

○絵本の読み聞かせ

絵本3冊のうち，その場で1冊を指定され，乳児に読み聞かせをするつもりで読む。

○絵本の読み聞かせ　「ぞうくんのさんぽ」「おおきなかぶ」など20冊ほどの中から選ぶ。

○語り聞かせ　「おおきなかぶ」「三びきのやぎのがらがらどん」

○素話　1分で考え，2分で話す。

○自己PR　採用され，園で挨拶をするつもりで話す。

○グループで寸劇（あいさつについて15分間，実際に子どもの前で寸劇をする）

○図工で製作したものの遊び方について1分間スピーチをする。

○4歳児を対象に,紙を使って子どもと一緒に遊べるものを作る(画用紙3枚,
　折り紙5枚,広告1枚,のり,はさみ,テープ,マジック,クレヨン使用)。
○牛乳パックと八つ切りの色紙5枚を使って子どもが喜ぶ小物入れを作
　り,説明文をつけて提出（実技のようすも採点される)
○デッサン　園庭で友達と遊んでいる子（保育者と園児を必ず描く）20分

## ピアノ・歌・リズム

○バイエル教則本のNo.82,96,102から試験当日1曲を選択して演奏
　楽譜は各自で持参。
○バイエル70～90番のうちで当日指定する曲
○課題曲のピアノ試験　事前に渡された3曲から1曲を選び,練習して
　おく。時間は2分以内。
○弾き歌い　「おつかいありさん」「とんぼのめがね」など10曲ほどの
　中から選ぶ。
○ピアノ伴奏を伴った歌　「おへそ」または「おばけなんてないさ」
○手遊び
○弾き歌い　2分　幼児向け自由曲
○弾き歌い「えがおできょうも」事前に楽譜が送付される,持ち込み可。
○弾き歌い「タンブリンの輪」郵送された楽譜を短期間で練習
○自由曲
○全く知らない楽譜を1分間だけ見て歌う
　練習は声を出さず,ピアノは使ってよい。
○「ぞうさんとこりす」
　1分間与えられ,声を出さずにピアノで音をとってもいいと言われる。
○自由曲と課題曲「紅葉」の弾き歌い　試験会場で練習可能
○その場でテーマ「雨」を知らされ,3分間練習の後,30秒で場面とこ
　れからすることを説明し,2分半で発表する。

## 集団討論・グループワーク

○「保育所周辺の自転車が公道に広がり,近隣から苦情が来ていることに
　対しての対策ポスターかお知らせの手紙を作成せよ。また話し合いの
　経過や改善案を園長に報告する内容もまとめなさい」60分,7～8人
　相談・作成（30分),A・B発表（10分),相手グループに対して質
　問したいことを相談（5分),各グループ質疑応答（10分)